CORPORATIONS AND

ステークホルダーの経営学 第2版

THEIR STAKEHOLDERS

開かれた社会と持続可能な企業

大平浩二 ──編著
OHIRA KOJI

IN OPEN SOCIETY

中央経済社

第2版への序文

　社会における一つの制度としての企業は，社会の変動と無関係に存続し得ない。近代の企業（株式会社）が誕生して以来，多くの企業が消滅し，また多くの企業が生まれてきた。また長く存続している企業も今日の姿は創業時のそれではない。

　特にこの20数年間の変動は，わが国だけでなく世界中の企業にとって大きな衝撃を与えている。わが国経済と企業経営に関して言えば，バブル経済の膨張とその崩壊があり，また情報（IT）革命に直面し，かつてないほどの厳しい状況におかれてきた。そしてその傷が完全に癒えないままに，2007年頃からのアメリカのサブプライムローン問題を契機とする金融不安が世界的規模での不況をもたらし，世界の経済体制や産業のあり方を根底から問いかけている。

　これらの変動は，単なる景気の好不況の問題ではなく，われわれが生活している資本主義経済の根本的なあり方を問いかける出来事でもある。これに対する解答を今すぐ用意することは至難の業であるが，少なくとも，企業が社会の諸々の利害関係者（ステークホルダー）とのバランスの取れた相互関係を無視して持続的に存立し得ないことを示している。

　本書はそうした意識の下，現在の企業経営をそれを取り巻く多くの利害関係者との関連で捉えることを目的として作られた。本書Ⅱ部が「現代企業とステークホルダー」となっているのはそのためである。ここでは，「株主」「消費者」「社員」「取引先」といった直接的利害関係者とともに，「法」「ファイナンス」「組織」「戦略」「市場」「環境」「国際化」といった今日の企業経営にとって避けて通れない企業経営の諸側面を取り上げた。

　さらに，その助けとするために「パナソニック（旧松下電器産業）」と「ゼネラル・エレクトリック（GE）」という日本とアメリカを代表する企業のケースについて，その誕生からの歴史と創業者や歴代の経営者の経営手法や哲学を

解説した章を置いた。両者を併せてお読みいただければより理解が深まると思う。

本書はこのような現代の企業経営が直面する諸問題を取り上げるとともに、その理論的な枠組みを提供する経営学という学問についての解説も―本書の構成上Ⅰ部の1～4章におかれているが―紹介した。そして、この経営学という学問が、19世紀以来の産業革命とともに主としてドイツとアメリカにおいて生成した経緯を概説するとともにわが国の経営学とその1つの側面についてもごく簡単に触れている。現実の企業経営を知るにはその理論的な基礎である経営学についてもその概略を知っておく必要があると思うからである。

さらに5章において、19世紀から今日までの企業と社会の関係を歴史の経緯の中で追うとともに、時代の変化の中での企業像の変化を描いてみた。むろん簡潔に描いたがゆえに、細かな部分での若干の異論はあるかも知れない。むしろここでのポイントは、新しい経済像や企業像を創り上げるために大切なことは、それに相応しい経済哲学や経営哲学が必要である、ということにある。むろんこの点についても、本書は問題提起的に書かれている。本書において示された内容と参考文献等を参照されつつ読者諸氏に主体的に考えていただきたいからである。

企業に限らずわれわれの健全な社会を創る基本的な条件は、「開かれた社会」である。開かれた議論なしには健全な社会も健全な経済や企業経営も成り立たない。この意味でそして本書の結びの意味でも、Ⅱ部の14章において「客観的な知識と開かれた社会へ向けて」について素描を試みた。あわせて読者諸氏に批判的（建設的な意味で）にお読みいただきご意見をお寄せいただきたい。

さて、本書は一見してわかるように多くの執筆者の協働の下にできている。従ってまた本書は首尾一貫した統一的で厳密な一つのパラダイムに基づいて作成されたものではない。先に触れたように、企業経営とステークホルダーとの関係という視点を基に、各自の考えに沿って編まれている。それぞれの執筆者の見解を参考に、読者諸氏のお考えを頭脳空間の中で突き合わせ議論していただき、理解を高めていただければ編者としての本書作成の第一の目的は達成されることとなる。この意味でも、本書は問題提起型の書物である。また、本書

で使われたデータは，時間の経過とともに，適宜最新のものと置き換えつつお読みいただければ幸甚である。

　最後に，本書第2版の執筆に際して，各執筆者にはお忙しいところ原稿の期限等で厳しいお願いを快くご理解いただき深く感謝申し上げる次第である。また㈱中央経済社の山本継社長と編集担当者の市田由紀子氏にはいろいろとお世話になった。記して御礼申し上げたい。

2016年3月

執筆者を代表して
大平浩二

目　次

第 2 版への序文

第Ⅰ部　経営学の歴史と企業の発展

1 近代科学の誕生と近代産業の勃興 ——— 2
1-1　近代科学の誕生とその制度化／2
1-2　近代産業の勃興／7

2 ドイツの経営学 ——— 13
2-1　商科大学の設立／13
2-2　商業学の科学化と経営経済学方法論争／16

3 アメリカの経営学 ——— 22
3-1　テイラーの科学的管理法／22
3-2　フォードによる大量生産方式／24
3-3　ファヨールの管理論と管理過程論／26
3-4　人間関係の理論／28
3-5　組織の理論／30
3-6　その他の諸理論／34

4 日本の経営学 ——— 39
4-1　日本の経営学の誕生／39
4-2　わが国における経営学研究の歩みとその特徴／43

5 現代社会と企業 ———————————————————— 50
　5-1　変わりつつある経済／50
　5-2　新しい企業像／64

第Ⅱ部　現代企業とステークホルダー

1 ＜Case＞パナソニック株式会社
　　―経営理念の再解釈が原動力― ———————————————— 70
　1-1　はじめに／70
　1-2　社史／71
　1-3　パナソニックの特徴／84

2 ＜Case＞GE
　　―ゼネラル・エレクトリック(GE)社130年間の持続的成長の歴史―― 87
　2-1　はじめに／87
　2-2　GEの概要／88
　2-3　GE130年間の歴史／89
　2-4　おわりに／105

3 企業と株主―コーポレート・ガバナンス― ————————————— 108
　3-1　はじめに／108
　3-2　コーポレート・ガバナンスの目的／109
　3-3　コーポレート・ガバナンスの方法／113
　3-4　コーポレート・ガバナンスの主権／119

3-5　おわりに／121

4　企業と消費者―情報化社会の消費者― ―――――― 124
　　4-1　はじめに／124
　　4-2　消費者の購買行動／125
　　4-3　これまでの企業と消費者の関係／128
　　4-4　情報技術の発達と情報発信する消費者／130
　　4-5　インターネット時代の新しい企業と消費者の関係―選択から協働へ―／133
　　4-6　おわりに／135

5　企業と社員―CSRと働き手― ―――――――――― 138
　　5-1　はじめに／138
　　5-2　ISOへの統一方向下で企業に求められるCSR項目／139
　　5-3　CSRで求められる具体的な行動／140
　　5-4　CSRの働き方―仕事の分掌と評価の問題―／146
　　5-5　わが国における個別評価の見直しと今後／148

6　企業と取引先―供給業者と流通業者のマネジメント― ―― 150
　　6-1　取引先のマネジメントとは／150
　　6-2　企業間関係を捉える枠組み／151
　　6-3　川下の取引先／155
　　6-4　川上の取引先／160
　　6-5　SCM―サプライチェーン・マネジメント―／162

7 企業とファイナンス─企業活動の財務的評価─ ── 169
- 7-1 企業活動とファイナンス／169
- 7-2 会計情報とコーポレート・ファイナンス／172
- 7-3 投資の評価と資本コスト／175
- 7-4 資本構成と企業価値／179

8 企業と法─経営と法律の相克と調和─ ── 183
- 8-1 企業の社会的責任／183
- 8-2 法令遵守（コンプライアンス）／186
- 8-3 リスクマネジメント／189
- 8-4 企業と法─「法と経営学」の分析枠組み─／191
- 8-5 おわりに─企業と法─／202

9 企業と組織─組織の性格と役割─ ── 204
- 9-1 はじめに─人間の思考の産物としての組織─／204
- 9-2 組織は制度の一種である／205
- 9-3 企業は組織として行動する／206
- 9-4 組織の構造・形態は，効率性の達成のための仕組みである／209
- 9-5 組織と市場はどうかかわる／211
- 9-6 組織は，市場による淘汰と戦略によって進化する／213
- 9-7 おわりに─組織における経営理念の役割─／215

10 企業と戦略─開かれた組織の経営戦略─ ── 218
- 10-1 経営目的と経営戦略／218
- 10-2 戦略論の展開／221

10-3　現代企業の戦略課題／229
　　10-4　持続可能な企業の戦略／233

11　企業と市場──CSR（企業の社会的責任）── 239
　　11-1　CSR概念／239
　　11-2　CSRの史的展開／241
　　11-3　CSRの方法／243
　　11-4　市場とCSR／247
　　11-5　これから求められるCSR：社会的課題のビジネス化／251

12　企業と環境──持続可能な社会のために── 253
　　12-1　はじめに／253
　　12-2　企業活動と環境破壊の歴史／254
　　12-3　環境に配慮した企業経営を目指して／261
　　12-4　おわりに／268

13　企業と国際化──企業の持続可能な国際化を目指して── 272
　　13-1　はじめに／272
　　13-2　国際化における企業形態／273
　　13-3　「適用」と「適応」モデル／279
　　13-4　異文化における企業経営／282

14　結びにかえて──客観的な知識と開かれた社会へ向けて── 291
　　14-1　様々な資本（市場）主義経済社会の到来／291
　　14-2　客観的知識／292

14-3　開かれた社会／302

索　引／307

第Ⅰ部
経営学の歴史と企業の発展

　私たちの知識は，常に過去の知識の積み重ねから成り立っている。これから学習する経営学もその例外ではない。従って本書は経営学の成り立ちから始めることにする。そこでまず経営学もそれに含まれる近代科学の誕生をスケッチした上でドイツとアメリカにおける斯学の生成と発展を解説し，加えて日本のそれについても素描した。

　次に現在の企業がおかれている一般的状況を歴史的経過を交えて展望する。今日の経済や企業活動が世界的規模で行われ，かつ多くのステークホルダー（利害関係者）との相互関係の中で進展している点がここでの主眼となる。

　また企業経営は，様々な企業文化や価値観が交じりあって複雑な多様性を示している。それ故にこそ企業経営は様々な状況に直面するのであるが，企業はそれにいたずらに左右され揺らぐことなく存続しなければならない。そのためには，過去と現在そして将来を正しく見つめるための経営の羅針盤であるしっかりとした経営哲学や経営思想が必要である。

1

近代科学の誕生と近代産業の勃興

1-1 近代科学の誕生とその制度化

　経営学に限らずすべての学問は，それを構成する多くの理論や学説の集まったものと言えるのであるが，そもそも経営学という学問はいつ頃誕生したのであろうか？　こうした疑問は，経営学の研究者においてもさほど大きな関心を引いて来なかったためか，厳密な研究がなされてこなかった故か，論者によって答えは様々である。ただ「今世紀のはじめ頃」「約100年前」「産業革命や資本主義の発展を契機として」[1]さらには中世にまで遡ろうとするものもある[2]。しかし，これから経営学という学問の様々な領域を本書において展開するにあたって，斯学の成立に関して一定の答えを出しておきたい。

　1つの専門学問分野が，いつどこでどのようにして生成したかを確認することは，まずもって"科学（西洋近代科学）"とよばれる人間の知的な営みがいつ頃誕生したのかという"メタレベル"のアウトラインを明確にした上でないと明らかにはできない。この意味で，まず"科学"と呼ばれる人間の知的営みが，どのような条件の下で，いつ頃誕生したのかを確認しておくことが必要である。こうした研究が科学史研究に他ならない。

　科学がいつ頃誕生したかについては，科学史研究においても諸説が示されてきた。その主要な通説は，科学の誕生は16～17世紀におけるいわゆる「科学革命（Scientific Revolution）」による，というものであった。この「科学革命

論」は「近代西洋科学はけっして十七世紀に突如として起こったものではなく，さまざまな面でそれ以前の中世に深く根を下ろしています」[3]というものであった。

　しかしこうしたかつての通説は，象徴的にいえば，ケインズ（Keynes, J. M., 1883-1946）による意図せざる"発見"によって崩壊することとなる。すなわち，その"発見"によって，それまで（したがって世間一般的にも）は中世を代表する科学者（物理学者）であったニュートン（Newton, I., 1642-1727），が「最後の時代の魔術師」であることがわかったからである[4]。

　それでは，19世紀に始まる近代科学の基本的特徴はどのようなものであろうか。近代科学誕生の契機は，よく言われているように，18世紀の啓蒙主義を通して，"神（宗教＝キリスト教）"からの知識の分離・独立という意味での「固有の科学的知識の独立的存在価値の承認」に始まる。18世紀の啓蒙主義については，ヨーロッパ各国の特徴があるが，とりわけフランスにおけるディドロ（Diderot, D., 1713-1784）やダランベール（d'Alembert, J.L.R., 1717-1783）等によって著された『百科全書』（L'Encyclopédie）の主旨を見れば容易にわかるであろう[5]。

　その後われわれは，現実の現象を研究の対象とする"科学"や"学問"という概念に対し，その特徴として―見解の相違はあるものの―"客観性"，"価値自由"，"論理的証明"，"理論（仮説）のテスト（反証［可能性］・検証）"等々という条件付けを行うことによって，"科学"という知識の「独立（自）性」に保証を与えてきたのである。

　しかしながらより重要な点は，われわれが見逃してきた（と思われる）側面＝近代科学のもう一つの側面があることである。すなわち，"神からの離反"よって誕生した近代科学は，正にその職業的"独立"ゆえに，すなわちキリスト教会からの独立故に，"社会における新しい諸制度"によって科学と科学者が存在することができた，という事実である。換言すれば科学の制度化である。

　この経緯を村上陽一郎は「今日，科学と我々が呼ぶものが，西欧世界に生まれ育ったことは確かである。…その時期は十九世紀前半ということになる。十九世紀に入って，今の我々が，「科学者」と呼ぶような種類の人間層が，社会のなかに出現し始め，そういう人たちのための，教育機関や研究機関が，少し

ずつ整備され，そういう人たちの専門的な知識を持ち寄って，排他的に議論したり，発表したり，評価したりするような特別の社会，つまり専門学会が誕生し，そういう人たちが自分の専門的な知識を利用して，社会のなかで生活の資を得，あるいは出世をするような途が用意され始めたのは，西欧世界では十九世紀の後半からであった。「科学者」という呼び名さえ，それまではなかった。たとえば英語の《scientist》という単語が鋳造されたのは，一八四〇年ころのことであった。」[6]。また吉田 忠も次のように述べている。「十九世紀が進展するにつれ，科学の専門分化が進むとともに，科学のための研究や教育の組織が大学や高等教育機関に次第に制度化されるようになった。こうして大学や企業研究所などで，もっぱら科学研究・教育に携わることを専門職業とする科学者が出現するに到った。英語のサイエンティストはケンブリッジの科学哲学者ヒューエルが一八三四年に造語し，一八四〇年頃から使われ出したと言われている。それは，この頃科学の研究に勤しむ人々にとって，従来の自然哲学者（ナチュラル・フィロソファー）というイメージでは，自らの知的行為を充分にはカヴァーしつくせないと感じ始めたことを意味しよう。そして，この自然哲学者から科学者への呼称の変化は，科学が哲学から自立したことを示唆するとともに，学問が専門分化して自らを科学者とアイデンティファイする集団が成立しつつあったこと，またそのための職業が出来つつあったという科学の制度化の機運の盛り上がりを示している。…こう見てくると，現代科学の原型は，科学革命の時代と呼ばれる一七世紀よりは，むしろ一九世紀に求めるべきだということになろう。…この一七世紀の科学革命との対比で，一九世紀のこの革命は第二次科学革命と呼ばれることがある。しかもこの第二の科学革命は，フランス革命を経験した後のヨーロッパ社会が産業革命へと変容する社会変革とともに進行したのであった。」[7]

以上のように，ヨーロッパにおいては啓蒙主義を経て近代科学が生まれてくるが，それは真空空間において誕生し発展したわけでは決してない。いわば科学の孵化器ともいうべき新しい諸制度の助けがあったのである。

こうした新しい制度の1つが，19世紀に新しい理念の下で創られたドイツを発祥の地とするいわゆる"近代大学（moderne Universität）"に他ならない。これは専門職業家集団としての科学者の誕生の経緯とも関連する。フンボルト

（von Humbold, K. W.（1767-1835））によって提唱されたこの新しい大学の理念は，「学術研究と教育の統合」や「学問の自由」よって具現されるそれである。ここでは，実学を講ずる専門学校とは目的・理念が明確に峻別され，社会の指導的エリートの養成機関として位置づけられていた[8]。

次にそうした専門職業家集団としての科学者の学問的交流の場である"学会"が作られることとなった。初期の代表的なものを挙げておくと，① GDNA（Gesellschaft Deutscher Naturfoscher und Ärzte［1822］）②BAAS（British Association for the Advancement of Science［1831］）③AAAS（American Association for the Advancement of Science［1848］）などが19世紀初め頃に創られている。

"専門職業家集団"と書いたが，19世紀からの科学者は，中世のスコラ学を研究の中心とするいわゆる"哲学者"と違って，社会の中で"科学者"という職業（階層）を形成することとなる。

そしてそうした科学者たちは，自らの研究成果を特別の媒体を通して発表することとなる。これが，"学術専門雑誌（academic journal）"いわゆるジャーナルである。この雑誌は極めて専門的かつ閉鎖的で，同じ専門分野の研究者のみをマーケット（読者）として想定されているものである。もとより，上述の"学会"にしてもこのジャーナルにしても，その入会や投稿には一定の"資格"が要求される。

以上この新しい近代科学の成立の条件を，科学史の研究成果に倣って列挙すると，①研究の場としての大学（高等教育機関），②専門家共同体（学会）の設立，③科学者としての「資格」，④専門学術雑誌の刊行，⑤職業としての研究とその成果（学術文献）という5つの条件を挙げることができる。おおむねどの分野もこれらの条件を満たしつつ生成・発展してきたのである[9]。

以上のような時代的・社会的状況の中で，今日経営学といわれる学問分野が，主としてドイツやアメリカ等において誕生してきたのである。

以上の18世紀から19世紀にかけての知の大きな転換を簡単に予約すると，以下のようになろうか。

(1) 「知（識）」のあり方が，18世紀の啓蒙主義を経て大きく変容したこと。

(2) 科学および科学者の誕生は19世紀（前半頃）の出来事であること。
(3) 科学（者）が固有の社会制度の中で営まれる（活動する）ようになったこと。

　経営学の誕生やその後の展開を見るに際しても，以上の点を忘れて検討することはできない。例えばドイツ経営経済学における方法論争の正確な背景を描くこともできない。とりわけ，第1次方法論争や第2次方法論争においてはそうである。とりわけこの方法論争を検討するにあたって，ほとんどの学説史の研究者がこうした"科学の制度化"についての探究を怠ってきたことは残念なことである。

　後に見るように，例えばドイツ経営経済学における論争は，従来理論学派と応用（技術論）学派との論争と言われるが，より厳密に言えば，大学（Universität）派VS.商科大学（Hochschule）派との論争と言ってよいのである。この制度はもちろん大学という教育制度だけではない。

　こうした"経営学"外部からの要因によって多くの科学分野が影響を受けることは，ある意味で珍しくはないのであるが，この"経営学の外部"，すなわち学問や学説あるいは理論の範囲だけでなく，それらを取り巻く諸状況（例えば諸制度等）という視点がなければドイツにおける諸論争もその全体像が見えてこないのである。

　今日のわが国の経営学をめぐる諸状況を考えるとき，こうした外部状況の視点が不可欠である。すなわち，19世紀に誕生した近代科学が，同時に科学の制度化，ないし科学と社会との関連の中で誕生してきた，という事実に正面から向き合おう，という視点である。そして，そのように科学を見ようとする方向が1960年代に入って以降，科学史研究における新しい研究方向として発展しつつある。このような研究視点はエクスターナルアプローチ（〔external approach〕）ないしエクスターナリズム（externalism＝〔外的科学史〕）とも呼ばれている[10]。

　科学の研究も，こうしたエクスターナルアプローチの意義を知っておく必要があるだろう。そして，制度上の変化が科学的知識のあり方にも大きく影響しているだけに，両者の関係には十分に留意しなければならない。その意味で，

日本の経営学説研究にとっても外部状況を研究する必要性が生じているのである。

1-2　近代産業の勃興

　どのような学問も，その時代や社会と何らかの形で結びついている。
　この意味で経営学の誕生は，まずはイギリスにおいて生起した産業革命が契機となっている。この産業革命は，啓蒙主義を経て，人間の商業活動とりわけ生産活動に多大な変化をもたらした。その最も大きな違いは，端的に言えば生産方法の違いとその結果としての生産性の相違に見られる。すなわち，多くの労働者を雇用し，高度の機械を利用し，同一の製品を大量に生産することが出来るようになったことである。
　この産業革命と資本主義の発達は，経営規模の拡大をもたらし，いわゆる「家内制手工業」から，大規模な「工場制機械工業」への転換をもたらした。この変化は，例えば大量生産のための機械の導入によりその操作を始めとし，それまでとは異なる新しい管理の手法が急務となった。
　ここに，現代に至る企業経営の特徴とその課題の幾つかが生じることとなったのである。すなわちその1つは，生産の場の変化である。つまり，工場の出現であり，この工場には多くの労働者が必要となった。この事によって，それまでは少人数の徒弟的（家族的）職人関係で営まれていたのが，多くの人間をどのように働かせるか，という管理の問題が生まれてきたのである。それなりの法制度や社会慣行が確立されている現在と異なって，それらの整備されていない19世紀にあっては，この労働者の管理は試行錯誤の場当たり的なものであったに相違ない。ここに，まず工場の生産能率の向上を目的とする工場の生産技術の向上や，労働者管理の必要性が生じることとなったのである。
　第2に，そうした生産の場の変化は，生産道具が職人レベルの道具から，大きく異なって高度な機械を用いることによるエンジニアリング技術の必要性をもたらした。このことは，単純労働を行う人間と，より高度な機械・設備を扱う専門的な領域の担当者という，職業の分化ないし専門化が始まることとなった。従って，技術者（エンジニア）の多大な需要を生み出すこととなり，19世

紀に入ってから，ヨーロッパやアメリカにおいて工業専門学校や工科大学が創設されたのは，このような理由による。

さらに第3に，そのような多数の労働者の雇用や機械の導入のためには多額の資本が必要となったことである。どのような方法によって資金調達を行えばいいのか。ここに株式会社の持つ利便性が大いに発揮されることとなる。と同時に，資本市場の発展が見られるとともに株主機能と経営者機能の分離の問題が生じることとなる。

そして第4に，そうやって生産された製品は，最終的には消費者に届けられ，その生活に貢献しなければならない。ここに企業や店舗の立地，そしてまた製品の流通や市場との関係，消費者の満足といった新しい諸課題が出現することとなった。

こうした19世紀からの人類の生産活動の変容については，未来学者のトフラー（Toffler, A. 1928-）が，雇用と就業の視点からここ200年間の先進国のトレンドを「第三の波 The Third Wave」として示している。すなわち，①第一の波＝「農業」，②第二の波「工業化」，③第三の波「情報」である[11]。

① 第一の波＝「農業」…19世紀の後半までは，すべての国は農業をベースとしていた。1890年代には，人口の90％が農業に従事していた。
② 第二の波＝「工業化」…1800年代の後半から1960年代まで，ほとんどの先進国は農業ベースの国家から工業ベースの国家へと移行した。
③ 第三の波＝「情報」…そして現在は，物づくりという工業の波から，直接目には見えない情報が，社会のあり方を決定する時代に入った。

この3つの波はいわゆるわれわれの"生活スタイル"を根本的に変えたいわば革命であった。第二の波は農村のスタイルを工場労働のスタイルに変化させ，特に第三の波は，低技術，ブルーカラー労働の価値を減少せしめる一方で，教育を受け技術のある専門家や知識労働者（knowledge workers）に対する豊富な就業機会を与えたのである。

第一次世界大戦までは，農業人口が最大の単一の労働グループであったが，今ではたった5％弱の農業就業者がわれわれの食料を提供している。これは，農業生産の革命的な進歩と，農業人口の著しい減少を意味している。

産業革命によって多くの手工業者が没落したが，また新しいグループ，つま

り工場労働者が輩出することとなった。1900年頃には，このグループは労働力の20％を占めるようになり，1950年頃までにこの工場労働者は単一で最大の労働グループを形成した。彼らは鉄鋼，ゴム，自動車，工業機械等々多くの工業製品を作り出した主役となったのである。しかし，1950～1960年代をピークとして，彼等は減少しゆく。彼等に代わって登場するのがホワイトカラーや知識労働者であり，おおよそ1970年代より彼等の活躍が始まるのである。

以上のような状況を背景に，19世紀の末から20世紀にかけて工場における効率的な管理手法の1つを提示したのがアメリカのテイラー（Taylor, F. W. 1856-1915）であった。その手法は，詳細なデータの収集と分析に基づくことから科学的管理法（scientific management）と呼ばれた。このような時代背景は，基本的にはドイツ（やその他の当時の先進諸国）においても似たような状況にあり，アメリカとともにドイツにおいても現実の企業経営のための人材育成として，先に触れた工科大学に続いて，経営や商学関係の高等教育機関が設立されることとなる。

アメリカにおいては1881年のペンシルベニア大学（University of Pennsylvania）に設置されたビジネス・スクールであるウォートン・スクール（The Wharton School of the Pennsylvania）を皮切りに，ビジネス・スクールが続々と設立され，またドイツにおいても，1898年のライプチッヒ商科大学（Handelshochschule zu Leipzig）をはじめとして十数校の商科大学が創設された。

このように，産業革命や資本主義の発展を契機として，19世紀半ば以降からヨーロッパやアメリカにおいて工場管理や企業経営の知識の蓄積が進むこととなったのであるが，当初その中心はドイツとアメリカであった。ただ「経営学」という名称は，日本において用いられている名称であって，ドイツとアメリカでは，各々その呼び方は微妙に異なっている。すなわち，ドイツにおいては経営経済学（Betriebswirtschaftslehre），そしてアメリカでは経営管理論（Business Administration or Management）というように。

これらの名称にあるように，ドイツの経営経済学は，企業経営を生産諸要素の結合過程としての経済的側面を主たる対象として研究し，アメリカの経営管理論は，企業経営における諸職能の管理の問題解決が主体であった。

以上のように，ドイツにおいてもアメリカにおいても，経営学の源流は現実

の要請に応える形で生まれてきた。アメリカの管理論が，工場における管理手法や労働者の管理からスタートしたのもそうであるし，またドイツにおいて専門的知識を持った実務家育成の要請が，商科大学設立の主たる目的であった。

ただ，その後の両者の発展は少なからぬ相違を有し，アメリカの経営学（経営管理論）は，経営管理者のための実践的な課題を解決し，指針を提供するために，社会学や心理学などの様々なアプローチを取り入れながら主としてビジネススクールにおいて講義され今日に至っている。これに対してドイツ経営経済学は，学問上の方法論争を経て理論的性格を強めつつ発展してきた。

このようにドイツにせよアメリカにせよ，それぞれの時代の社会的背景の下で，諸制度とりわけ学校制度が作られ，そこで経営学研究が始まったのである。また日本においては，アメリカ的経営管理論およびドイツ経営経済学がともに導入され，特に第二次世界大戦前はドイツの経営経済学の影響が，戦後はアメリカの経営管理論の影響が強く見られて今日に至っている。

注
(1) 岡田昌也（1982）『経営経済学の生成（三訂版）』森山書店，「序」等を参照。
(2) 例えば以下の諸文献はそうした例である。
 Seyffert, R., (1926), *Betriebswirtschaftslehre, ihre Geschichte*, HdB. 1Bd.
(3) この見解の中心的学者はSarton, G. A. L. (1952), *A History of Science. Ancient Science through the Golden Age of Greece*, Cambridge: Harvard University Press, やButterfield, H. (1949), *The Origins of Modern Science:1300-1800*, The Macmillan Company, サートン（平田寛訳）（1951～1966）『古代・中世科学文化史Ⅰ～Ⅴ』岩波書店やバターフィールド（渡辺正雄訳）（1979）『近代科学の起源』講談社などが挙げられる。伊東俊太郎（2007）『近代科学の源流』（文庫）中央公論社）「はしがき」。また，他の科学史家においても珍しいことではない。例えば，佐藤満彦『ガリレオの求職活動 ニュートンの家計簿―科学者たちの生活と仕事―』中央公論社（2000年）においては，彼等（ガリレオ等）ははじめから何の疑いもなく「科学者」として記されているし，同著者『科学史こぼれ話』恒星社厚生閣，2002年においても，近代科学の始まりは，1500年からとされている（p.2）。
(4) ケインズは（1959）『人物評伝』熊谷尚夫・大野忠男訳 岩波書店（岩波現代叢書）の中で，次のように述べている。「十八世紀およびそれ以降において，ニュートンは近代に属する科学者の最初にして最大の者であり，…わたくしは彼をこのようには見ていない。…ニュートンは理性の時代に属する最初の人ではなかっ

た。彼は最後の魔術師であり，最後のバビロニア人でまたスーメル人であり，一万年には少し足りない昔にわれわれの知的遺産を築き始めた人たちと同じような目で，可視的および知的世界を眺めた最後の偉大な人物であった。…なぜ「わたくしは彼を魔術師と呼ぶか。それは彼が全宇宙とその中にあるものとを謎として秘密として考えていたからであって，その秘密は，ある一定の証跡，すなわち秘教的兄弟団に一種の哲学者の宝探しを許すために神が世界のあちこちに置いた，ある一定の神秘的な手がかりに純粋思惟を適用することによって読み取ることができるものである。…彼は宇宙を全能の神によって課された暗号と見なしていた。…筆跡から判断してもっとも初期のものに属する大きな部分は，錬金術—変成，化金石，不老不死の霊薬—に関するものである。…ケムブリッジの図書館には初期のイギリス錬金術師の手稿がひじょうにたくさんある。おそらくは大学内部に打続いたある秘教的伝統があって，これが一六五〇年から一六七十年にいたる二十年間に再び活動を開始したものであろう。ともかく，ニュートンが激しい耽溺者であったことは明瞭である。…そのニュートンは，彼の秘密な異端とスコラ的な迷信とを隠そうとして一生苦心したのであった！」pp.315-327, J. M. Keynes, (1972), *Essays in Biography* The Collected Writings of John Maynard Keynes, Macmillan St. Martin's Press, pp.363-373

(5) Diderot,D., d'Alembert, J.L.R.ed. (1751-1772) *L'Encyclopédie, ou Dictionnaire raisonné des sciences, des arts et des métiers, par une société de gens de lettres*, Paris, André Le Breton, Michel-Antoine David Laurent Durand.

(6) 伊東俊太郎・村上陽一郎共編（1989）『講座　科学史1　西欧科学史の位相』　培風館，1-2ページ。

(7) 吉田　忠（1986）「科学の自立と制度化」『新岩波講座　哲学　技術・魔術・科学（第八巻）』岩波書店，192ページ，以下「科学の自立」と略する。さらに，中山茂『歴史としての学問』・ベン・デービット（1974）『科学の社会学』も参照。

(8) この点については，伊藤・村上（1989）金子勉（2011）「ドイツにおける近代大学理念の形成過程」（広島大学大学論集 42集）も参照。また，潮木守一（1992）潮木（2006）「アルカディア学報（教育学術新聞掲載コラム）（2006）No.246「フンボルト理念」とは神話だったのか？—自己理解の"進歩"と"後退"参照。すこし長くなるが引用してみよう。「現在，世界中の国で使われている大学史の標準教科書は，次のように説いている。「近代大学の出発点は1810年に創設されたベルリン大学である。この大学の基本構想を作ったのは，ヴィルヘルム・フォン・フンボルトであり，近代大学はこのフンボルト理念から始まった。フンボルト理念の中核は研究中心主義にある。つまり，大学は教育の場である以上に研究の場であるという考え方は，このフンボルトから始まった。これがドイツばかりでなく，世界の大学を変えた。…」と。

(9) 大平浩二（2007）（2015）を参照。また伊東俊太郎・村上陽一郎共編（1989），村上陽一郎（1994）等も参照。

⑽ エクスターナルアプローチについては,伊東俊太郎・村上陽一郎共編(1989)『講座科学史1 西欧科学史の位相』培風館377ページ以下を参照。村上陽一郎(1986)202ページ以下を参照。佐々木力(1997)『学問論―ポストモダニズムに抗して―』東京大学出版会,172ページ以下等を参照。
⑾ Toffler, A. (1980), *The Third Wave*, William Morrow and Company NY..(徳山二郎監修・鈴木健次・桜井元雄他訳(1982)『第三の波』日本放送出版協会)

　なお,本書の第Ⅰ部における主要な人物については,参考までにその生没年を記した。

2

ドイツの経営学
(Betriebswirtschaftslehre)

■ドイツ・アメリカそして日本等における経営学の誕生は，近代科学の知識枠組みと近代産業の勃興を契機としている。
■ドイツ経営経済学の誕生は商業学の科学化に始まる。
■ドイツの経営経済学は国民経済学との関係や利潤学という批判への対応の中で方法論争を通して発展した。

2-1 商科大学の設立

　いつの時代もそうであるが，新しい状況に対応することは，まずその時代と社会の状況を正確に認識・理解し，かつそれに基づいて現実対応しうる人材が必要となる。19世紀においてもっとも深刻な問題であったのは，新しい社会状況に対応できる人材が決定的に不足していたことである。
　19世紀の産業革命と，資本主義の進展によって，ドイツもまた新しい課題に直面していた。そこで，そのための人材を育成する目的で創設されたのが，まずはエンジニア養成のための工科大学（Technische Hochshule）であり，ドイツにおいては1835年に設立されたブラウンシュバイク工科大学（Polytechnikum zu Braunschweig）が最初の工科大学であった。この時期には，経営管理者の養成よりもまずは工場の技術者（エンジニア）の育成が先決であったのである。

いわゆるヒト・モノ・カネをどのように投入し，企業全体をどのように運営するかという経営・管理の問題がより強く意識されるようになったのは，19世紀の半ば以降である。このために重要な役割を果たしたのが商科大学（Handelshochschule）であり，ドイツの経営経済学の成立と発展に大きく寄与することとなった。

この商科大学設立の目的は3つあった。まず第1は，ドイツの資本主義経済を担いうる産業人そして専門の経営管理者の養成である。第2に，海外の植民地運営の担い手たる在外公館の経済・産業専門官や植民地行政官といった経済官僚の養成である。また第3に，そうした状況に伴う新しい経営学の教師の育成であった。

この商科大学の必要性をもっとも強く希望したのは，ドイツの産業革命の担い手で，当時のドイツ社会に新しく登場しつつあった「経済市民層（Wirtschaftsbürgertum）」と呼ばれる新興の社会階層であった。その代表が当時のドイツを代表する実業家の一人であったメヴィッセン（v. Mevissen,G. 1815-1899）である。

そこで，メヴィッセン等を中心として，ドイツ商業教育協会（Deutscher Verband für das Kaufmännische Unterrichtswesen）が結成され，彼等の努力の結果，1898年4月25日にドイツ最初の商科大学であるライプチッヒ商科大学が設立されることとなったのである。ドイツの経営学研究は，以降の曲折はあるものの，まずはこの商科大学の設立とともに始まったのである。ドイツにおける商科大学の設立状況を示したのが図表1である[1]。

しかし，最初の商科大学であるライプチッヒ商科大学は，残念ながら「大学」としての内容（水準）を有していたとは思われない状況にあった。というのは「国民経済学や法律学等は，ライプチッヒ大学の講義をもって代替され，商業学関係の講義や実習はライプチッヒ公立商業学校の教師によって行われ…設立10年後の1908年においても，専門教員がゼロであった」[2]という状態であったからである。これでは大学といっても単なる形式上の条件をクリアーしたに過ぎなかったといわざるを得ないであろう。メヴィッセン等の苦悩の一端を窺うことができるのであるが，この時期の商科大学は財政的にも内容的にも極めて不十分かつ不安的なものであった。

こうした商科大学は，カリキュラムの不十分さだけに限らず，例えば，財政

図表1　ドイツの商科大学設立年表

設立年	名　　称
1898	ライプチッヒ商科大学 (Handels-Hochschule Leipzig)
1898	アーヘン商科大学 (Aachener Handelshochschule)
1901	ケルン商科大学 (Handelshochschule in Köln)
1901	フランクフルト商科大学（Akademie für Sozial-und Handelswissenschaften in Frankfurt am Main）
1906	ベルリン商科大学 (Handelshochschule zu Berlin)
1908	マンハイム商科大学 (Handelshochschule zu Mannheim)
1910	ミュンヘン商科大学 (Handelshochschule zu München)
1915	ケーニヒスベルク商科大学 (Handelshochschule zu Königsberg)
1919	ニュルンベルク商科大学 (Handelshochschule zu Nürnberg)

面，学位授与権，教授資格審査等々といった大学の経営面や，また付与されるべき資格ないし権限についても十分に認められてはおらず，商科大学は半人前のいわば格下の存在であった。その意味で，多くの点で商科大学と大学との間には大きな格差が存在していたのである。この格差は，商科大学の教師等にとっては，大きな劣等意識をもたらすものとなった。そうした理由もあって，幾つかの商科大学は設立後数年で廃止されている。

　こうした格差ゆえに，商科大学とその関係者には，格差是正としての商業学の学的内容の科学化と権威付けへの強い志向が見られたのである。これは，やがて商科大学（Hochschule）の大学（Universität）への「同格化」の気運となって表出する。

　従って，当時のドイツの高等教育制度においては，三種の大学が存在したこ

とになる。すなわち，中世から続いてきた"悪名高き"キリスト教伝道のための大学と，19世紀に新しくフンボルト（v. Humboldt, K. W. 1767-1835）の大学理念の下に作られたいわゆる近代大学（これら二者は急速に同一化するのであるが），そして同じ時期に別の設立目的の下に創設された工科大学や商科大学である。ただ前二者は，あくまで大学＝Universitätである点においては軸を同一とする。そして，後者はどこまでもHochschule（専門単科大学）であった点は注意されねばならない。

そしてこの点は，アメリカのビジネススクールと比較すると大きく異なるところである。すなわち，ドイツの商科大学が，いずれは大学（Universität）へと吸収統合されてゆくのに対し，アメリカのビジネススクールは，ペンシルベニア大学のウォートン・スクールを皮切りとして，あくまでビジネススクールとして基本的には独立して発展・拡大してゆくからである。

2-2 商業学の科学化と経営経済学方法論争

さて，前述のドイツ商業教育協会は，商業学の科学化のために懸賞論文を募集した。それに当選したのがゴンベルク（Gomberg,L.）の「商業経営学と個別経済学」であった。さらに当時としてはシェアー（Schär,J.F.）の『一般商業経営学』やエーレンベルク（Ehrenberg,R.）の貢献も見られた。ただこれらの諸文献は，「経営学」成立へ向けての前段階であることに注意する必要がある[3]。

商業学の科学化は同時に新しい学問としての商業学の独立ないし成立という新しい試みとなるが，これに対して正面から反対したのが経済学者のワイヤーマン（Weyermann,M.R.）とシェーニッツ（Schönitz,H.）であった。経済学者であった彼らの1つの意図が，彼らの共著のタイトルにはっきりと現れている。すなわち『大学と専門単科大学における科学的な私経済学の基礎と体系およびその育成』とあるように，彼らの意識の中で大学と専門単科大学は同じ大学ではなくあくまで区別すべき2つの大学であったのである[4]。

このタイトルに見られるように，経済学者は，単科大学すなわち商科大学と大学とは別物である，という意識，そして彼らだけでなくエーレンベルクもそうであったが，私経済学（商業学も）はあくまで国民経済学の一部門ないし下

位部門であるという意識，そして金儲けのための，商人のための卑しい寄せ集めの学問である，という意識を持っていたことを注意しておかなくてはならない。従って，彼らの考えの中では商業学はあくまで一つの独立した学問分野ではなかったのである。

そして，そうした経済学者の考えに真っ向から反対したのがライプチッヒ商科大学出身のシュマーレンバッハ（Schmalenbach, E. 1873-1955）であった。彼は「技術論としての私経済学」において，ワイヤーマン＝シェーニッツに対し，自らの考えを技術論（Kunstlehre）として次のように述べている。「技術論に対する科学は哲学であり，これに対して技術論は技術論科学であり，処理基準を与える。…」(5)と述べている。ただこの段階での彼の本論文における批判の論調は，私経済学（経営経済学という名称は未だ存在していなかった）の理論的体系を示したものではなく，当時の"権威"であった国民経済学（者）と大学（Universität）に向けた本人の心情的態度表明の色彩が強い。

ここにいわゆる私経済学論争すなわち第1次方法論争が始まったのである。その後，1928年に国民経済学者のリーガー（Rieger, W. 1878-1971）とシュマーレンバッハとの間での第2次方法論争（この1920年代になって，ようやく経営経済学の名称が一般的となった），そして戦後の1951年からのグーテンベルク（Gutenberg, E. 1897-1984）とメレロヴィッツ（Mellerowicz, K. 1891-1984）との間で戦わされた第3次方法論争さらに新しい科学方法論を巡って第4次方法論争というようにドイツの経営経済学は，学問としての発展をこれらの方法論争を通して発展してきたといってもよいのである。

このドイツの経営経済学を巡る論争の論点は次の2つにあった。1つは，経営経済学（当初はすでに見たように私経済学）が独立の学問たりうるかどうか。もう1つは経営経済学はしょせん金儲けの学問ではないか，という批判である。

この間の発展過程を表で表したのが，図表2である(6)。

その間，ドイツにおいては経営経済学の最初の学会として1921年にドイツ経営経済学会（Verband der Hochschullehrer für Betriebswirtschaft e.v.）が創立された。創設に尽力したのは，ニックリッシュ（Nicklisch, H. 1876-1946），パーペ（Pape, E.）そしてシュミット（Schmidt, F.）等であり，後に，ヘラウアー（Hellauer, J.）やシュマーレンバッハ（Schmalenbach, E.）も参加する。

シュマーレンバッハはその後1932年に「シュマーレンバッハ経営経済協会」（Schmalenbach-Vereinigung）を創立した。

これらの学会の創立とともに，学会が発行する専門雑誌（いわば機関誌）も創刊されることとなる。たとえば，前者でいえば1924年創刊の『経営経済雑誌』（ZfB：Zeitschrift für Betriebswirtschaft），後者でいえば，学会創立よりも前の1906年にシュマーレンバッハが編集・発行していた『商業学研究雑誌』（ZfhF：Zeitschrift für handelswissenschaftliche Forschung）がある。ちなみにドイツを中心に，日本とアメリカの学会の設立と専門雑誌（ドイツのみ）

図表2　ドイツ経営学の系譜

方法論的背景	ドイツロマン主義的歴史観	（ドイツ）啓蒙主義以降	
方法論的立場	ドイツ観念論哲学（的）	新カント派哲学（的）	
方法論争＼学派	規範学派	応用(技術論)学派	理論学派
第1次方法論争（私経済学論争）1912〜		シュマーレンバッハ(Schmalenbach,E.)	ワイヤーマン＝シェーニッツ(Weyermann,M.R.=Schönitz,H.)　ニックリッシュ(Nicklisch,H.)
第2次方法論争1928年〜	ニックリッシュ	シュマーレンバッハ	リーガー
第3次方法論争1951年〜		メレロヴィツ(Mellerowicz,K.)	グーテンベルク(Gutenberg,E.)
	現代科学哲学の登場（論理実証主義，批判的合理主義，パラダイム論），アメリカ経営学の影響／その他（構成主義等）		
第4次方法論争1960〜	コジオール（Kosiol,E.）ハイネン（Heinen,E.）グロッホラ（Grochla,E.）等	フィッシャー-ヴィンケルマン(Fisher-Winkelmann,W.F.)カッターレ（Katterle,S.）ケーラー(Köhler,R.)シャンツ（Schanz,G.）シュライバー(Schreiber,R.)等々	

図表3　ドイツにおける学会の設立と専門雑誌

学会・協会／設立	概要ならびに発行専門雑誌（機関誌）等
ドイツ経営経済学会 (Verband der Hochschullehrer für Betriebswirtschaft e.V.) 1921年	ZfB（1924年創刊） (Zeitschrift für Betriebswirtschaft)
シュマーレンバッハ経営経済協会 (Schmalenbach-Vereinigung 1932年　後にSchmalenbach-Gesellschaft für Betriebswirtschaft e.V.）改称1998年	ZfhF（1906年創刊） (Zeitschrift für handelswissenschaftliche Forschung) (現在ZfbF：Schmalenbachs Zeitschrift für betriebswirtschaftliche Forschung) 「シュマーレンバッハ経営経済協会誌」
組織学会 (Gesellschaft für Organisation) 1922年	ZFO（1927年創刊） (Zeitschrift für Organisation)
	*ZHwHp（1908年創刊） (Zeitschrift für Handelswissenschaft und Handelspraxis) (1930よりBW：Die Betriebswirtschaft) *BFup（1949年創刊） (Betriebswirtschaftliche Forschung und Praxis)

（参考）

日本	アメリカ
日本経営学会（設立1926年（大正15年））	アメリカ経営学会（設立1936年）

の状況を表したのが，図表3である[7]。

　このようにして，ドイツにおける経営経済学は学問としての体裁を模索しつつ，その誕生の揺籃期を商科大学においてスタートを切ったのである。その後，図表2にあるように4つの方法論争を経ながら，とりわけ第二次世界大戦を契機に商科大学はほとんどが大学（Universität）の中に吸収統合され今日に至っている。

　ドイツにおいては経営経済学が一つの学問として形成されるのは以上示してきたように，おおよそ1920年代となる。もっとも，今日のドイツの経営経済学は広くアメリカ等の研究成果も取り入れつつ展開していることはいうまでもない。

注
(1) 本図表は大平浩二（2007）p.27を基にしている。なお，当時のドイツ社会において，経済市民層（有産市民層）出身の学生が徐々に増加傾向にあり，英仏に若干の遅れをとったドイツの経済発展と産業の振興のために，ドイツの産業の新しい担い手たる人材の育成が急務となってきたのである。従って，商科大学の設立は，当時のドイツにあって，教養市民層と労働者階級の中間にあり，当時徐々に実力を蓄えてきた新興の経済市民層のための高等教育機関として位置付けられることができる。ここで触れておかなければならないのは，商科大学や工科大学の大学として使われる「Hochschule」である。通常大学は，「Universität」と称されるが，少なくともこの当時，この二つの大学の間には大きな格差があったことを留意しておかねばならない。この点については大平浩二（2007）（2015）を参照のこと。
(2) 岡田昌也（1977）「商科大学生成史序説（二）」『甲南経営研究』第17巻4号，p.104。
(3) Gomberg, L.(1903), *Handelsbetriebslehre und Einzelwirtschaftslehre*, VdDVKU, 26. Bd. Leipzig Schär, J.F.(1911), *Allgemeine Handelsbetriebslehre*, 1. Bd. Abt. M. hrsg., Handelshochschul-Bibliothek, 11. Bd. Leibzig, Ehrenberg, R.(1897), *Handelshochshulen Gutachten von Kaufleuten, Industriellen und anderen Sachverständigen, eingezogen und zusammengestellt in Auftrage des Deutschen Verbandes für das Kaufmännische Unterrichtswesen*, VdDVKU, 3Bd., Braunscheigここで「前段階」といったのは，この時期では未だ彼ら自身が経営経済学者として充分に自覚していなかったことからも分かるように，この商業諸学を支える近代科学としての学問的条件が整っていなかったからである。
(4) Weyermann,M.R.=Schönitz,H.（1912）, *Grundlegung und Systematik einer wissenschaftlichen Privatwirtschaftslehre und ihre Pflege an Universitäten und Fach-Hochschulen*, Karlsruhe，ちなみにドイツでは経済学を国民経済学（Volkswirtschaftslehre）と呼ぶ。
(5) Schmalenbach,E.（1911/1912）, Die Privatwirtschaftslehre als Kunstlehre, *ZfhF*,6.Jg., p.306，また彼は，経済学にたいしてそれは「書斎の学」（p.315）と批判している。
(6) 筆者作成。
(7) 本図表は大平浩二（2007）p.33を基にしている。なお，ドイツの経営学会の創立年について，山本（1977）は，「1924年といわれている」（p.35）と記述しているが，同学会のHPには1921と記されている。なお，同学会の機関誌の発行は1924年である。

参考文献
伊東俊太郎・村上陽一郎共編（1989）『講座　科学史１　西欧科学史の位相』培風館

大平浩二・幸田浩文・早坂明彦（1989）『現代経営学説の探求』中央経済社
大平浩二（2007）「経営学の誕生そして発展をめぐって」飯冨順久編著『経営学の新展開』税務経理協会
大平浩二（2015）「わが国における経営学研究の1つの特徴」『三田商学研究』（第58巻第2号）
岡田昌也（1982）『経営経済学の生成（三訂版）』森山書店
小島三郎（1968）『戦後西ドイツ経営経済学の展開』慶応通信
小島三郎（1986）『現代科学理論と経営経済学』税務経理協会
古林喜楽（1971）『日本経営学史―人と学説―』日本評論社
古林喜楽（1977）『日本経営学史―人と学説― 第2巻』千倉書房
佐々木 力（1985）『科学革命の歴史構造（上・下）』岩波書店
永田 誠（1995）『現代経営経済学説史』森山書店
村上陽一郎（1994）『科学者とは何か』新潮社
山本安次郎（1977）『日本経営学五十年―回顧と展望―』東洋経済新報社

3 アメリカの経営学
(Business Administration/Management)

■アメリカにおける経営管理論の誕生と発展は，現実の諸問題の解決から始まった。
■そこでは様々なアプローチが問題解決のために集積している。
■したがって，統一的な学問体系としての経営管理学が構築されているわけではない。

19世紀のアメリカではまだ国造りの途上でもあり諸制度が流動的ないし未熟であった。企業経営に関しても，とにかく現実の諸問題をいかに解決するか，という試行から始まった。すでに見たように，ドイツではまず経営経済学（その当時はまだ商業学等の名称）を研究・教育する商科大学の設立から運動が始まるのである。この点が，両国の経営学の大きく異なる点である。
　ほとんどの経営学のテキストにおいて，アメリカ経営学がテイラー（Taylor,F.W.）の科学的管理法から始まるのはそのためである[1]。

3-1 テイラーの科学的管理法

　当時（19世紀後半から20世紀初め）のアメリカの工場においては，いわゆる「組織的怠業（soldiering）」が見られた。要するに皆で仕事をサボっていたのである。テイラーの第一の業績は，この組織的怠業の原因の解明と労働者の行うべき公正な仕事量（「課業（task）」）を客観的なデータを用いて明らかにすることによって，その解決を図ったことにある。

図表 1　テイラーの差別的出来高給制度

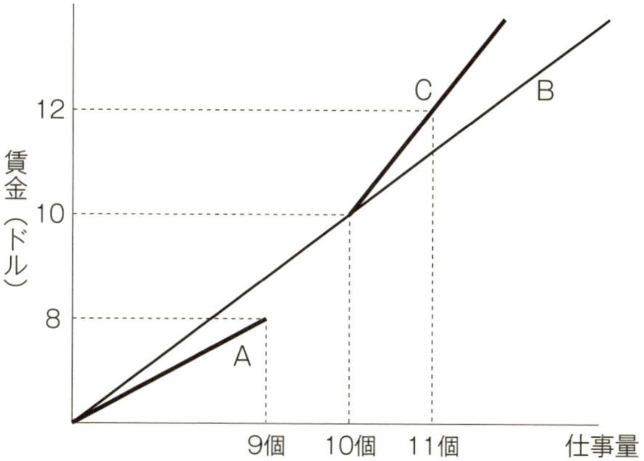

```
賃金（ドル）
                              C   B
12 ─ ─ ─ ─ ─ ─ ─ ─ ─ ─
10 ─ ─ ─ ─ ─ ─ ─
 8 ─ ─ ─ ─ ─
         A
         9個 10個 11個        仕事量
```

注）　1日の標準作業量10個作ると10ドルの標準賃金
　　　10個未満の場合は8ドル以下
　　　10個を超えると12ドル以上
　　　Aマイナス出来高給，B単純出来高給，Cプラス出来高給

　この「課業の管理」の要諦は，労働者も管理者も全員が納得しうる，働きに見合った公正な1日の仕事量を，それまでの経験や勘といった主観的な基準からストップウオッチや巻尺を用いた「時間研究（time study）」や「動作研究（motion study）」によって客観的に決めたことである。

　これは，まず平均的な労働者が一定の作業を行う際にどのくらいの時間がかかり，かつどのような動きをするのかを綿密に抽出したものである。そして，これによって，労働に見合った賃金を支給しようとしたのである。

　もっともこの課業の設定には一流の労働者の育成という目的もあり，「差別的出来高給制度（differential piece rate system）」にみられるように，仕事の達成度の高い労働者には高い賃金が，低い労働者には低い賃金が支払われることとなった。

　またテイラーは，工場内での仕事の進め方にも工夫し，「計画部（planning department）」を設置し，課業の分析や設定を含む仕事を実際の作業の執行と分離した。計画部で作られた作業方法が「指図表（instruction card）」を通して各労働者に伝えられ，客観的に決められた仕事を決められた方法で行うよう

になったのである。

　こうした仕事の細分化は，工場組織のあり方にも現れることとなった。すなわち「職能的職長制度（functional foreman）」の導入である。原則として，1人の職長は自分の専門とする範囲を担当し，個々の労働者は作業プロセスに応じてそれぞれの職長の下で作業をしたのである。もっとも，この制度（組織）は規模が大きくなるにつれて指揮命令系統が複雑になる欠点があり，必ずしもその後普及することはなかった。

　以上のようなテイラーの人間観は，人間を経済的（金銭的）動機により行動する，そしてまた人間労働を大量生産のための一部分と考えたのではないかということで「経済人モデル（economic man）」とか「機械人モデル（machine model）」と呼ばれている。

　もっともテイラーの考えは，単なる工場の合理化だけではなかった。かれが最終的に目指したのは「対立からハーモニー」と「経験から科学」という思想であった(2)。すなわち，当時過激化していた労働者と経営者との対立の解消と工場労働の科学化にあったのである。

　しかし，彼の思想が十分に理解されることはなかった。科学的管理法が広まるにつれて，その思想とは別に作業の合理化のみが強調され，その結果労働組合との対立がますます深まることとなった。

　ただ，今日に至るまで彼の名前が消えることがない理由の1つは，彼のもっていた広い意味での実証精神であると思われる。

3-2　フォードによる大量生産方式

　産業革命の基本的な特質の1つは，大量生産方式の発展にある。このもっとも代表的な例の1つが，フォード（Ford,H.1863-1947）による自動車の大量生産である。

　彼がフォード自動車を設立したのは1903年であるが，当時の自動車は一部の高所得者だけの乗り物であった。自動車に対する彼の思想は，一部の少数の乗り物から一般大衆の乗り物へと変えることであった。要するに，安価で標準的な商品へ車を作り変えることであった。この思想は，松下幸之助のいわゆる

「水道哲学」に似ているといえよう[3]。

フォードがこの考えで作ったのが1908年の「T型フォード」である。色は黒一色とし，各種部品類や設計も基本的には同一にすることによってコストを削減し，安価で丈夫そして誰でも運転できる車が完成したのである。アメリカのモータリゼーションはこの「T型フォード」によって発展したといっても過言ではない。

この「T型フォード」の生産を可能にしたのが流れ作業による生産ラインであった。磁石発電機，モーター，変速機を組み立てる3つのライン工場の床に設置されたシャーシーを牽引する電動巻き上げ機を用いた組み立てラインが同期化され，これによって時間的にも大幅に短縮された組み立てラインが完成したのである。

さらにまた，原材料である鉄鉱石から燃料である石炭そして輸送船等々を所有する巨大な企業グループを作り上げ，できるだけ無駄を省いた原材料と部品の調達システムを構築したのである。この意味で，彼の自動車工場は今日のそれの嚆矢といってよい。ちなみに，1909年の生産台数は13,840台，価格は950ドルであったが，1914年には230,788台に，1916年には585,388台で360ドルに拡大・低下した。大量生産による典型的なコスト削減の例である。

このフォードの経営にはもう一点付け加えるべき特徴がある。それは一般にフォーディズムといわれているが，簡単に紹介しておこう。1914年，彼はそれまでの1日当たりの賃金2.5ドルを倍の5ドルとし，労働時間も9時間から8時間とした。しかしこうした好条件には次のような条件枠が課せられていた。すなわち，ⅰ家族と同居し円満であること，ⅱ独身者は倹約に努めること，ⅲ飲酒・ギャンブルの禁止，といった条件である。こうした彼の思想の背景には，テイラーと同じく，当時の平均的（おそらくヨーロッパ出身の）アメリカ人が持っていた倫理観すなわちプロテスタントのそれが働いていたと思われる[4]。

さて，フォード自動車は1922年に市場シェア50％を超えたが，それをピークに急速に下降線を辿ることとなった。その最大の理由の一つは，市場（消費者）ニーズの多様化に対する立ち遅れであり，一貫して「T型フォード」の単一モデルできたツケがきたといえるのである。

以上のようなフォードの工場を代表する大量生産方式は，19世紀後半からの

アメリカの国内市場の拡大に基因する。この大量生産を可能にしたのが「互換性部品（interchangeable parts）」の活用と作業の「標準化」と製品等の「規格化」である。これらの点が，アメリカにおける生産の合理化，効率化に大いに寄与したのである。また更に，19世紀のアメリカの製造業においては，「内部請負制度（inside contract system）」が導入された。これは請負人（contractor）と呼ばれる熟練工が工場所有者（資本家）と一種の工程部分を請け負い，自分の配下の労働者を保持して生産を行う生産のやり方である。これらの経緯を経て，20世紀のテイラーやフォード等の大量生産方式の拡大へと繋がったのである。

さて，以上のテイラーとフォードは見てきたように技術系管理者と企業経営者である。その意味で，数冊の書物を著してはいるが彼らは経営学者ではない。アメリカの経営学が，学として自覚的に体系化されたのはまずは「管理過程論（management process）」としてであろう。しかしながらこの管理過程論も，その契機はフランスの経営者であるファヨール（Fayol,H.1841-1925）の実際の経営管理の経験を基礎としている。そこで，ファヨールの管理を見てみることとしよう。

3-3　ファヨールの管理論と管理過程論

ファヨールは1888年に鉱山会社（コマントリ・フルシャンボール）の社長に就任し同社を大胆な経営改革によって蘇生させ，長年の経営者としての経験の蓄積を1916年に『産業ならびに一般の管理』として著した(5)。

テイラーやフォードの管理手法は，つまるところ工場や生産の場における効率化であった。その点ファヨールは，経営者という企業組織全体を見た立場から，企業の経営管理に不可欠な活動を6つに分類し，さらにその活動が5つの管理の諸要素からなることを指摘した。

すなわちその活動とは，ⅰ技術活動，ⅱ商業活動，ⅲ財務活動，ⅳ保全活動，ⅴ会計活動，ⅵ管理活動の6つである。これらの活動のうち，ⅰ〜ⅴはいわゆる職能（機能）であり，企業の経営活動の縦割り的（部門毎の）分類である。そして，これらの諸職能に共通して必要な管理方法がⅵの管理活動である。

ファヨールは，この管理の要素として，A計画化（将来の経営・管理計画），B組織化（物的かつ社会的な組織の構築），C命令（従業員を働かせること），D調整（全活動と努力を結集し全体の調和を図ること），E統制（指揮命令に従って活動が行われることを監督する）の5つを挙げている。このA～Eの5つは管理を実行する際の実施プロセスとして考えることができる。すなわち，どのような職能（仕事）も，まず最初にその計画があり，必要な経営資源を集めて組織し，リーダーが指揮・命令を下し，進捗とともに調整しつつ全体をまとめるという循環的過程（プロセス）を踏むこととなる。このプロセスは通常「Plan」「Do」「Check」「Action」ないし「Plan」「Do」「See」等と示される。後に見るように彼の管理の考えがアメリカにおいて広まったときに，管理過程論と呼ばれるのはそのようなことによる。

さてファヨールは，この管理を企業活動におけるもっとも重要な活動とし，そこには管理者の知っておくべき原則があるとする。かれは自らの経験から管理の実践のための以下のような14の原則を提示した。

- ・分業の原則　・権限と責任の原則　・規律の原則　・命令の一元性
- ・指揮の一元性　・個人的利益の全体への従属　　　・報酬
- ・集権化　　　・階層組織　　　　・秩序　　　　・公正
- ・従業員の安定　・創意　　　　　・団結心

皮肉なことにフランス人のファヨールが提唱したこの管理の職能や管理原則は，その後フランスよりもアメリカで評価され，多くの研究者によって「管理過程論」として展開されることとなった。そこで以下にこの管理過程論を紹介しよう。

その代表的論者としては，デイビス（Davis, R. A.）による「計画化」「組織化」「統制」，ニューマン（Newman, W. H.）による「計画化」「組織化」「資源調達」「命令」「統制」，そしてクーンツ＝オドンネル（Koontz, H. & O'Donnell, C.）は「計画化」「組織化」「人員配置」「指揮」「統制」等が知られている。

この管理過程論は，第二次世界大戦中から戦後のおおよそ1960年代にかけてアメリカの管理論における主流をなした。しかし，現実の経済・企業経営の多様化と複雑化そして様々な研究アプローチの導入によって，そしてまた，後に見るようにサイモン（Simon, H.A. 1916-2001）等による批判によって衰退する

こととなった。

　クーンツは，多様な研究アプローチがアメリカの経営学に混在しているとして「マネジメント・セオリー・ジャングル」および「マネジメント・セオリー・ジャングル再訪」という表現で当時のアメリカ経営学の状態を表した[6]。この1980年の後者の論文で彼は，次のような11の研究アプローチを挙げている。

- ⅰ　経験・事例研究アプローチ
- ⅱ　対人行動アプローチ
- ⅲ　集団行動アプローチ
- ⅳ　協働的社会アプローチ
- ⅴ　社会・技術システムアプローチ
- ⅵ　意思決定論アプローチ
- ⅶ　システムズアプローチ
- ⅷ　数学的・経営科学的アプローチ
- ⅸ　コンティンジェンシーアプローチ
- ⅹ　経営管理者役割アプローチ
- ⅺ　オペレーショナルアプローチ

　ただ，こうした諸種のアプローチ間の学説上の関係については，その後大きな展開・発展はなく，アメリカにおいては，これらの各学派が大きな論争をすることもなくそれぞれがそれぞれの立場で展開してきている。もっとも，この管理過程論のアプローチは，その後の情報理論や意思決定論等々の登場によって相対的に停滞することとなった。

3-4　人間関係の理論

　19世紀後半から20世紀にかけてのテイラーやフォード等の生産管理の展開は，当時のアメリカの事情とも相応して発展することとなったが，1920年代の半ばから，新しい視点がアメリカの管理論の中に登場することとなった。

　その発端は，オーストラリア出身の心理学者であった，メーヨー（Mayo,E. 1880-1949）を中心にレスリスバーガー（Roethlisberger,F.J. 1898-1974）等による設備・電器機器会社のホーソン工場での実験に始まる[7]。

　当初メーヨー等とは別に，1924年から1927年にかけて工場内の照明と労働者の生産能率との関係を知るための実験が行われた。常識的には，照明の度合いが悪く（暗く）なれば能率が下がることとなる。この正確な関係を探るのが当初の目的であった。この考えは，テイラー以来の人間は物質的・経済的動機によって働く，という考えと同様である。この「照明実験」において，従来から

の思考を覆す結果が生じたのである。

　それまでの考えでは，照明が暗くなると労働条件の悪化によって作業能率も低くなると考えられていたが，この照明実験の結果では，照明の度合いとは関係なく能率が上昇し，さらに元の暗さに戻しても比較的高い労働水準を維持したのである。

　この結果は，物的・経済的労働条件以外の要素が関係しているのではないか，との推測をもたらし，更にメーヨー等によって1927年から1932年にかけて新たな実験が行われた。ここではまず「継電器組立実験」等において，集団ごとの出来高払い制度の導入や，休憩時間や労働時間の設定へ労働者自身を参加させたりして，作業能率と作業条件との関係を調査した。

　当初は両者の相関は見られなかったが，繰り返し実験を行う中で，とりわけ工場の半数である2万人余りの労働者に対する「面接実験」の中で，労働者の作業態度が彼らのその時々の感情や心情と何らかの関係があり，そうした感情が個々人の経歴と職場状況によって影響を受けていることがわかってきたのである。

　そこで更に「バンク巻取り実験」の中で，労働者たちの中に職場の職位とは別の非公式のグループ（informal group/organization）とそのリーダーの存在がわかってきたのである。この非公式のグループ内では，会社の規則とは別のグループ内の"ルール"があり，このルールにメンバーが強く影響を受けていることがわかってきたのである。このルールによって，職場の作業能率が大きく左右されていたのである。

　従来の科学的管理法の思考では，物的な労働条件と生産性との間には一義的な関係があるとされたが，ホーソン工場における一連の実験によって，労働者

図表2　作業条件の変化と生産性の向上

のモラール（morale＝勤労意欲・士気）は，物的条件だけでなく非公式的な状況によって大きな影響を受けることがわかったのである。

この図表にもあるように，人間行動を規定するのは，彼らの感情面(sentiment)であり，その人間観として職場の人間関係を基礎とする社会人モデル（social man）が示されることとなった。

3-5 組織の理論

企業経営は，人間だけで行われるものではなく，また機械だけで成立するものでもない。ここに組織の重要性が出てくる。まず組織の理論に関して，まず最初にウェーバー（Weber, M.1864-1920）の官僚制（bureaucracy）の理論から話を始めよう。ウェーバーは20世紀を代表する社会科学者の一人であり，その学問的影響は全世界に及んでいる。

ウェーバーは彼の主著である『経済と社会』の中にある「支配の社会学」において，3つの支配類型を示している[8]。

A 「伝統的支配」家父長制による伝統的な秩序と権力により，恭順という心情によって関係付けられた社会関係をいう。

B 「カリスマ的支配」宗教的，軍事的といったきわめて個人的なキャラクターによる非日常的な力による支配である。場合によっては，今までにない新しい支配構造を生み出すことがあり，これによって社会変革の大きな原動力になることがある。

C 「合法的支配」支配の正統性を法律などのルールに置く考えである。これの純粋な形が近代の官僚制である。この支配の下では，社会関係は合法的かつ形式的手続きによって制定されたルールによって決定される。ここでは，社会が認めたルールに従うことになる。この支配の形は近代の行政組織だけでなく資本主義における大企業も当てはまる。

さてこうした官僚制は，ウェーバーによれば，規則，組織階層，公私の区別，専任制そして専門的技能によって客観的かつ合理的な機能を遂行できるとされる。もっともアメリカの社会学者であるマートン（Merton,R.K.1910-2003）は「官僚制の逆機能論」を唱え，官僚制の持つ専門性が規則への極端な従順（例

えば前例主義等々）によって環境対応といった柔軟性を失わせると批判した(9)。

アメリカにおける組織理論の展開としてまず最初に登場するのが，バーナード（Barnard,C.I. 1886-1961）である。彼はニュージャージー・ベル社の経営者としての経験から1938年に『経営者の役割』を出版し，この中で組織に関する新しいコンセプトを示した(10)。

彼は，人間は物的・生物的・社会的存在であるとし，自由意思を持ち自ら決定しかつ合理的にも非合理的にも行動する存在とした。こうした人間観は「全人仮説」と呼ばれている。

そして更に，個々人が自分の能力の限界からお互いに協力し合って目的達成のために協働することに注目し，これを「協働体系（cooperative system）」と呼んだ。

そして，この協働体系に共通する3つの要素，すなわち「共通目的」「貢献意欲」「コミュニケーション」を取り出して概念規定したのが彼の組織の定義である「二人以上の人々の意識的に調整された活動や諸力のシステム」である。この定義が意味している組織とは，相互に意思を通じ合わせながら共通目的に向かって意欲を持って行動している時（状態）をいうのである。

彼の組織の定義の中で注目すべき第1は，組織をシステムとして見たことである。これまでの伝統的な考えでは，個々の要素をバラバラに見てきたが，彼は，個々の要素と全体との関係を相互関係において見たのである。

第2に，個々人の自由な意思決定の考えから，組織における権限は，組織の職位に付着しているものではなく，その権限を受け入れる側のあるという考えを示した。これを「権限受容説」という。もっとも個人はある一定の範囲において，疑問を抱かずに命令を受け入れること（「無関心圏」）も指摘した。

第3に，組織の維持存続（「組織の均衡」）について，「有効性（effectiveness）」と「能率性（efficiency）」の概念を用いて説明する。有効性とは組織目的の達成にかかわる基準であり，達成されればその協働は有効であったとされる。また，能率性とは組織の均衡状態を達成するために組織が個々人に提供する誘因のことである。この誘因は，あらゆる種類のものであり，単に経済的誘因（給料等）だけを指すものではない。組織に対する主観的な判断がここでは重視されている点に注意が必要である。

個人が組織に参加する動機は個人的なものから始まるので，組織が存続するには，個人が参加したいと思う誘因を組織が個人に与えそして個人は組織に対して貢献するという関係になるのである。この関係を図式化すると以下のようになる。

誘因（inducements）≧ 貢献（contributions）

この誘因と貢献の関係は，バーナードによれば，あくまで個々人の自由な判断によって決定される。つまり，個人が組織から受け取る誘因が多いと感じたら組織に参加し続けるし，そうでなければ組織を辞めることになるのである。

第4に，バーナードはさらに経営者の持つべき高い道徳性にも触れている。彼によれば経営者は常に高い責任能力が課せられ，道徳規律を自ら生み出し高い理想を持たなければならないという[11]。

こうしたバーナードの考えは，これまでの伝統的な管理理論に対して新しい管理の思想を示した点で大きな影響を与えることとなった。バーナードの考えの影響を受けた一人として次にサイモンの理論を見てみよう。

サイモンの研究者としての始まりは行政組織の研究であった。その後1945年に『経営行動』を刊行し，それ以降組織の中での人間行動や人間の意思決定とそれらについての心理学的研究を行い，さらに人工知能やコンピュータ科学等へも関心を広げ，1978年にノーベル経済学賞を受賞した[12]。

今までのアメリカにおける経営管理理論の展開を見てきてわかるように，アメリカの場合は現実における問題解決の手法の開発から経営管理が始まるのであるが，サイモンはその中で純粋の学者として組織の理論を提唱した人物である。

彼の理論を説明する場合に，まず彼の方法論的立場としての論理実証主義（logical positivism）について触れなければならない。つまり彼は，仮説や理論に関し，価値判断に関わる側面を排除してその経験妥当性すなわちテスト（検証）可能な命題が科学的であるとして重視した。そして，現実の意思決定における「事実前提（factual premises）」と「価値前提（value premises）」を明確に峻別して後者は科学の対象ではないと主張したのである。

そこで彼によれば，管理過程論において示された管理の諸原則は，お互いに矛盾する関係にあるとして，現実を説明できない格言のようなものであると批

判した。たとえて言えば「善は急げ」と「急がば回れ」の二つの原則があるとすると，どちらに従わねばならないか迷ってしまう。従って彼によれば，管理過程論は現実を説明し得ないし実践にも役立たないのである[13]。

更に彼は，新しい人間モデルを示した。すなわち「制限された合理性(bounded rationality)」の考えを基にした「管理人モデル（administrative man）」であり，これは「人間は自由な意思や決定能力を有するが，その遂行能力には限界があり，限られた情報の下で意思決定する」というものである。

また，人間は制約された情報の中で自分の主観的な基準（「満足基準」）に従って満足ないしは充分であると考える選択肢を決定し，後に当初は知り得なかった情報等によって別の選択肢が認識されることがある点も指摘した（「組織スラック」）。この制限された合理性や満足基準の考えは，経済学で言う完全に合理的に行動する「経済人モデル」とは大きく異なる人間観である。サイモンの理論が，経営管理論や組織論の領域において高く評価されたのは，こうした経済学の人間モデルに代わる新しいモデルを提唱したことにもある。

またサイモンは，企業組織への参加者としてA消費者，B従業員，C経営者の3者を置き，消費者に対して優良な商品を提供することを企業の誘因とし，企業への消費者の貢献として商品への支払い等をあげている。従業員への誘因は経済的（給与等）なものだけでなく，人間関係はじめ職場の雰囲気といった非経済的内容を含めている。従業員の貢献は，労働や企業への忠誠心となる。経営者に対する誘因は経済的報酬や社会的地位となり，貢献は勤労意欲や企業の発展となる。

サイモンにおいてもこうした誘因と貢献による組織の内的かつ外的均衡が図られ，組織が維持発展することとなるのである。

サイモンの研究は，その後マーチ（March,J.G.1928-）との共著において，組織のメンバーが日常の行動の中で「欲求」「動機」「意欲」を持ちつつ諸種の限界の中で経験・学習するプロセスを解明した。またウイリアムソン（Williamson,O.E.）はサイモン理論を産業組織論の分野に適用した。バーナードやサイモン等の理論は，近代組織論と呼ばれるが，組織研究に関して心理学や行動科学そしてコンピュータ等を利用した組織科学の研究の端緒を開いたとして組織研究への新しい貢献を行った。

3-6　その他の諸理論

以上見てきた諸理論のほかに，アメリカにおける経営管理論の展開としては以下のような研究がある。

(1) 「リーダーシップ論」明確な形での経営学者ではないが，組織や人間関係における対立や相違の解決を「統合（integration）」の概念を用いて検討したフォレット（Follett,M.P.1868-1933）がいる。またリッカート（Likert,R.1903-1981）は，「リッカート尺度（Likert Scale）」を用いて，企業での調査から組織での集団の動機付けとリーダーシップの関係を「生産性の低いグループ」には「職務中心型の監督者」が多いこと，「生産性の高いグループ」には「従業員中心型の監督者」が多いことを明らかにした。そして，集団参加型のリーダーシップについて，「連結ピン」の概念で組織を説明した。また，アージリス（Argyris,C.1923-2013）は，個人と組織の葛藤に関し心理学的なアプローチを用いた。彼は，個人のパーソナリティを「未成熟」から「成熟」への数段階に分け，それと公式組織の組織原理（専門化・命令の連鎖・指揮の統一・統制範囲）との葛藤と解決を試みた。そこでは人間の4つの対応行動（組織を去る・組織に自分を合わせる・心理的防衛機構の利用・無関心）が見られるとし，管理の「混合モデル」を示した。心理学者であったマズロー（Maslow,A.H.1908-1970）は，彼が提示した「欲求段階説」によって経営管理においてもよく引用される学者である。この「欲求段階説」は，人間の欲求が，食欲といった本

図表3　欲求段階説

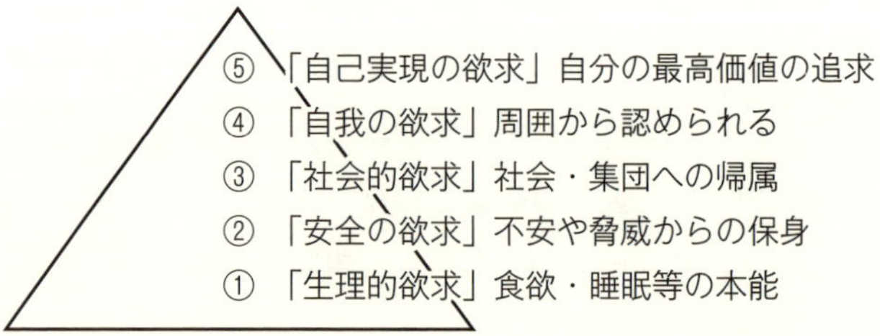

⑤「自己実現の欲求」自分の最高価値の追求
④「自我の欲求」周囲から認められる
③「社会的欲求」社会・集団への帰属
②「安全の欲求」不安や脅威からの保身
①「生理的欲求」食欲・睡眠等の本能

能的なもの(「生理的欲求」)から,最終的には自分の最高の価値観に基づく欲求(「自己実現」)至る過程を説明したものである[14]。

　以上の他に「X理論とY理論」のマクレガー(McGregor,D.1906-1964)や「動機付け―衛生理論」のハーズバーグ(Herzberg,F.1923-2000)などがいる。諸研究は,広い意味での行動科学や心理学また社会学の研究方法が用いられており,彼ら自身も日本やドイツでの意味における経営学者ではない。アメリカの経営管理の研究は,多くの周辺領域の研究者が参加しているが,これらもその好例である。

(2)「コンティンジェンシー理論(contingency theory)」管理の一般的原則

図表4　アメリカ経営学の系譜

		人間観	組織観	特徴
伝統(古典)的管理論 管理過程論	テイラー フォード ファヨール アーウィック ニューマン クーンツ	経済人 機械人	仕事の枠組みとしての公式組織 (職能的職長組織)	経済合理性 マネジメント・プロセス
新古典派理論	メーヨー レスリスバーガー	社会人	非公式グループ (組織)	感情の論理
近代管理(組織)論	バーナード サイモン	管理人	個々人の意思決定による公式組織	制約された合理性・満足基準 論理実証主義
コンティンジェンシー理論	バーンズ=ストーカー ローレンス=ローシュ	―	仕事の枠組みとしての公式組織	状況適応
心理学・社会学からのアプローチ	リッカート アージリス マズロー マクレガー ハーズバーグ	―	―	リーダーシップ 動機付け 自己実現 等
その他	フォレット (ウェーバー)	―	(官僚制組織)	状況の論理

を追求した管理過程論はサイモンによって批判されたことも受けて，1960年代頃より，有効な管理は組織が置かれた状況によって異なる，という研究が示された。これはコンティンジェンシー「状況（条件）適応理論」と呼ばれる[15]。

(3) 以上のほかにも経営戦略における「組織間関係」の理論や独自の経済・経営思想で知られるドラッカー（Drucker,P.F.1909-2005）も避けて通れない[16]。

以上見てきたように，アメリカにおける経営管理論の誕生と発展は，テイラーの科学的管理法の始まりからもわかるように，企業の経営管理の現実問題解決の観点から始まったといってよい。そしてこのことは，アメリカにおいて経営管理が主としてビジネススクールにおいて研究・講義されたことと密接に関係する。この点がドイツや日本における経営学の誕生・発展と大きく異なるところである[17]。

注
(1) テイラーは，1856年に生まれその両親が敬虔なクエーカーとピューリタンの家系であった。この家庭環境により，かれが勤勉な勤労精神と実証精神を身につけたといわれている。Taylor, F.W., (1911), *The Principles of Scientific Management*, New York and London: Harper & Brothers Publishers（上野陽一訳，(1969)，『科学的管理法〈新版〉』産業能率短期大学出版部）
(2) この点については，三戸 公（2003）「14 科学的管理革命―科学，哲学，そして文明―」『経営哲学とは何か』pp.171-187を参照。
(3) 松下幸之助の水道哲学の思想については，本書Ⅱ部1の（ケース）「パナソニック（旧松下電器産業）」を参照。
(4) Ford,H. (1926), *Today and Tomorrow*, William Heineman.（稲葉訳（1968）『フォード経営』東洋経済新報社）
(5) Fayol,H. (1918), *Administration Industrielle et Generale*, Dunod,Paris,（佐々木恒男訳（1972）『産業ならびに一般の管理』未来社）
(6) Koontz,H. & O'Donnell,C., (1955), *Principles of Management*, McGraw-Hill, Koontz,H. (1961, December). The management theory jungle. *Journal of the Academy of Management*, 4., pp.182-186., The Management Theory Jungle Revisited,, *Academy of Management Review*, (1980) pp.175～188.
(7) メーヨーはオーストラリア出身の心理学者。ホーソン工場は，アメリカのシカゴ郊外にあったAT&Tの系列会社のウエスタン・エレクトリック社の照明器具や

電話の継電器などを製作する工場である。実験は，1924年から1932年まで行われた。なお，メイヨーらの実験は，1927年から始まる。

(8) ドイツ人のウェーバーをアメリカの経営学の系譜に入れるには無論問題がないわけではない。ここでは，組織の理論の一つの例として挙げてある。
Weber,M. (1922), *Die Typen der Herrschaft, Wirtschaft und Gesellschaft, Grundriss der Verstehenden Soziologie.* (世良晃志郎訳（1970）『支配の諸類型』創文社)
Weber,M. (1956), *Soziologie der Herrschaft, Wirtschaft und Gesellschaft, Grundriss der Verstehenden Soziologie, 1922, vierte, neu herausgegebene Auflage.* (世良晃志郎訳（1960）『支配の社会学1』創文社)

(9) Merton,R.K. (1946), *Mass Persuasion: the Social Psychology of a War Bond Drive,* Harper & Brothers. (柳井道夫訳（1970）『大衆説得——マス・コミュニケイションの社会心理学』桜楓社), (1949) *Social Theory and Social Structure: Toward the Codification of Theory and Research,* The Free Press. (森東吾・森好夫・金沢実・中島竜太郎訳（1961）『社会理論と社会構造』みすず書房)

(10) Barnard,C.I. (1938) *The Functions of the Executives,* Harvard U.P. (山本安次郎・田杉競・飯野春樹訳（1968）『新訳 経営者の役割』ダイヤモンド社)

(11) Barnard,C.I. (1986) *Philosophy for managers:selected papers of Chester I. Barnard,* ed.Wolf,W.B. and Iino H.,Tokyo,Bunshindo

(12) Simon,H.A. (1945) *Administrative Behavior : A Studey of Decision-Making Processes in Administrative Organizations,* The Free Press. (第3版の訳：松田武彦・高柳暁・二村敏子訳（1989）『経営行動』ダイヤモンド社), (1957) *Models of Man,* John Wiley, (1958) (with March,J.G.) *Organizations,* N.Y., (初版の訳：土屋守章訳（1977）『オーガニゼーションズ』ダイヤモンド社)

(13) 論理実証主義については，本書Ⅱ部の「14　結びにかえて——客観的な知識と開かれた社会へ向けて」も参照のこと。ちょうどサイモンが研究者として活躍した1940年代から50年代は，論理実証主義が世界的に興隆していた頃であった。また，彼の理論はアメリカの管理・組織理論におけるアカデミックな研究の先鋒といえよう。またサイモンと論理実証主義の関係については，渡部直樹（1980）「H.A.サイモン学説の方法論批判」『三田商学研究』第23巻1号を参照。

(14) Follett,M.P. (1940) *Dynamic Administration:The Collected Papers of Mary Paker Follett,* ed by Metcarf H.C. and Urwick,L., Harper & Raw. (米田・三戸訳（1972）『組織行動の原理』未来社)
Likert,R., (1961) *New Patterns of Management,* MacGraw-Hill. (三隅訳（1964）『経営の行動科学』ダイヤモンド社)
Argyris,C., (1957) *Personality and Organization:The Conflict Between System and the Individual,* Harper & Raw. (伊吹山・中村訳（1970）『新訳　組織とパーソナリティ——システムと個人との葛藤——』日本能率協会)

Maslow, A.H.,(1954)*Motivation and Personality,* Harper & Raw.(小口訳（1971）『人間性の心理学』産業能率短期大学）
(15)　Burns, T. & Stalker, G.M.（1968）*The Management of Innovation,* Tavistock, Lawrence, P. & R. & Rorsch, J.W.（1976）*Organization and Environment: Managing Differentiation and Integration,* Harvard U.P.（吉田訳（1977）『組織の条件適応理論』産能大出版部）
(16)　Drucker, P.F.（1954），*The Practice of Management,* Harper & Brothers, N.Y.（現代経営研究会訳（1965）『現代の経営』ダイヤモンド社）
(17)　この点については大平浩二（2007）を参照。

参考文献■────────────
大平浩二（2007）「経営学の誕生そして発展をめぐって」飫冨順久編著『経営学の新展開』税務経理協会
土屋守章（1974）『ハーバード・ビジネススクールにて』（中央公論社）
三戸　公（1971）『ドラッカー―自由・社会・管理―』未来社
吉原正彦（2006）『経営学の新紀元を拓いた思想家たち―1930年代のハーバードを舞台に―』文眞堂

4

日本の経営学

■日本の経営学は，主としてドイツとアメリカの経営学に影響を受けて発展した。
■「骨をドイツに肉をアメリカに」

4-1　日本の経営学の誕生

　日本においても，企業経営や「経営学」が意識されたのは，ヨーロッパやアメリカ同様に産業革命と資本主義を契機としてである。無論日本においても石田梅岩の『都鄙問答(とひもんどう)』や『倹約斉家論(けんやくせいかろん)』そしてまた近江商人が残した諸資料，さらには三井家や住友家の資料等々数多くある。これらは実務レベルでの商売や経営指南の参考資料ではあっても，これらが直ちに経営学の起源ではないことに注意すべきである[1]。

　経営学も他の諸学問と同様に，明治以降の近代西洋諸科学の思想・知識としてわが国に導入された。そして，わが国においては他の諸学問と同様に，諸外国からの輸入紹介という形でその理論や学説の紹介がなされることになったのである。日本の経営学を「骨をドイツに，肉をアメリカに」という言い方がされたのはこのような理由による。

　すでに触れたように，いわゆる経営学という学問が，主としてドイツとアメリカにおいて誕生したと述べたが，本書における商科大学や学会等の設立年表を見ればわかるように，日本における経営学研究のスタートが両国に比べて大きく遅れたわけではない。

図表1　日米の商科大学・ビジネススクール設立年表

設立年	アメリカ　名称	備考	日本　名称	備考
1881	Wharton S. of Finance and Commerce	U. of Pennsylvania		
1887			東京高等商業学校 (明20:1887)	後の東京商科大学 一橋大学
1898	S. of Business	U. of Chicago		
〃	〃	U. of California		
1900	S. of B. Administration	Dartmouth		
〃	S. of Com., Accounts, and Fin.	New York U.		
〃	S. of Com.	U. of Wisconsin		
1902			神戸高等商業学校 (明35:1902)	後の神戸商業大学, 神戸大学
1904			大阪高等商業学校 (明37:1904)	後の大阪商科大学 大阪市立大学
1905	S. of Com., and Admin.	Washington and Lee Cincinnati	山口高等商業学校	
1906	Evening Course	Northeastern U.	長崎高等商業学校 (共に明38:1905)	
1907	S. of Bus.	Pittsburgh U. Harvard		
1908	S. of Bus. Admin.	Northwestern U.		
〃	Grad.S.of Bus. Admin.	Denver		
〃	S. of Com.	Rutgers		
	College of Bus. Admin.	St. Louis Marquette		
1909			商業学科 (明42:1909)	東京帝国大学
1910	S. of Bus. Admin.	Cincinnati	小樽高等商業学校 (明43:1910)	後の小樽商科大学
〃	S. of Com., and Fin.	Georgia（Athens）		
〃	C. of Bus. Admin.	De Paul		
1912	C. of Bus. Admin.	Duquesne		
〃	C. of Bus. Admin.	Georgia（Atlanta）		
1913	C. of Com.	Missouri		
〃	S. of Bus.Admin.			
〃	C. of Bus.Admin.	Omaha		
〃	S. of Bus. and Pub. Admin.	Colorado C.		
	Division of Bus.Admin.			
〃	Dept. of Bus. Admin.	Lowa		
1914	and Banking	Memphis State		
〃	C. of Com.	Montana		
〃	Dept. of Bus.Admin.	Oklahoma A. and M.		
〃	S. of Bus. Admin.			
〃	Div. of Com.			
〃	S. of Bus. Admin.	U. of Oregon		
〃	C. of Bus. Admin.	U.of Tennessee		
〃	C. of Com. and Bus. Admin.	Tulane		
	C. of Com. and Fin.			
1915	C. of Com. and Bus. Admin.	Drake U.		
〃	S. of Bus.and Industry	U. of Illinois		
〃	C. of Bus. Admin.	Mississippi State		
〃	C. of Com. and Fin.			

設立年	アメリカ　名称	備考	日本　名称	備考
1916	C. of Com. and Admin.	Boston U.		
〃	Grad. S.of Bus. Admin.	Detroit U.		
〃	S. of Com., and Bus. Admin.	Ohio State		
〃	C. of Bus.	Columbia U.		
1917	S. of Bus. Admin. and Pub. Admin.	Mississippi U.		
〃	C. of Bus. Admin.	U. of Utah		
〃	C. of Bus. Admin.	Washington U.		
〃	Dept. of Econ. and Bus. Admin.	U.of Washington		
1918	S. of Com., and Bus. Admin.	Lehigh U.		
〃	S. of Bus. Admin.	Washington and Jefferson U.	名古屋高等商業学校	(大8:1919)
〃	S. of Foreign Service			
〃	S. of Bus. Admin.			
1919	C. of Bus. Admin.	U. Alabama		
〃	S. of Bus. and Com. Admin.	Emory		
〃	S. of Bus. Admin.	Georgetown		
〃	S. of Bus. Admin.	Minnesota		
〃	C. of Bus. Admin.	Nebraska		
〃	Dept. of Com.	City C. of New York		
〃	C. of Com.	U.of N. Carolina		
〃	C. of Com.	U.of S. Carolina		
〃	S. of Bus.	Syracuse		
		Akron		
1920	C. of For. and Domestic Com.	Bradley	東京商科大学	(大9:1920)
〃	Div. of Econ. and Bus. Admin.	Creighton		
〃	S. of Com.	Fordham		
〃	S. of Bus. Admin.	Notre Dame		
〃	Dept. of Bus. Admin.	Ohio Wesleyan C.		
〃	S. of Bus. Admin.	U. of Sn. California U.		
〃	Dept. of Econ. and Sociology	Southern Methodist Virginia Poly-technic		
〃	Grad.S. of Bus. Admin.	U. of Virginia Kansas State U. New York U.		
1921			大分・福島高等商業学校	(大10:1921)
1922			和歌山・彦根高等商業学校	(大11:1922)
1923			横浜・高松高等商業学校	(大12:1923)
1924			高岡高等商業学校	(大13:1924)

注) S.=School, C.= College, Com.=Commerce, Bus.=Business, Admin.=Administration, Pub.=Public

日本においても経営学（当時は商業学という名称が一般的であったが）の研究は，商業学校ないし商科大学において始まることとなる。日本とアメリカの商業や経営に関する初期の高等教育機関（高等商業学校や商科大学ならびにビジネススクール等）の成立について示したのが図表1である[2]。

　日本の大学制度自体がその多くをヨーロッパ諸国の制度，とりわけドイツのそれに負うている。皮肉なことに，日本における経営学の研究は，ドイツと同じように旧帝国大学においてはほとんど行われなかった。図表1からもわかるように，ほとんどは高等商業学校ないし商科大学で行われた。"権威"と"格式"ある帝国大学では受け入れられなかったのである[3]。

　さて，本章では参考文献を基にわが国の経営学の生成と発展に寄与した山本安次郎が挙げている「日本経営学草世期（第一世代）」と「第二世代」の中から主要な学者の氏名のみを挙げてみたい[4]。

（第一世代）
　① 　上田貞次郎（1879-1940：東京高等商業学校卒―東京商科大学教授）
　② 　池内信行（1894-1971：コロンビア大学・ベルリン大学―関西学院大学教授）
　③ 　増地庸治郎（1896-1945：東京高等商業学校卒―東京商科大学教授）
　④ 　平井泰太郎（1896-1970：東京高等商業学校卒―神戸（高商）大学教授）
　⑤ 　中西寅雄（1896-1975：東京帝国大学卒―東京帝国大学教授）
　⑥ 　馬場敬治（1897-1961：東京帝国大学卒―東京帝国大学教授）

（第二世代）
　① 　古川栄一（1904-1985：東京商科大学卒―一橋大学教授）
　② 　山本安次郎（1904-1994：京都帝国大学卒―京都大学教授）
　③ 　山城 章（1908-1993：東京商科大学卒―一橋大学大学教授）
　④ 　高宮 晋（1908-1986：東京帝国大学卒―一橋・上智大学教授）
　⑤ 　藻利重隆（1911-2001：東京商科大学卒―一橋大学教授）
　⑥ 　占部都美（1920-1986：東京商科大学卒―神戸大学教授）

　すでに触れたように，戦前はドイツの経営経済学，戦後はアメリカの経営管理論の導入によって日本の経営学の進展が見られるが，近年はそうしたドイツ

やアメリカといった国名を冠しての呼称はあまり意識されなくなっている。

　また，1970年代後半から1980年代にかけての日本企業の海外進出とその高レベルの品質等に伴う日本的経営への関心の高まりや1990年代に入りブームとなったビジネススクール（専門職大学院）の設立等，日本の経営学を取り巻く環境も大きく変化している。その意味では，日本の経営学もその学的内容と制度ともに大きく揺らいでいるといえよう。

4-2　わが国における経営学研究の歩みとその特徴

　前に触れたように，かってのわが国の経営学研究は「戦前はドイツの経営学に（範を求め），戦後はアメリカに」そしてまた「骨をドイツに，肉をアメリカに」という表現に如実に表されていた。この意味するところは，わが国の経営学研究（の多くの部分）が両国等の諸学説を翻訳し紹介するという研究スタイル-今やほとんど過去のものとなってしまってはいるが-であったところにある。ここではなぜそうした研究方法がわが国において長年に亘って強い影響力を持っていたのかをこの機会に概略的に明らかにしておきたい。

　経営学に限らず，学問の歴史を見るときに幾つかの見方がある。クーン（Kuhn, T. S.）は学問の歴史，すなわち科学史の研究方法について次のように述べている。「二つの科学史があるように思われる。…現在支配的なインターナルアプローチ（internal approach）と呼ばれる科学史は，知識としての科学の内容に関心を有する。また，エクスターナルアプローチ（〔external approach〕と呼ばれる新しい科学史は，より広い文化の中で，社会的集団としての科学者の活動に関心を有する」[5]と。いずれも何らかの科学方法論上の観点より，前者は学説そのものを研究の対象とし，後者は学説が置かれた諸状況を（も）対象とする。

　しかしながら，わが国においては，厳密にはそのどちらにも属さない「プレ・インターナルアプローチ」と呼ばれる研究手法が多くみられた。わが国においてかつて多く見られたこの「プレ・インターナルアプローチ」は，さらにそれを2つに分類される。その1つが「〈1〉文献史的方法」であり，もう1つが「〈2〉解釈（概説）的方法」である[6]。

前者の「〈1〉文献史的方法」は簡単にいえば「のこされた業績を年代にしたがって配列し、しかもその内容を概説する」(7)というものである。こうした文献史的研究自体は学問研究にとって有用で参考的な資料であり、手段的・補助的研究となるものではあるがそれ以上のものではない。

後者の〈2〉「解釈（概説）的方法」は、おそらくわが国における経営学説研究において、かつて恐らくもっとも多く見られたスタイルである。もっとも、上記の「〈1〉文献史的方法」とこの「〈2〉解釈（概説）的方法」とは、部分的に重複している場合も少なくない。

この方法は、文字どおり個々の学説をそれ自体取り上げ、まずはその詳細な紹介ないし説明を行うところに特徴がある。いわば文献考証的研究といえようか。このような「解釈（概説）的方法」の一例を田島壮幸に見ることとしよう。彼は、わが国経営学者のいわゆる第二世代である藻利重隆の弟子であるが、その研究が「解釈（概説）的方法」の特徴を非常に明快に示しているからである。彼の主著の1つ（1979）において次のように述べている。

すなわち「諸学説の研究にあたっては、わたくしは、個々の学説の内容にそくしてその基本的な考え方を理解し、その特徴を明らかにするとともに、その基本的な考え方にそって批判的な検討を加えることに努めた」と(8)。

これらの引用の中の傍点部分は、正に「解釈（概説）的方法」の特徴を顕著に現している。すなわち、学説の解釈そのものがすなわち経営学の研究である、という姿勢である。もちろん理論・学説を正確に理解する、という姿勢そのものは学問研究にとって重要である。研究対象たる諸学説の正確な理解・把握なしに研究は始まらないからである。

しかし、このような「輸入・紹介的学問」においては、扱われている諸々の事象に関して、それらがなぜそうであるのか（あるいはないのか）、についての説明が極めて乏しいという結果となる。例えば、経営学—ここではドイツ経営経済学—の成立を扱った田島の上記の著書の序文においては「商科大学の設立」「商業学の科学化」「一九二〇年代に名称が経営経済学に統一」などが時系列的に列挙されているだけである。

しかし重要なことは、例えばドイツにおいてなぜ「商科大学」において商業学や経営経済学の研究が始まったのか、なぜ「商業学の科学化」が叫ばれねば

ならなかったのか，なぜ「方法論争」といわれる論争が生じたのか，等々の問題の解明である。翻訳・紹介・解釈的研究においては，様々な経緯や事実が記述されているだけで，なぜそのような事態になったのかの説明が行われないままになるのである。更にまた無論のことであるが，理論や学説の科学性についての検討もなし得ないこととなる。

この「プレ・インターナルアプローチ」と呼んだ研究スタイルは，一見するとクーンが指摘した「インターナルアプローチ」似てはいるが，実際は大きく異なる。クーンのいう「インターナルアプローチ」は，特定の科学哲学（方法論）に基づく研究方法を指すが，前者は特定の科学哲学（方法論）を明確な形では持たないからである。「プレ」と呼んだのはある意味では「インターナルアプローチ」の前段階に位置するという意味である(9)。

この「プレ・インターナルアプローチ」においては「なぜ」という解明が決定的に不足しているのである。とすれば，（それこそ）なぜこうした「海外文献の翻訳・紹介」が学問研究である，という研究スタイルになったのであろうか。

従来の日本の学説研究にこのスタイルが多かった基本的理由の一つは，いうまでもなく明治以来の日本の近代化が，欧米の歩む途を忠実に追随したことに求められる。なぜなら，西洋思想・学問的エートスを自らの血肉としていなかった日本の研究者にとっては，まずは諸外国の文献の正確な紹介と解釈が必要であったのであろう。

こうしたわが国の経営学研究の状況に苦言を呈したもう１人が，その研究スタイルからすれば明らかに実証主義スタイルの研究者であり，慶應ビジネススクールで教鞭をとっていた和田充夫であった。彼は日本の（戦後の）経営学界の事情を次のように批判的に述べている。「商学部出身者がもつ，ロー・オルダーソンが何をいった，ケリー＆レイザーが何をいった，フィリップ・コトラーが何をいったといった知識は，ほとんどマーケティング実践には役立たない。日本の経営学が永きにわたって低迷していた多くの理由は，日本の経営学者の多くが「バーナード研究」に終始していたことがあげられる」(10)と。

和田はバーナードを例にとっているが，これはドイツの諸学説に置き換えても一向に差支えない。彼が指摘した研究スタイルは，上記の「解釈（概説）的

方法」すなわちプレ・インターナルアプローチに他ならない。和田の批判はプレ・インターナルアプローチに対する限りにおいては的を射ている。ただ，もっともそれが学問研究の方法全体に対して向けられたものであるとすれば，それは彼の認識不足といわねばなるまい[11]。

　ではなぜこのような研究スタイル（翻訳・紹介的研究）が，わが国の経営学（説）研究の大きな流れとなったのであろうか。筆者には，この研究スタイルが日本におけるいわゆる"教養主義"に大きく影響を受けたことが大きな理由の1つであるように思われる。

　日本の教養主義に関して竹内 洋の指摘は重要である。すなわち「欧米の経済学者の学説研究か…欧米の経済事情の紹介ないしは受け売りといってもよいような論文が大半を占めている。…こうした学風の弊については，当時の官学教授でさえつぎのようにいっている。「日本の経済学が生まれてすでに半世紀になるであろうが，それは英国の古典学派の直訳でなければ，独逸の経済学の輸入に過ぎなかった。古典学派が自国の経済社会に適応しない事を知ってドイツに歴史学派がたい頭したように，…経済学者高田保馬も日本の経済学における「紹介第一主義」「訓詁注釈第一主義」の学風の惰力を概観していた。…かくて欧米学者の学説研究と欧米事情の紹介研究は，帝大教授を中心とした官学教授が担い，私学教授が日本社会の実証的研究をするという学問ヒエラルキーにもとづく，棲み分けさえあったのである。このような学問ヒエラルキーは，つい最近までの日本の社会科学を中心とした領域で持続してきた。岩波文化（翻訳書重視）と官学アカデミズム（学説研究と外国事情重視）は，学問のヒエラルキーについても，相互共振しながら正統化のキャッチボールをしていたのである。」[12]と。この引用にある「紹介第一主義」「訓詁注釈第一主義」はまさにここにいう「翻訳・紹介・解釈的方法」に他ならない。

　以上，わが国経営学（説史）研究の軌跡を見てきたのであるが「文献史的方法」と「解釈（概説）的方法」としての経営学（説）研究が，今日往年の輝きを失ったことは紛れもない事実である。この"没落"の大きな理由の1つは，その研究方法が表面的な「解釈」や「紹介」にあったことにある。

　確かに，日本は近代科学を自ら生み出したわけではなく，理論や学術制度を輸入という手法によって導入した。ただ，だからと言って，近代科学"精神"

や"学問的エートス"を軽視してはならない，ということにはならない。直接的で実践的知識の生産にのみ向かったり，近代科学の土壌に背を向けたりすることは，かえって科学的知識からわれわれを遠くに追いやることとなる。もっとも，先に挙げたわが国経営学者の中の第二世代の中でも，例えば池内信行や山本安次郎などは西洋哲学に飽き足らず，独自の立場を標榜した。また野中郁次郎のように日本企業における暗黙知と形式知の独自の関係性に注目した成果を出した学者もいる[13]。

ところで，以上みてきた海外の知見や諸制度を，彼我の違いを十二分に咀嚼しないでわが国に「輸入」しようとする傾向は現在においても少なくない。近年の大学制度の改革（特に1991年の「大学設置基準の大綱化」など）による大学を取り巻く環境変化にも顕著に見て取ることができる。とりわけ，ビジネススクールの導入（同時にロースクールやアカウンティングスクール等も）は，わが国の社会状況を充分に考慮してのものと言えるのであろうか？　特にロースクールの混乱は周知の事実である。そして，そうした安直な導入は，経営学研究そのものも大きな変容ないし混乱をもたらしている[14]。

これに関連して，さらにわれわれが留意すべきことは，経営学においても，専門学術雑誌（ジャーナル）の格付け，査読制度，学会の存在意義の変容等々，といった新しいトレンドが近年顕著にみられることである。経営学研究そのものも大きな変化の中にある。われわれはこうした経営学の現実と将来に正面から向かい合わなければならないのである。

注

(1) この点は，例えばイタリアのパチョリ（Pacioli,L.1446/7-1517）やフランスのサバリー（Savary,J.）が経営学者でないのと同様の理由で彼らも経営学者でないし，かれらの著作が経営学の学術書でないことも明らかである。なお，この根拠については大平浩二（2007）（2015）を参照のこと。
(2) 本図表は大平浩二（2007）の図表を基に作成。
(3) 山本安次郎は，みずからが京都帝国大学で経営学を学ぼうとしたときの状況を次のように記している。「昭和2年京都帝国大学経済学部に進んだが経営学関係の講義は一つもなかったし…当時の経営学会の状況において，帝国大学の経済学部で経営学を専攻するということはほとんど無謀に近いといってよかったからである…」山本安次郎（1977）pp.7-8。

⑷　この一覧は，山本安次郎（1977）をベースに主要学者のみを挙げた。なお，経歴は基本的なものだけに留めている。
⑸　Kuhn, T. S., (1968（XIV）), *The History of Science, International Encyclopedia of the Social Sciences*, New York, p.68ちなみに，本書Ⅱ部の14章の「結びにかえて─客観的な知識と開かれた社会へ向けて─」はインターナルアプローチの1つを示したものである。
⑹　大平浩二（2015）「わが国における経営学研究の1つの特徴」『三田商学研究』（第58巻第2号）pp.1-11
⑺　池内信行（1958）p.6
⑻　田島壮幸（1979）『ドイツ経営学の成立（増補版）─代表的学説の研究─』森山書店，序文p.2　傍点引用者。
⑼　もっともこうしたわが国の輸入・紹介的研究手法に対して，アメリカとドイツに学んだ池内信行は学問研究の史観とその方法が欠けていたことを痛感し，欧米とは異なる「史観とその方法」と「学問誕生の基盤（学問的エートス）」の重要性を説いている（池内（1958））。この点については，西田哲学を基盤とする山本安次郎も同様である。
⑽　和田充夫（1991）『MBA─アメリカのビジネス・エリート─』講談社，p.180
⑾　大平浩二（2015）pp.7-8，また本書Ⅱ部の14章も参照のこと。
⑿　竹内　洋（2003）pp.166-167なお，この引用部分の前半にある「当時の官学教授」の言は，1928年6月22日に東京朝日新聞に掲載された本位田祥男稿「土方教授の力著『日本経済研究』」である。また，高田保馬の表現は「理論経済学の不振」『経済往来』1928年7月号からのものである。ここにもあるように，明治以降の西洋文化の移入の中心的役割を果たしたのが当然ながら明治政府であり，科学・学術に関して言えば，その中心的役割を果たしたのが"官学"すなわち「帝国大学」であった。そして本文でも触れたように，その過程における「外国事情重視」の姿勢のもとに行われたのである。こうした伝統がすでに指摘した「輸入－紹介（解釈）」的の学問としていわば"学術の鹿鳴館"のごときスタイルを確立したのであろう。このスタイルは，学術世界のみならず，行政界においても，つまり学術・文部の制度においても見られることとなる。1990年代初めからのいわゆる大学大綱化におけるビジネススクールや特にロースクールの導入は日本の社会的現状や歴史・文化的背景を十分に理解した上でのものであったのであろうか？
⒀　Nonaka I,Takeuchi H. (1995) *The Knowledge-Creating Company: How Japanese Companies Create the Dynamics of Innovation*, Oxford University Press, 梅本勝博　訳（1996）『知識創造企業』東洋経済新報社
⒁　ビジネススクール（各種の「スクール」制度も）は19世紀においてアメリカに誕生したが，アメリカにおいても大学（university）とスクールとはその内容において名実ともに大きな相違があった。この辺の事情について土屋守章は「ビジネ

ス・スクールは…大学の主要部分から見れば，…文字通り「河向こう」である。…河をはさんでの雰囲気の差，教師の考え方の差などを，それとなく示すようなときであることが多い。…ビジネス・スクールでは何よりもまず，現実の世界での事実が重視される。…他方，ケンブリッジ側では，抽象の世界で純粋に論理を詰めていくというハード・サイエンスが生きており，またそれが尊重される」と述べている。(1974) pp.115-117。こうした相違はとりわけ19世紀以降のアメリカの国情と教育制度の展開を背景としていることを無視しては語れない。その意味では，ヨーロッパにおいてはいわゆるビジネススクールの創設は極めて少ないことがわかるであろう。

参考文献■

古林喜楽（1971）『日本経営学史―人と学説―』日本評論社
古林喜楽（1977）『日本経営学史―人と学説　第２巻―』千倉書房
山本安次郎（1977）『日本経営学五十年―回顧と展望―』東洋経済新報社
増地庸治郎（1926）『経営経済学序論』同文館
平井泰太郎（1932）『経営学文献解説』千倉書房
池内信行（1958）『現代経営理論の反省』森山書店
Kuhn, T. S., (1968 (XIV)), *The History of Science, International Encyclopedia of the Social Sciences*, New York,
土屋守章（1974）『ハーバード・ビジネス・スクールにて』中央公論社
田島壮幸（1979）『ドイツ経営学の成立（増補版）―代表的学説の研究―』森山書店
和田充夫（1991）『MBA―アメリカのビジネス・エリート―』講談社
大平浩二（2002）「経営学説の研究（１）―科学史としての経営学説の方法―」『経済研究』(122/123) pp.129-143
竹内　洋（2003）『教養主義の没落―変わり行くエリート学生文化―』中央公論社
大平浩二（2015）「わが国における経営学研究の１つの特徴」『三田商学研究』（第58巻第２号）pp.1-11

5 現代社会と企業

■本章では20世紀の後半から21世紀にかけての世界の経済状況や企業経営の変化の趨勢を概観する。
■特に1990年代以降のわが国企業や経済は大きく変化してきている。
■多様な社会の中で企業は明確な哲学を持たなくてはならない。
■これからの新しい経済像，新しい企業像を素描する。

5-1 変わりつつある経済

　近年の世界の政治・経済の潮流で最も大きな出来事の1つは、ソビエト連邦の崩壊と中国を始めとするアジア諸国の台頭である。ソ連邦の崩壊は、政治的イデオロギー自体の対立の結果というよりも「計画経済」と「市場経済」の現実対応能力の相違の差に求められる。すなわち，どちらの思想がより正確に現実を把握し，それに基づいて対応し得たのかの違いである。

　「計画経済」の「計画」はあまりにも現実を離れた理想の追求であり，現実社会で自由に活動する人間とその社会を説明できなかったのである。経済という活動はつまるところ人間の自由な欲望（事業欲，所有欲，利潤欲等々）や感情の産物であり，これは絵に描いた机上の規制に縛られ，「計画」通りには行かないのである。現実の経済・市場は，需要と供給という名の人間の欲望がぶつかり合う場であるからである。

　そうした人間の欲望を自由かつ強力に推し進めうる市場経済の方が，はるかに魅力的であったと同時に，その一方で現実乖離した理想と規制に縛られた計画経済は，うまく機能しなかったのである。

こうした例は、旧東・西両ドイツの統合にも明確に見てとれることができる。表向きは、両国の対等合併であったが、実質的には（旧）西ドイツによる旧東ドイツの吸収合併といってよい。企業経営レベルでみても、東ドイツで優秀とされた企業が、西側社会においてはほとんど競争力を持ち得なかった事実を想起すれば充分である[1]。この意味で、ソ連邦の崩壊は、世界がイデオロギーから現実の市場における経済競争の時代に入ったことを示したのである。

　そして世界的な市場経済化が進むと同時に、情報技術の急速な発達が経済活動のグローバル化を強力に後押しした。この情報技術の発達は、過去200年間の産業革命によるモノの生産活動の持つスピードの何万倍もの効率性を持っている。それに伴って、経済のあり様、経済の質そして私たちの経済活動に対する価値観も大きく変わってきた。また最近では、IoT（Industrie 4.0）と呼ばれる工場を中心として、インターネットを駆使して、多くのモノやサービスを繋ぐことによって、新しい製造業を目指す動きもある。

　しかしながら、以上の局面を、経済だけの視点から見てはならない。すなわち、経済効率を求めるあまり、経済価値至上主義そして株主（ファンド）価値至上主義が蔓延した結果、サブプライムローン問題、リーマンショックに代表されるような世界的な金融や経済の不安化が生じている。更にまた、多くの国で企業不祥事が頻発するとともに、社会での格差が大きな問題となっている。これは現在の市場経済の持つ根源的問題を示しており、換言すれば新しい状況や秩序を支える新しい思想・哲学の欠如を示していると言えるのである。

　さて、これまでの世界の経済状況の変化をまとめると次の図表1のようになろう。

　ただ誤解のないように触れておかなければならない点は、この図式は例えばいわゆる製造業がだめになり、IT情報産業のみが生き残る、と言っているのではないことである。ここで重要なことは、このように新しい経済構造になることによって、それに相応しい新しい経済や企業のあり方とそれに相応しい思想ないし経営哲学が必要になる、ということである。

　それでは個々にみてみよう。

図表 1　新しい経済・産業像

従来の経済・産業		これからの経済・産業
(1) 国境による制限	→	国境の意味の低下とグローバル化
(2) 技術が階層を固定化　情報アクセスの制限	→	技術変化による情報の創造・蓄積・利用・共有の促進と情報アクセスの容易化
(3) 労働のための就業機会	→	知識創造のための就業機会
(4) 経済の牽引役としての大企業	→	牽引役としての企業者精神ある企業
(5) 企業が顧客に商品を提供	→	顧客が企業（の商品）を選択
(6) 国営企業	→	民営化の流れ
(7) 経営と環境の無関係性	→	社会的存在としての企業

↓
新しい経済・産業のあり方の再構築

5-1-1　企業活動のグローバル化（globalization）

　企業経営（あらゆる組織にとっても）において国境の持つ意味が無くなりつつある。世界の大企業のほとんど全てが世界中で事業・生産活動を行っている。例えば1950年代後半から60年代にかけて，アメリカの大企業は世界の市場に進出し，日本企業も70年代から80年代にかけて，積極的に海外市場を開拓した。

　GE，エクソン，コカ・コーラといったアメリカの多国籍企業は，現在では売り上げの60-70％が海外市場において生み出されている。また，日本のパナソニック（松下電器），SONYを始めトヨタ自動車やヨーロッパのメルセデス，ジーメンス，ネスレ，ロイヤル・ダッチ・シェルといった企業も世界中の多くの国で活動している。これらの企業は，世界中で数万人から数十万人の社員を雇用し，主要な海外拠点の1つだけで数万人を超える雇用を創出していることも珍しくない。このような状況の下では，あらゆる企業の経営者は国内の企業だけでなく，外国市場での競争を強く意識しなくてはならない[2]。

　グローバル化のポイントは，競争優位の確保にあり，そのためには①市場の拡大と，②コスト低減の2つが重要である。前者の市場の拡大の典型例としては，EU（the European Union）が挙げられる。現在では，経済のみならず政治的な統合を果しつつあるが，もともとはEEC（European Economic Community）の名称が示すように経済共同体であった。これ以外にも，

NAFTA (the North American Free Trade Agreement) 更にthe Asia-Pacific Economic Cooperation 等があり、これからの発展が注目されている。

　これらの経済圏の構築は、EUに見られるように、単に市場の拡大だけでなく、そこでの自由競争に主眼が置かれる。例えば日本もシンガポール等と自由貿易協定を結び更にその拡大を目指している。

　しかしこのような市場の拡大と自由経済圏の誕生は、グローバルレベルでの激しい企業間競争をもたらす。現在、グローバルな市場で飛躍する企業は、その資材や商品の調達もグローバルなネットワークの中で行っている。世界中で最もコストの安い国で生産し、仕入れることが今やグローバル競争を生き抜く必須条件となっている。例えば、世界的なスーパーマーケットであるフランスのカルフール（Carrefour）やアメリカのコストコ（COSTCO）等は、世界中に張り巡らした特報ネットワークとロジスティックスを用いて低コスト戦略を推し進めている。

　このような現実によって、世界の経済は良くも悪くも密接な相互関係の中にある。しかしわれわれは、それぞれの国や地域が古くから持っていた、伝統や文化を尊重しつつグローバリゼーションとの共存を計らなければならない。そのためには、不易流行に基づくような新しいフレームワークが必要である。

5-1-2　技術革新（innovation）

　今日の経済や企業経営にとっての技術革新で、最も大きなインパクトはIT（Information Technology）革命である。ついこの間までわれわれは、e-mail、モデム、PCネットワーク、携帯電話、ノートパソコンといった情報ツールを知らなかったが、今やこれらがわれわれの企業活動のみならず、社会での生活・行動様式を大きく変えることとなった[3]。

　IT革命には、2つの側面がある。1つは、工学（Technology）の部分で、半導体、光ファイバー、ハードディスク等に代表される。もう1つが、情報で、これが前者と結びついて大きな変化を社会にもたらす。このIT革命による変化の中身は、大きく分けると以下に要約したように4つの特徴を持つ。

(1)「速さ（speed）：性能の向上」

　この例としてよく示されるのが、「ムーアの法則（Moore's Law）」である。

この法則は，インテル（Intel社）創設者の一人であるムーア（Moore, G.）が自己の経験から「半導体の集積密度が18〜24ヶ月で2倍になる」ことを提唱したことに由来する。この考えに従えば，集積密度は10年で1,000倍になる。人類の歴史上10年間で性能が1,000倍になる機械はなかった[4]。

また，コンピュータの情報量や記憶装置の容量を表す単位にバイト（byte）がある。1バイトは，2進数の8桁で8ビット（bit）を意味する。この二十数年間のおおよその増大傾向は下記の通りである。

1980年頃	1990年頃	2000年頃	2010年頃
KB（kilobyte）→	MB（megabyte）→	GB（gigabyte）→	TB（terabyte）
（1,000倍）	（1,000,000倍）	（10億倍）	（1兆倍）

90年代に入ってから，コンピュータの利用頻度が格段に増大したが，これはコンピュータの利用が一部の専門家から一般のわれわれに移ったことによる。これには以下の2つの理由によるところが大きい。

(2) 「小型化（downsizing）」

1990年頃までのコンピュータのイメージは，大きな部屋に大型のコンピュータが何台も並んで稼働しているというものであった。そこでの主役は大学の理工系を出たエンジニア達であり，隔離された空間で仕事をしていた。またコンピュータは，高価で得体の知れない寄り付きがたい機械として君臨していたのである。

そうしたイメージを一掃したのがデスクトップ型パソコンである。当初はマイコン（microcomputer）とも呼ばれていたが，90年代に入ってコンピュータの小型化と低価格化が進むことによって，個人がコンピュータの利用者・所有者となってきたのである。

これは，例えばコンピュータの心臓ともいえるCPUをLSI（大規模集積回路）にし，かつそれらを大量生産する技術が開発されたことより可能となった。これによって，大型コンピュータと同じ性能のコンピュータが，机の上に乗る大きさで可能となったのである。この小型化は，サイズだけでなく価格にも大きな変化をもたらした。

(3)「価格性能比の向上（cost performance）」

　コンピュータの小型化をもたらしたのは，製造技術の進歩であるが，同時にもう一つの大きなインパクトをもたらしたのは，価格の低下である。これは，価格性能比の向上ということができる。この価格性能比の向上は，個人ユーザーの増大に大きく貢献し，情報化社会が誕生したのである。

　パソコンが誕生してから今日までの価格を見ればわかるように，パソコンの価格は大きく下落した。かつてのような大型コンピュータは，現在では気象予測や先端の物理学データの分析等々の特殊で高度な利用を中心に用いられるようになった。これらのコンピュータは依然として高額であるが，われわれが使用しているコンピュータは，10万円を切る価格帯も数多く出回っている。そして，この価格帯のコンピュータでさえも20年前の数億円のコンピュータ以上の性能を持っている。

　こうした小型化と価格性能比の向上は，産業構造に一つの大きなインパクトをもたらすこととなった。それは，"製造"の経済価値の低下であり，コンピュータのような先端の機器の製造が先進国において行われなくなったことである。これは，明らかに従来型の製造業が市場競争の中で大きな試練に直面していることを意味している。ここ20年来，コンピュータの製造は，台湾，中国といったアジア地域に集中しているが，これは言うまでもなく製造コストの安さと密接に関連するものである。

　更に重要なことは，われわれ消費者は，パソコンという物を買っているようでも，実はそれを使うことによって得られる情報を買っている，ということである。小型化と価格の低下は，産業構造において，製造業から情報産業への価値のシフトをもたらしたのである。コンピュータでいえば，コンピュータのハードではなく，OSやソフトの価値が増大したのである。これを証明したのがマイクロソフトの躍進と大型コンピュータにこだわったIBMの凋落である。結局IBMは，その後2005年に自社のパソコン事業を中国のレノボ（Lenovo）に売却することとなった。

　これは正に，基本的には19世紀から続く物造り産業の構造転換を象徴するものであった。

　図表2は，従来型の産業構造と情報社会での製品（ハード）の性能と価格の

図表2　価格性能比の向上

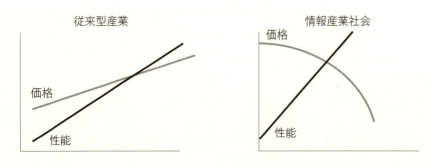

関係を示している。従来では，両者はほぼ重なっているか，緩やかに下降線を描くが，右の情報時代の製品（ハード）の価格と性能の関係は性能が急激に向上するのにもかかわらず，価格は下落する。こうした事情は，半導体，メモリ，光ディスク等多くの事例を見ることができる。

そのようにITの導入によって生産性が上がることによって，情報産業はGDPの8％でしかないのにもかかわらず実質経済成長の35％をまかない，また一方で諸価格の上昇が見られず，インフレ懸念のない経済状態が90年代にアメリカで見られたのである。これは，従来の経済学説すなわち「経済が拡大すると物価が上がり，好景気と不景気が循環的に到来する」を覆す現象であった。今や聞かれなくなったが，90年代のアメリカにおいては「経済が拡大しているのに物価上昇がみられない」というニューエコノミー論と呼ばれるインフレなき経済拡大という新しい経済学的視点がもてはやされたのである。しかし，このニューエコノミー論はいわゆるITバブルの崩壊により短期間で終息することとなってしまった。

(4)「ネットワーク（network）」

インターネットがもたらした自由なネットワークは，無限の可能性を秘めている。1つの例としてリナックス（Linux）を取り上げよう。このコンピュータOSの開発に際しては，世界中の技術者がボランティアで参加した。このソフトの開発には，非常に多くの人達が自由に参加して改良を加えながら作られている。リナックスは，近い将来マイクロソフトを脅かすであろうといわれているが，この力の源泉はネットワークの力である。ネットワークを通じて知

識・情報の共有が計られ，そして技術が進歩する。その中で更に新しい付加価値が創造される。例えばFedExは，国際貨荷物にチップをつけ，その荷物が今どこにあるかをリアルタイムで追跡し，顧客の問い合わせにリアルタイムで対応している。これが新しい価値創造であり競争優位の源となる。しかし，忘れてはいけないことがここにはある。それは，このリナックスを開発したフィンランド人のトーバルス（Torvalds,L.B.）が無償でこのソフトを公開したことである。

また，ヤマト運輸に代表されるように，インターネットを利用することによって，膨大な量の荷物の配送状況を顧客も知ることができるようになったのである。

このように，情報時代は小さくとも自主独立の精神を持ち，製造性のある組織であれば，ネットワークの力を用いて大企業に匹敵する能力を発揮できることがある。またこのネットワークの威力の1つは，「知（情報）」の共有化が容易に計れるところにある。従来のピラミッド型組織では，各階層毎に情報の格差が存在したが，ネットワークの利用によって，組織階層に関係なく，皆が同時に同じ情報にアクセスできるようになる。このことは，複数のプロジェクトチームによる業務の推進を促し，ピラミッド構造の組織階層の変革と実力主義をもたらすこととなったのである。

このように，コンピュータと情報ネットワークを用いれば，例えば金融商品のような実体のない商品の場合には，巨額の商品が瞬時に世界中で販売され購入することができるようになる。商品の動きや決済において図表1で見たように国境が意味を成さなくなるのであるが，反面高度で複雑な商品構成と知識（例えばポートフォリオ理論やデリバティブ理論等々といった）は極めてごく一部の専門家によって生み出されることになる。これが，いままでの製品と異なるところでもある。

しかし，こうした高度な知識に基づいた金融商品は，その金額において，そしてその販売のスピードにおいて，従来までの商品とりわけ工業製品等と比べると，とてつもない大きさである。言い換えると大きなリスクを背負った商品であるともいえる。従って，その商品を作り出す側もそれを買う側もそのリスクをどのように担保していくかの十分な「わきまえ」を知っておかなくてはな

らない。

　平成19年から20年（2007-2008）に顕在化したアメリカのサブプライム問題とそれに続くリーマンショックは，その金額の巨大さだけでなく，その損失が世界中に及んだ点で国境を越えた経済問題となったのである。そして，この問題の裏には，この情報資本主義，金融資本主義に相応しい人間行動の思想や哲学が出来ていなかったように思われるのである。

5-1-3　労働から知識創造へ──働き方の多様性（knowledge work）

　かつての企業は組織や働き方の同一化をめざした。これは，組織や働き方を同一ないし均一化することによって，より効率的な組織運営ができると考えられたからである。これは，モノ造りにもっとも対応する構造であった。第二次世界大戦頃から，労働の形態が工場労働からサービス労働へと移行し始めた。先進国の中では日本での製造業の就業が最も高く24.3％，アメリカが18％，サービス就業ではイタリアが最も低くて59％でアメリカが72％である[5]。

　おおよそ先進諸国においては，1980年代前後から低熟練のサービス労働と知識労働という両極端の労働が増加している。特に後者としては，弁護士，会計士，教師，高度のエンジニアそして介護資格者である。これらの職種が先進国では特に増加傾向を示している。

　知識労働者（knowledge workers）の仕事は，第三の波の先端にあって，情報の獲得と応用によって新しい価値を生み出している。工場の海外移転も手伝って，単純なブルーカラーの仕事は急速に無くなりつつある反面，IT関連の人材が圧倒的に不足する事態となっている。そのため，欧米や日本の企業が，インド等海外に広く人材を求めていることは，よく知られているところである。

　知識労働や知識創造はその規模の大小にかかわらず労働の多様性を前提としている。このためには，個々人と企業双方の努力が必要である。例えば，柔軟な就業時間（フレックス・タイム制）や来るべき少子高齢化の中での女性の活用（そのためには，充分な託児所の整備，育児・介護休暇制度の導入等が急務である），そしてプロジェクト・チーム制による柔軟な業務モデル等々が必要とされる。同時に，特に構造改革期においては，人員数の適切な確保は困難で，組織が必要としている新しい職種の供給と需要の一致は難しい。

ただ知識創造は，なにもホワイトカラーに限らない。現場の労働においてもただ与えられた仕事を遂行するだけでなく，自ら日々の仕事の反省と明日へ向けての向上心が不可欠である。これによって，新しい価値を付与した仕事が着実に拡大するのである。例えばトヨタにおける小集団活動（QC運動）やクロネコヤマトの宅急便の「全員経営」はその成功例である[6]。

5-1-4　大企業から創業者精神あふれる企業へ（entrepreneurship）

　この二十数年間ほど世界の産業界で新しいビジネスが起きた時代はないだろう。経済や産業の構造転換の時代には，新しいビジネスが起きるものである。いわば，ビジネスの世界は分水嶺にあるといえるだろう。アメリカでは1950年には一年間で9万の新しい企業が生まれたが，1990年代半ばでは200万もの企業が生まれている。

　しかし重要なことは，アメリカにおいてよりも，むしろ中国やインドそしてロシアを始めとする途上国において市場経済が浸透し，それらの国々においてベンチャー企業が興ったことである。むろんその多くはその後それほど発展しなかったり清算した企業も少なくない。しかしそこには今までになかった熱意がある。中国沿海部の都市の発展をみれば一目瞭然である。

　大企業がスリムで創業者精神あふれた企業になるためには，不断の努力が必要である。その主要な手法が総合的品質管理（Total Quality Control Management）とリエンジニアリング（Reengineering）である。総合的品質管理（T.Q.C）は，もともと品質管理の向上運動（QCサークル）として，主に生産工程において品質向上のための管理手法であり，自主的な小集団活動として始まったものである。またここには自己啓発による職場の活性化が狙いとされている。

　そして，顧客満足のために品質改善の努力を全部門に対して行ったのが総合的品質管理である。この手法はもともとQ.C（Quality Control）と呼ばれ，デミング（Deming,W.E.）による生産効率の改善にあり，その中心は，生産プロセスにおけるバラツキの分析のための統計学の利用にあった。彼のいう，よく管理された組織とは，バラツキの減少であり，品質の統一であり，生産された製品の品質の予測である。

また，社会の急速で劇的な変化によって，経営者はリエンジニアリング（BPR（Business Process Reengineering）事業プロセスの根本的な見直し）の必要性に迫られた。これは，情報システムを利用してコスト，スピード，品質，サービス，組織等々といった事業のあらゆるプロセスの見直しを意味するものである。1980年代から90年代にかけてアメリカの大企業の60％強がこれに取り組み，ヨーロッパや日本企業も同様であった[7]。

　このダウンサイジングをさらに拡大して考えると，今日の企業組織も以前に比べるとかなりスリムになっている。しかし近年の企業を取り巻く環境変化は急激で，どこの企業も大幅な改革（ダウンサイジング）が必要となっている。その好例は，IBMが80年代後半から90年代にかけて行った10万人を超える合理化である。アメリカ企業の場合は，ほとんどの場合で合理化であるが，ただ単に組織をスリム化し，人材をカットすれば良いわけではない。その国々に相応しい対応の仕方を考えるべきである。日本の場合で重要なことは，余剰部門の人員をどのように配転するかも充分に考える必要がある。また同時に，付加価値の高い分野での必要な人員をいかに増やすかも考えなければならない。こうした人材は，常に不足気味であることが多いからである。

　わが国においても1990年代のバブル経済崩壊後の十数年間においては，松下電器産業（現パナソニック）といった終身雇用を標榜してきた企業でさえも合理化をやむなくされた。致し方がない反面，これによる社会格差や所得の大幅な差異があってはならない。これは政府・政治の課題でもあり，国民全体の幸福な生活を犠牲にしての改革は本末転倒である。つまるところ，消費の停滞をもたらし，それが引いては企業の生産に悪影響ももたらすからである。

　ここに日本経済や日本企業が考えるべき新しい企業像が求められることとなる。ただ単に，欧米のモデルを導入するだけでは日本社会に適合しないことに留意すべきであろう。

5-1-5　顧客が選ぶ時代 (customer orientation)

　松下幸之助の哲学に"水道哲学"と呼ばれるものがある。これは，彼が若いころに—つまり日本がまだ貧乏な頃であるが—日本と日本人が豊かになることを願って，水道の蛇口をひねると水が流れ出るように，安くて良い電気製品を

大量に供給しようとした彼の考えを後に"水道哲学"と言い直したものである。

彼（等）の努力もあって，戦後の日本は高度経済成長を経て，経済的に豊かな国になった。しかし，皮肉なことに工業製品が国民の間に行き渡ったことによって，企業は新たな問題に直面することとなったのである。それは，今まで企業が考えてきた商品供給の論理が1970年代半ば頃から徐々に市場に適応しなくなってきたことである。この経緯を図表3に象徴的に描いてみよう。

1960年代頃までのデパートは，単なる商品を売る場所ではなかった。そこには，大人はショッピングを楽しみ，子供は屋上の擬似遊園地とお子様ランチを楽しみにした総合的な新しい生活文化を知る場所でもあった。だから一家総出で自宅から遠くても出かけたのである。

しかし，住宅が郊外に拡大し，ディズニーランドのようなテーマパークができ始め，海外旅行とマイカーが普及し，生活がより豊かになってくるとデパートの魅力は半減する。普段の買い物はより身近にあるスーパーマーケットへと移行する。と同時に，商店街が典型であるが，個人商店の衰退が始まるのである。スーパーマーケットで多種多様な生活用品が一度に安く手に入るからである。

しかし，その後さらに生活様式の変化も相俟って，もっと身近なコンビニが

図表3

| ～1960 | 1970年頃 | 1980年頃 | 1990年頃 | 2000年～ |

～汎用大型コンピュータ～　～デスクトップPC～　～ノート型PC＋携帯～

| デパート・メーカー | スーパーマーケット | コンビニ | 🏠 | ⇔ 私 | → 企業からの提供 |

≪銀座・日本橋≫　≪最寄り駅≫　≪〇〇丁目≫　≪自宅≫　≪個人≫

← 個人からの発信・選択

台頭することとなる。セブン-イレブン・ジャパンが，親会社であるイトーヨーカドーを経常利益で抜いたのは1997年のことであった。たった100坪程度の店に，おおよそ3,000種類の品揃えをし，ほとんど24時間営業のコンビニは，特に若い世代の需要を満たしたのである。

ただそのころから，すでにインターネットの普及・拡大により地方の産物，海外の商品がネットで購入できるようになって来た。また，当初よりインターネットを利用した商品売買の企業も生まれるようになったのである。ここには，提供者からの一方的な情報の発信（図表3の左から右への方向）ではなく，消費者からのニーズの発信（右から左）が生じていた。

ところで，こうした企業（メーカー）の力（例えば価格決定力）の衰えを象徴した典型的な例が，実は1964年にすでに生じていた。いわゆる松下―ダイエー戦争である。これは，定価販売・代理店販売を堅持しようとする松下電器（現パナソニック）社長の松下幸之助の思想と，"流通革命"のもと，価格破壊の急先鋒であったダイエーの中内功社長の「価格決定権をメーカーから消費者に取り返す」という思想の戦いでもあった。換言すれば，すでに日本を代表する大企業であった松下電器に，新参者のダイエーが戦いを挑みえたのは，自分の方がよりよく消費者ニーズを知っている，という自負があったのであろう。

5-1-6　民営化の流れ（privatisation）

かつてはどこの国も，基幹産業の多くを国営企業が担っていたが，先進国のほとんどにおいて，この二十数年間は民営化がトレンドとなっている。民営化の動機は基本的には小さな政府の実現であり，効率的な経営と最新の経営を行うことにある。1980年代にイギリスにおいて大規模な民営化が推し進められたがこれも基本的にはそうした理由に基づくものであった。

民営化のきっかけの1つは，①財政赤字の改善と②経済不況の克服が挙げられる。①財政赤字の改善としては，政府事業の売却によって国家財政に大きな収入がもたらされる。さらに政府事業への巨額の投資負担を民間に依存することができる。民営化した企業の経営効率化が進み，その結果，業績と利益率が向上し，税収に貢献する。わが国の民営化で知られているのは，近年では旧日本電信電話公社の民営化（NTT）で，政府保有の株式売却が1986年に始まり，

法で保有が義務付けられている全株式の3分の1（520万株）を超える分（1,040万株）の売却が2005年に全部終了し，これによって総額約14兆4,800億円が国庫に収納された。②民営化は，税金の無駄遣いの解消だけでなく，民営化された企業の経営改善にも大いに貢献する。民営化した企業では政府からの様々な規制を受けることなく自由な経営を行うことができる。それによって，いわば企業家精神も醸成され，新しい経営ノウハウや新技術の導入によって効率的な経営へのインセンティブとなる。そしてまた，古い企業文化も一掃され，顧客サービスも大いに改善され競争力の向上に結びつくこととなるのである。これについては，例えば旧国鉄の民営化を見れば十分に理解されるところである。

　しかし，市場経済体制も決して万全ではない。自由な市場経済競争は，強者と弱者を明確に浮き立たせ，社会格差を生み出すこととなる。どのような政治体制や経済体制であれ，国民の幸福と安寧を作り出すのが究極の目的であるとすれば，厳しすぎる弱肉強食社会は望ましいものではないであろう。

　経済社会は，アダム・スミス（Smith, A. 1723-1790）が「神の見えざる手」といったように，収まるべき望ましい状態にきちんと収まらなければならない。しかし，同時にまた市場経済においては，しばしば現実がそうはならないことも知っておかなくてはならない[8]。

　また忘れてならないのは，2007年から2008年にかけて顕在化したいわゆるサブプライムローン（subprime lending）やリーマンショックに端を発する世界的金融不安の問題である。1929年のアメリカの大恐慌に匹敵するとも言われているが，直接の原因は債権の証券化により，このサブプライムローンを組み込んだ金融商品を世界中の金融機関が大量に購入していたことにある。ここにあるのは，金融商品といういわば紙切れを利用しての巨額の資金の移動であり，投資ファンドも含めたカネがカネを生むという仕組みの中での飽くなき利潤の追求の結末といえるである。さらに，こうしたマネーゲームは石油（原油）や貴金属のみならず，いくつかの国の主食であるトウモロコシ等の食料にまで及んでいる。

　このような，ただ儲ければ何をしても良い，という考えでは決して豊かな（経済的にも精神的にも）社会を作り出せるとは思われない。

以上から，現在世界の経済や産業構造が経済至上主義ないし株式（主）市場至上主義の方向に進んでいることは明らかな事実である。これは正に金銭欲という本能が暴走した結果であり，金の亡者が作ったいわば利益本能資本主義の結末でもあろう。

　しかし同時に，そうした経済至上主義の方向が，このままでは健全な経済社会を創るものではないことを銘記すべきである。そこには，かつてウェーバーが指摘した経済倫理はなく，ただ経済本能にのみ忠実な人間活動が残るだけである[9]。

　以上のようなバブル経済とその崩壊，サブプライム金融不況を経験して考えるべきは，単に経済至上主義の考えだけでなく，豊かな社会，豊かな生活を維持しえる哲学・思想なのである。

　この点すなわち「見えざる何か」をわれわれは今見失っているのではないか？　本書はこの「見えざる何か」を考えるための本でもある。

5-2　新しい企業像（new company and its philosophy）

5-2-1　企業の変化

　わが国経済の発展の場合，戦後の高度経済成長時代を経て，それ以降のオイルショック後の時代，そして更にバブル経済とその崩壊から今日までを大きく分けると図表4に見られるように3段階に分けることができる。

　そのような大きな流れの中で，経済や産業構造が変化し企業も変化している。"新しい企業"はその環境に適応的な経営を行っている。それらの特徴をまとめると図表5のようになろう。

　この図表5に示された新しい企業像を下記にまとめて本章のまとめとしよう。

　もっとも，ここに書かれてある新しい企業像は，世界におけるトレンドをベースにしながらも，わが国の社会構造や文化等を加味しながらこれからの企業像を展望したものである。

　いうまでもなく個々の内容は，業種，規模といった個々の企業の状況によって異なることはいうまでもない。しかし，企業が社会と世界の環境状況を無視して存続できないことは明らかである。

図表4　日本の経済成長

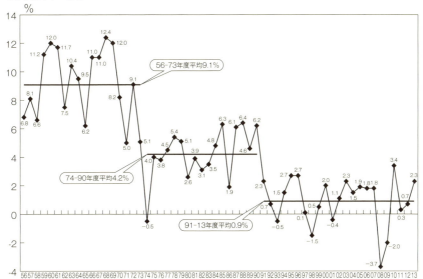

注）年度ベース。93SNA連鎖方式推計。平均は各年度数値の単純平均。1980年度以前は「平成12年版国民経済計算年報」（63SNAベース），1981～94年度は年報（平成21年度確報）による。それ以降は，2014年4-6月期2次速報値（2014年9月8日公表）。1次速報値と同じ。
出所）内閣府SNAサイト

5-2-2　社会的存在としての企業 (stakeholders oriented company)

　企業と社会との関係が，われわれ一般市民の間で一応知られるようになってきたのは，1960年代の社会思想すなわち反戦・反体制，ヒッピー，ウーマンリブ，公害等々の中で"企業の社会的責任"が問われ始めたことに始まる[10]。
　しかし，そうした状況が市民だけでなく，当該の企業や経営者にもより強く認識されてきたのは1980年代以降である。これは単に環境問題だけでなく，広く社会や世界と企業との全体的関係として捕らえるべきものである。例えば製造技術の海外移転や，海外からの労働者の流入，女性労働の必要性と比率増大は，経営文化や経営スタイルに変化をもたらしつつある。
　製造業では難しいが，サービス業や特にIT業界において，企業組織をピラミッド型から大きく変容させて，プロジェクトチームチームの集合体による柔

図表5　新しい企業像

従来の企業経営		これからの企業経営
①画一的な枠組み内での仕事	→	多様で自己実現的仕事
②定型的な就業時間（9時-5時）	→	非定型的就業時間
③平均的技術（知識）	→	高度で専門的技術（知識）
④給与は安定的で年功と職位に関連	→	適材適所と健全な実力主義
⑤経営資源の自社囲い込み	→	経営資源の適度な外部化
⑥均一的事業プロセス	→	不断の事業プロセスの見直し
⑦強固なピラミッド組織	→	柔軟な組織
⑧仕事は既成の縦割の枠組み	→	仕事はなすべき課題により決定
⑨経営管理者だけが意思決定	→	従業員も決定に参加
⑩事業拡大志向（多角化）	→	核となる事業（core competencies）を中心
⑪提供者の論理	→	市場(消費者・顧客)の論理(顧客満足)
⑫企業のパフォーマンスは効率性に依拠	→	企業のパフォーマンス・評価・価値は社会（ステークホルダー）との関係において決定
⑬内向きの意識	→	外部に対する説明と主張
⑭閉鎖的な組織化	→	健全でオープンな組織化

⬇

「新しい企業像」に相応しい企業文化・経営哲学創造の必要性

軟でオープンな形に変えた企業もでてきた[11]。

　さらに，1990年代以降の急激なグローバル化とそれによる国際競争の激化によって，いわゆる日本的経営─終身雇用・年功序列・企業内組合─の崩壊が顕著である。その1つの例として本書でケースでも取り上げたが，長年終身雇用を謳ってきた松下電器産業（現パナソニック）が大幅な合理化を断行したのは

記憶に新しい。

　日本だけでなく，世界的状況の中で従業員の多くが正規労働ないし終身雇用を望んでいるにもかかわらず，それが達成されていない社会は好ましくない。アメリカにおいても，所得格差から生じる貧困層の拡大は大きな社会問題となっている。また日本においても，正規労働を希望しながらも，やむなくフリーター等の就労形態に甘んじざるを得ない人たちが増加し社会問題化していることはよく知られているところである[12]。

　また，企業不祥事の1つの温床ともなっている，企業組織内部だけに意識を向けた，そして盲目的な上意下達の組織文化は早急に改めなければならない。そのためには，オープンで健全な建設的な意味での批判的議論ができる組織文化づくりが必須である。この点についての理論的検討は本書第14章で行うこととしよう。

　それらを総合的に見てみると，今日の企業は，社会において責任ある市民として行動することがもはや前提となっていることである。その意味で企業は，環境保護や企業倫理ならびに地域社会との共生，雇用者との関係，生産への責任，男女共同参画等々への配慮が不可欠である。正に，企業はそれぞれの利害関係者（ステークホルダー）との関係において存続しているのである。

　このような個人と企業，企業と社会との関係を根本から問い直す新しい経済思想や経営哲学の創造が今求められている。そこで，読者諸氏にはⅡ部において説明されている企業経営の様々な側面を検討いただいてこの新しい課題に挑戦していただきたい。

注■
(1)　大平浩二（1993）「旧東ドイツ企業の民営化をめぐる諸問題」『経済研究』（明治学院大学）92-93号
　　 大平浩二　（1994）「旧東ドイツ企業民営化の残された課題」『経済研究』（明治学院大学）95号
(2)　Robbins, S.（1996），*MANAGING TODAY！*，Prentice Hall, p.4
(3)　大平浩二（1997）『ネットワークを駆使するCS先進企業』日本経済新聞社。
(4)　もっとも，ムーアの法則は，半導体の微細加工技術の発展を根拠にしているために，2010年代には，微細化が原子レベルに達し，この法則は通用しなくなると予想される。

(5) Robbins, S. (1996), p.4以下を参照。
(6) 小倉昌男 (1999)『小倉昌男 経営学』日経BP社 第9章参照。こうした現場の強さは，とりわけ日本企業の強さの根源でもある。
(7) Deming, W. E. (1966), *Some Theory of Sampling*. Dover Publications. BPRについてはHammer,M., Schampy,J. (1993) *Reengineering the Corporation: A manifesto for Business Revolution*, Harper Collins Publishers Inc.（野中訳（1993）『リエンジニアリング革命』日本経済新聞社）
(8) Smith,A.＜1723-1790＞ (1776), *An Inquiry into the Nature and Causes of the Wealth of Nations*, （水田監訳（2000）『国富論』岩波書店）。近年アダム・スミス（1759）『感情道徳論』（The Theory of Moral Sentiments, London, A. Miller）の見直しがなされているのもそうした背景があるのであろう。
(9) Weber,M., (1904/05) Die protestantische Ethik und der 》Geist《 des Kapitalismus, 梶山・大塚訳（1989）（『プロテスタンティズムの倫理と資本主義の精神』岩波書店）
(10) わが国における，1960年代から1990年代までの企業経営（者）における社会的責任意識の時代別の変化については，大平浩二（2007）「経営哲学の経営原理」『日本経営学基礎シリーズ 経営学原理（第二版）』学文社を参照。
(11) こうした持たない経営やオープンな経営の日本での好例については次を参照。田口 弘（1997）『隠すな！―オープン経営で人は育つ―』日本経済新聞社。
(12) こうした経済による社会の不安定化が犯罪の温床にもなっている点については次を参照。鈴木定光（2008）「犯罪はなぜ変化するのか―統計からみたその動向―」『警察学論集』第61巻第8号，pp.21-63, 立花書房。

第Ⅱ部
現代企業と
ステークホルダー

　企業は様々な利害関係者（ステークホルダー）との関わりを持って社会の中で生きている。従ってわれわれは，株主，資本市場，消費者，従業員，取引先，法制度等々のステークホルダーとの関係を見ることによって今日企業がおかれた状況の全体を把握しなければならない。と同時に，企業自体も，それらの相互関係の中で自らの組織を再構築し，戦略を考え環境との共存を図り，また激変する国際状況やそこでの異文化に対応しなければならない。

　そして，それらの各々の諸課題を総合的に考えるにあたって重要なことは，私たちが現実をより正しく認識するための客観的知識とはどのようなものか，についての基本的な考え方を身に付ける必要があることである。それがひいては，より良い企業経営，より良い開かれた社会の形成につながることになるのである。

　またⅡ部では，そうした点の理解を容易にするために，日本とアメリカの代表的な企業の2つのケースを最初に取り入れた。これらのケースを参考にお読み頂きたい。

1

〈Case〉パナソニック株式会社
―経営理念の再解釈が原動力―

■パナソニックは創業者・松下幸之助の独自の経営哲学と理念がさまざまな職能に及んでいる。
■創業者の実践経営から経営理念は形成されてきた。
■代々の後継社長は社内組織,販売系列組織ともども経営システムの革新を常に課題としていた。
■その課題の本質は,創業者時代を継承する現経営システムの維持か,イノベーションかという理念そのものの再解釈にあった。

1-1 はじめに

　パナソニック（旧松下電器産業）株式会社は,日本を代表する総合エレクトロニクスメーカーである。本章ではパナソニックの生成,発展の歴史を事例として紹介する。
　同社は経営史的に見れば,財閥系企業と異なり,創業経営者によって零細な規模から一代で世界的企業に成長したという点において,際立ったケースの1つである。そして何より,創業時から現在に至るまで,コスト・リーダーシップ戦略,そのためのプロセス・イノベーション,理念重視また人材重視の姿勢等多くの面において創業者の哲学が戦略の基軸となっている。この理念と実際の経営活動の整合性こそ同社の経営評価においては欠かせない視点である。普遍性と個性を持ち合わせているケースとして重要といえよう。

1-2 社史

　松下電器産業株式会社は2008（平成20）年に創業90周年を迎え，これを機に長年親しまれた社名を「パナソニック株式会社」に変更した。この時の話題性は，「"松下"の名を捨てる」という同社の決断にあり，それは裏を返せば，同社の存在感の背景には創業家というよりもいかに創業者・松下幸之助（以下，幸之助）の名が重きを成していたかが察せられる。

　その意味で，極論すれば同社90年史の3分の2は幸之助が創業者として常に影響力を保持していた時代史であり，残り3分の1は後継社長の幸之助の理念と経営をいかに継承するかという組織としてのダイナミズムの時代史であるともいえる。

1-2-1　創業以前と創業の頃［1918（大正7）～1926（大正15）］

　パナソニックは1918（大正7）年3月7日，大阪市北区西野田大開町844（現・大阪市福島区大開2丁目12）において幸之助が夫人，義弟とともに3人で創業した。当時の社名は「松下電気器具製作所」であり，作業場は2階建ての借家の階下3室を改造したもの，設備は小型のプレス2台しかなかった。配線器具製造が主たる事業で，ソケット，プラグ類の生産を手作業で行う個人企業の域を出なかった。

　当時は家庭電器産業自体が成立しつつあった時期であり，電灯がようやく全国の半数に近い家庭に普及し，扇風機やアイロンが一部の家庭で利用されるようになっていた。しかし家庭電器はまだ高価な輸入商品が主流であり，大正期から戦前にかけての家庭電器産業は，安価な国産商品への代替が大きな課題であった。松下は零細ながら，配線器具から電熱器へと，参入障壁の小さい順に事業を広げていくことになる。

　本来，ベンチャービジネスに必要なヒト・モノ・カネの要素が確立されているべきであろうが，創業当初の松下においてはそのいずれも非常に乏しい状況にあった。しかし，改良アタッチメントプラグ，二灯用差込みプラグの製造に活路を見出し，1923（大正12）年には自転車用の電池式砲弾型ランプを考案，

従来の商品に比べ長時間の点灯を可能にしたこの商品は消費者の支持を得て，経営基盤が固まった。

　創業期に専門的技術を有する人材がいたわけでもなく，経験もなく，薄資でありながら幸之助がベンチャー離陸に成功した要因は幸之助のキャリアのうちに隠されているともいえよう。ここで，創業に至るまでの幸之助の経緯を整理しておこう。

　幸之助は1894（明治27）年11月，和歌山県海草郡和佐村字千旦ノ木（現・和歌山市禰宜）で生まれた。小地主の家柄で生活は裕福であったが，4歳のときに父が米相場において大きな失敗をして，松下家は先祖伝来の家産を失った。その影響で幸之助は，9歳のときに小学校中退を余儀なくされ，大阪で丁稚奉公をすることとなった。火鉢店から船場淡路町の五代自転車商会に転じた幸之助は自転車修理から店の掃除，陳列商品の手入れ，使い走り，店番をして商売を学んだ。「のれん」の伝統，客への奉仕等，この環境で伝統的な商慣習を身につけたことが，事業を始めるにおいても無形の資本として役立つことになる。

　当時の交通機関を考えれば，自転車は初めて大衆に実用的な乗り物として普及した近代化の象徴である。しかし，幸之助は1903（明治36）年に開通以来，大阪市内に市電が次第に延長されるさまを目の当たりにし，電気の時代の到来を確信する。そして1910（明治43）年，義兄の斡旋を頼りに大阪電燈（現・関西電力）の内線見習工への転身を果たした。入社するまで幸之助は正規の機関で電気に関する教育を受けたわけではなかった。入社後，関西商工学校夜間部に入学，予科を修了，本科電気科に進むが，基礎学力が足りなかったために中退する。それでいながら，仕事では最年少の検査員に昇格することができた。

　しかし，幸之助が独立起業を決めたきっかけは皮肉にもその出世であった。検査員の仕事は工事完了の確認が主で幸之助には物足りなく，モチベーションが保てなくなったのである。また生来虚弱であった幸之助に肺尖カタル（肺結核の前段症状）の兆しが表れ，療養の要に迫られた。当時は日給であったこともあり，「不安定な日給生活を続けるよりも，妻と二人でぜんざい屋でもしている方が万一のときにも安心だ。何か商売はできないだろうか」[1]と考えるようになった。そこへ独立を決定的にしたのは上司の無理解であった。検査員となって仕事時間に余裕ができた幸之助はソケットの改良に熱中し，試作品を上

司に示した。しかし，上司はその出来を評価しなかった。幸之助は工夫改良を試み，再度提出したが結果は同じであった。そこで落胆，憤慨した幸之助は1917（大正6）年6月に6年勤めた電灯会社を退職するのである。

　幸之助は高等小学校を卒業しただけの妻の弟と，電灯会社時代の同僚2人とともに大阪府東成郡猪飼野（現・大阪市東成区玉津2丁目1）の借家でソケットの開発を始めたが，商品は売れず，わずかな退職金を資本としていたこともあってすぐに事業は窮地に陥った。同僚も離れ，幸之助にとっては進退窮まったがこの危機に，市内の問屋から，当時国産化が始まったばかりの扇風機の碍盤の注文が入った。それまでの陶器製の碍盤をソケット本体と同じ練物製に切り替えるというメーカーの需要が幸之助を救ったのである。

　こうして危機を脱した幸之助は冒頭述べたように大阪の北西，西野田大開町に新たに創業の地を求め，ヒット商品の改良アタッチメントプラグ，二灯用差込みプラグの開発により，経営基盤を確立していくことになる。

　パナソニックにおける創業期とは，『松下電器五十年の略史』では主たる経営理念「命知」が確立される1932（昭和7）年までを指すが，史料によってはプラグ，ソケット等の配線器具，画期的な利便性で経営基盤を確固たるものとした自転車用砲弾型ランプの開発以降，アイロン，ストーブ，コンロ，コタツといった電熱器に展開が広がる1927（昭和2）年までとしている。

　いずれにせよこの創業期を乗り切った要因には，すでに幸之助の活動即パナソニックの個性として認知されていく部分が表れている。

　たとえばモノづくり。製造面では，市場に出回る既存商品における不便を発見しては少しでも解決していこうというのが幸之助のスタンスである。高度な技術をまだ保持していない同社にとって電気製品の革新とは，幸之助自身の小さな気づきに発する改良の成果である。営業面においても，幸之助は自ら代理店と交渉し，時には商品にふさわしい売価まで尋ねて営業のあり方を模索している。人を大切にするという点では，1920（大正9）年，従業員の福利増進や親睦を図る機関として，従業員全員を会員とする歩一会を結成し，和を貫く社風づくりを行った。これは幸之助が過ごした五代自転車商会時代の家族的な商家経営の経験が影響しているともいえよう[2]。

1-2-2　経営体制の充実［1927（昭和2）～1931（昭和6）］

　いわば建設期と位置づけられるこの時期は，製品分野においては配線器具ではキーソケット，ランプでは初めてナショナルの商標を使用した角型ランプの開発，乾電池の自社生産，電熱器の開発，さらに無線分野にまで及ぶなど順調な展開を見せる。それにともない，生産施設や営業拠点も拡大，拡充，そして1929（昭和4）年3月には社名を松下電器製作所と改称，最初の経営理念ともいえる「綱領・信条」が制定されている。

　こうした中，もっとも注目すべきなのは，松下電器の最初の経営危機といわれる1929（昭和4）年12月に訪れた世界恐慌の余波の克服である。このときは浜口雄幸内閣による緊縮政策もあって二重の打撃であった。しかも業容を拡大しつつあった中でのことで，急速な売行きの不振，在庫の急増を招き，従業員解雇も検討しなければならない状況に陥った。しかし，幸之助は従業員の半減という幹部の打開策を聞くと即座に，「生産は即日半減する。しかし，従業員は1人も解雇してはならない。工場は半日勤務として生産を半減するが，従業員には給料を全額支給する。そのかわり店員は休日を返上して，ストック品の販売に全力であたること」という指示を出した。全店員は無休で販売に努め，その結果2カ月で在庫を一掃，翌1930（昭和5）年2月にはフル生産体制となった。

　この史実は，不況という試練にあって，幸之助の人材観が如実に発揮された1つの企業神話となった。

1-2-3　"躍動に満ちた"時代［1932（昭和7）～1937（昭和12）］

　昭和初期の相次ぐ不況を乗り越え，順調な成長を続ける中にあって，1932（昭和7）年に幸之助が「産業人の使命」を感得[3]，さらに「松下電器の遵奉すべき精神」「松下電器基本内規」など，同社の基盤ともいえる経営理念の大半が成立した。

　1933（昭和8）年には，門真に本拠を移転するとともに事業部制組織を採用[4]，各事業部は製品の開発から生産販売，収支までを一貫して担当することとして，事業部長の経営責任を明確にした。幸之助は権限委譲と自由な裁量によって事業部長の経営力が高まり，人材として育つことを期待したのである。組織は

1935（昭和10）年にはより事業責任を明確にした分社制へと移行していく。このとき，松下電器産業株式会社と改組した。

また従業員の急増とともに，人事・教育・福祉の諸政策が実施されている。朝夕会制度，寮制度，配当付店員積立金制度，所内新聞，年末座談会[5]，修養資金制度[6]，週休制，元服式[7]等の実施には従業員同士の親睦，従業員の成長と啓発に関して並々ならぬ目的意識を持っていたことが窺える。一方，健康保険組合の設立は企業福祉史においても早期のことであり，幸之助自身が虚弱ということもあっての健康に対する意識の高さを垣間見ることができる。注目すべきは，1934（昭和9）年の店員養成所，1936（昭和11）年の工員養成所の開設である。「物をつくる前に人をつくる」という幸之助の信条はこの当時からすでに旺盛であった。

営業面においては得意先との「共存共栄」が謳われ，3つの点で展開が強化された。まず事業部制が9つの分社制に移行，全国の営業出先機関はすべて分社出張所となったが，これにより営業と工場との組織的直結が促進され，製造部門の直取引が強力に進められた。2つめは，急速な発展にともなって，業界内に価格の混乱など過当競争の弊害が目立ち始める中，代理店に対する感謝積立金制度，製品の正価表示，さらに販売店・代理店との三者相互連携を意図した連盟店制度を発足させた。最後は，ショールームの開設，ラジオの月賦販売，サービスステーションの設置など，マーケティング活動が多彩に展開されたことである。

製造面でも，蓄電池・モートル・電球等の展開が進み，この時期は幸之助の事業観の広がりが，そのまま組織・人材育成・営業・製造各面にわたる革新的施策につながった，"躍動に満ちた"[8]時代であった。

1-2-4　戦争がもたらした苦難の時代［1938（昭和13）後半～1950（昭和25）前半］

中国大陸で端を発した戦況の拡大，それに伴う戦時体制への傾斜の中，1939（昭和14）年，戦争のために事業本来のあり方を見失うことのないよう，幸之助は「経営の心得，経済の心得，社員指導及び各自の心得」を明示する。事態の窮迫にあっても販売店・代理店との連繋保持を図り，経営の安定に努めたの

である。しかし，国策による軍需生産への移行，さらには軍の強い要請の下，造船や飛行機の製造にも着手せざるを得なくなった。

こうした当時の産業人としてはやむを得ない経営の変質は，太平洋戦争の戦後処理に第2の危機を松下電器に及ぼした。終戦の翌日，1945（昭和20）年8月16日，幸之助は民需生産の再開によって新日本の建設に貢献する方針を唱え，1946（昭和21）年年頭の経営方針発表会でも「経営の合理化，技術部門の強化，高賃金高能率，専門細分化」を表明，歩一会を解散，労働組合の結成を見たが，この年3月のGHQ（General Headquarters：連合国最高司令官総司令部）による制限会社の指定をはじめとして，財閥家族の指定，賠償工場の指定，特別経理会社の指定，公職追放の指定，持ち株会社の指定，集中排除法の指定という7つの指定を受け，経営はまさに半身不随の状態に陥った。また，こうした中にあっても，商品の公定価格を守り続けたために，欠損は拡大する一方であった。幸之助個人も「物品税の滞納王」と報じられ，1950（昭和25）年までは給与の分割払い，希望退職者を募るという事態になり，経営は最大の危機を迎えた。

幸之助は，松下家は財閥ではないことを訴え続け，労働組合もまた幸之助に対する公職追放の解除を求める嘆願書をGHQに提出するなどして，この苦難を支えた。幸之助は組織を戦時中に改組していた製造所制から工場制に，さらに1950（昭和25）年3月に事業部制組織を復活させ，陣頭指揮にあたった。幸之助と松下電器がこの苦難期を乗り越えられた要因は，和親協力の伝統的社風による組織力であったといわれる。

1-2-5　再建と拡大［1950（昭和25）後半〜1963（昭和38）］

1950（昭和25）年6月に朝鮮動乱が勃発，いわゆる朝鮮特需の始まりは，日本経済の回復を後押しした。加えてGHQの諸制限が次第に解かれていったことから，松下電器は本格的な再建に乗り出した。同年7月，幸之助は幹部を集め，「全精力を燃やし尽くし，歓喜の姿で会社経営につぎこむことをここに宣言する次第である」と述べ，「嵐の吹きすさぶ中に，松下電器はいよいよ立ち上がった」と士気を鼓舞した[9]。

再建への方途を世界的観点から見定めるために，1951（昭和26）年1月，幸

之助は渡米，先進国アメリカを見聞する。当初1カ月の予定が3カ月の長きにわたるのは，それだけ学ぶべき課題を発見したからであろう。部下の証言によると，幸之助は1930（昭和5）年，入社したての新人に「これからは，メーカーが市場を左右する時代である。つまり，メーカーはものをつくり，販売するだけでなく，市場はいかにあるべきか，また市場において販売網をいかに築いていくか，そしていかなる姿で販売するか，これらは，今後メーカーが決定すべき仕事である」と語ったという[10]。神戸高商出のその新人は当時ようやく「市場論」が出回り始めた頃に，町工場程度の規模しかなかった松下電器において，幸之助がそうした発想を得ていたことに驚きを覚えたという。アメリカは紛れもなく資本主義の先進国であり，早くに視察をしなければならない必要を感じていたのであろう[11]。

以降5年の間に4度にわたる欧米視察を敢行したことは，オランダのフィリップス社との提携につながり，来るべき家電の大衆化を予期しての技術革新に遅れをとらなかった。家電ブームの到来は，戦後3つに過ぎなかった事業部を，6年で15事業部，10年で33事業部にまで増やし，経営規模を拡張させることとなった。このように製造面では事業の専門細分化，新技術の導入，営業面では出張所の増設，販売会社・月賦販売会社の新設など製販ともに独自の発展を見た。そうした急速な発展に応じて，管理体制面では内部資本金制度の導入，全社事務改善委員会が発足するなど全社的に経営の改善・合理化が進められた。

1956（昭和31）年度の経営方針発表会で幸之助は「松下電器5カ年計画」を発表する。これは現状220億円の生産販売を毎年30パーセントずつ増やして5年後には800億円に，資本金は30億円から100億円にするというもので，企業の中長期計画の嚆矢であった。

この計画に伴い，製造部門は工場設備投資，関係会社の設立が積極的に推進された。営業部門は新規商品群の量産に対応できる販売体制を整備すべく，1957（昭和32）年から「ショップ店制度」を始め，ナショナル製品の専売店と準専売店を「ナショナル・ショップ」に指定，各店の経営の健全化と販売力強化のための支援助成を図った。また1960（昭和35）年，高能率を訴えつつ5年後の週休2日制実施を提唱した[12]。

5カ年計画は結果的に4年目で目標に達し，所定の5年目で1,050億円の好

成績に終わった。この5カ年計画にはどのような意義があったかというと、発表当時の幸之助自身の表現を借りれば、消費者との契約を果たしたということである。「以上の計画（5カ年計画）は、多少の混乱、多少の不景気があっても、必ず実現できると思う。なぜ、できるかというと、それは一般大衆の要望だからである。これは、われわれに課せられた大衆の要望を数字に表わしたもので、われわれの名誉のためとか、単なる利欲のために、おこなおうとするものではない」[13]という。

こうした結果を見て、1961（昭和36）年度の経営方針発表会の席上、幸之助は社長として経営方針を述べたあと、再度登壇して自らの社長退任と会長就任、そして松下正治社長の就任を表明する。「私のように一代で事業を育て上げた会社では、創業者としての私にたよる傾向が強くて、どうしても、ワンマン経営に陥る恐れがある。この点、私自身は十分心得ているが、社内の各部門が自主的な意志によって経営されねばならぬ事態にありながら、実際には、やはり皆が私の一言によって事を決する場合が多いのである。その弊害に気づいてまだ十分できるとは考えたが、早目に経営の第一線をしりぞき、後継者を養おうと思った」[14]。

この発表は事前周知もなかったため、出席者の驚きは尋常ではなかったが、新しい飛躍の時代を誓い合ったのである。これまでの幸之助の成功の要因は、戦略論としては事業部制の導入や代理店制度の早期展開など、組織戦略の的確性が指摘されるが、幸之助自身は次頁のような見解を示しており、社内外のステークホルダーと公明性重視の姿勢が窺える。

1-2-6　第3の危機［1964（昭和39）～1965（昭和40）］

1961（昭和36）年度から経営に重点が置かれたのは、「世界的視野に立って考え、全世界を対象に仕事を進める」ことであった[15]。そのために輸出の増進、海外諸国への技術援助、海外工場の建設を積極的に進めた。1964（昭和39）年1月、松下電器は国内経営局と海外経営局を設け、海外進出を本格的に推進する体制を整えた。

しかし、この頃、経済はオリンピック景気のあとの反動がにわかに深刻なものとなっていた。需要が鈍化し、それに伴って市場競争の激化、また流通秩序

> **松下幸之助自身が分析した松下電器発展の要因**
> ① 電気という仕事が時代に合っていたこと
> ② 人材に恵まれたこと
> ③ 理想を掲げたこと
> ④ 企業を公のものと考えたこと
> ⑤ いわゆるガラス張り経営を行ったこと
> ⑥ 全員経営を心がけたこと
> ⑦ 社内に派閥をつくらなかったこと
> ⑧ 方針が明確であったこと
> ⑨ 自分が凡人であったこと
> 〈1969（昭和44）年，中小企業経営者の団体への講演〉

の混乱も甚だしいものとなり，販売会社・代理店の経営状況は著しく悪化した。この事態に松下電器は7月，全国の販売会社・代理店との懇談会を熱海のホテルにて行った（熱海会談）。2日間にわたる会談において，幸之助は延べ13時間も壇上で意見交換を行い，不況を乗り切るために松下電器が改めるべきは改め，為すべきを為すことを宣言して終わった。幸之助は言葉どおり8月1日から会長のまま営業本部長代行に就任，自ら改革に乗り出した。幸之助は問題の本質を，事業部・営業所・販売会社がいずれも好況に甘んじ，依存体質に陥って自主的な意欲が失われたことにあると断じ，根本には市況の悪化ではなく，アメリカに依存した見せかけの繁栄の中で，実力以上に伸びすぎた日本経済と同じ弱さを，松下電器も持っていることにあると指摘した[16]。

こうした認識の下，①販売会社の設立を促進，販売会社網を完成，充実させる，②事業部の自主責任経営を強化，営業所を経由せず直接販売会社に販売する「事業部直販制」へ改める，③月賦販売会社の販売業務を販売会社に移管，信用・集金関係業務のみを行う「新月販制度」へ改める，という方針が打ち出された。要は販売会社に対しては各地域で自主的に十分活動できるよう，支援活動を強化することで経営の安定化を図ろうとしたのである。この改革に幸之助は，「3年間は松下電器の利益を犠牲にしても，新販売体制を成功させる」[17]という決意を述べている。

1965（昭和40）年3月から新販売体制に移行させ，ヒット商品の集中販売により，1年後には販売店・販売会社は黒字転換，松下電器も年間販売額2,565億円，利益287億円という創業以来最高の業績を上げるに至った。

このイノベーションは，企業家の明確な問題意識が組織内のみならず関係会社の組織にまで及び，業界全体の改善にも先導的役割を果たしたという意味で，大規模なものであったといえよう。ただトップマネジメントという点から考えれば，社長を退任して3年を経ていた幸之助が組織上の紊乱を恐れず，陣頭指揮をとったことは一般的には異例のことであった。

熱海会談ならびに新販売体制への移行は，創業者しか為し得ない，幸之助としては最後に関与できる切実なイノベーションだったという見方もできる。

1-2-7　体質強化の模索 [1966（昭和41）～1976（昭和51）]

昭和40年代の松下電器は名実ともに世界的企業となった。問題となったのは，公害問題，消費者運動，貿易摩擦，通貨変動といったいずれも高度成長に対する反動的な事象と，オイルショックという国際的な外圧であった。その影響による試練は度々あったが，組織内の課題が深刻に取り沙汰されることはなかった。第2代社長の松下正治は，創業者の経営理念の堅持と生産性向上をめざし，1973（昭和48）年には販売高1兆円を達成させた。1975（昭和50）年からVTR事業におけるソニーが開発したベータ方式とビクターが開発したVHS方式との覇権争いが始まった。このとき，VHSの採用を決定，アメリカのRCA社と提携を締結し，アメリカ市場を優位に導けたことからVHS陣営の勝利が決定した。

1-2-8　「家電の松下」から「総合エレクトロニクス・メーカー」へ [1978（昭和53）～1986（昭和61）]

1977（昭和52）年2月の第3代社長山下俊彦の就任はきわめてセンセーショナルなものであった。山下は1974（昭和49）年に取締役に就任したばかりであり，社長就任は25人抜きと喧伝されたからである。この抜擢人事の話題性はともかく，このトップマネジメントの交代の意義は，1つは松下電器が専門経営者の時代に入ったということである。そしてもう1つは，山下がすぐに手をつ

けたことからもわかるように，松下電器が世界的企業になったがゆえに直面した事業構造，組織管理構造の課題がようやく表面化した事実である。そして来るべき高度情報化社会に対応するための事業シフトの舵取りもあった。

山下は数的に拡大し，収益単位としての事業部の管理を強化するために，事業部を利益率によってAからDにランク分けし，量から質，売上げから利益率へと評価軸を変更した。また，創業者の理念と事業方針の継承を確約して，1年ごとの事業計画を遂行すればよいという安易な認識や事業部長が長期的視野に立てないという体質を懸念し，合同会議の設置と，絶えず5年先を見据えて3年間の実行を計画する中期経営計画の策定を各事業部に命じた。

さらに，営業部門，技術研究部門の改組に取り組み，海外事業強化のために海外統括本部を新設，経営の求心力を発揮させるために労働組合の経営参加制度を確立し，労使一体の経営改革姿勢を打ち出して，「家電の松下」から「総合エレクトロニクス・メーカー」への脱皮を図った。そのために半導体事業の基盤整備も進められた。

1983（昭和58）年からの3カ年計画「ACTION-61」はAction（行動を起こそう），Cost Reduction（コスト削減と），Topical Products（話題性のある商品と），Initiative Marketing（創造性のある営業活動と），Organizational Reactivation（組織の活性化で），New Managing Strength（つくろう新しい経営体質を）の頭文字から成る。この内容もさることながら，山下が社内で発していたのは，「今，松下電器はわれわれが遅れていることを認めることから，改革が始まっていくのです」という危機感であった[18]。

1-2-9　高付加価値経営による成長性の追求とバブルの爪痕［1986（昭和61）〜1993（平成5）］

第4代社長谷井昭雄の就任は，ACTION-61の最終年度1986（昭和61）年2月のことであった。谷井に課せられたのは経営体質の強化と，新規事業分野の拡大による事業の構造改革，そしてプラザ合意を受けて突入した円高不況に対応するため，生産拠点を海外にシフトさせることなどであった。

ACTION-61が終わった時点で，谷井は家電分野のシェア低下から「成長性の低さ」を認識，その課題克服のためには，①企業として若さを保ち，自らを

変革していく勇気を持つこと，②事業分野の掘り下げと拡大に取り組むこと，の2点を訴えた。そのために欠かせないのは強い商品づくりであるとして，1987（昭和62）年度「ヒューマン・エレクトロニクス」をスローガンとして打ち出した。これは"エレクトロニクス技術を使う人の「心の満足」と融合させていなければならない"という意図による[19]。

さらに谷井は国内営業体制の抜本的改革に着手した。これは商品別5営業本部体制を顧客別・地域別3営業本部体制に移行させるというもので，山下時代から継続していた，肥大化する組織を身軽にするための対処であった。

なお，1989（平成元）年4月27日に，創業者・松下幸之助が94歳の生涯の幕を閉じている[20]。

1980年代末から90年代初頭のバブル期は，松下電器にも大きな転機であった。1つは1990（平成2）年11月，アメリカの世界的な総合エンターテインメント企業MCA社の買収である。ソフトとハードを融合させ，新たな事業展開の可能性を模索した結果である。もう1つの転機は不祥事である。大手証券の損失補填リストに入っていたこと。傘下のナショナルリースが料亭経営者の詐欺事件の被害に遭い，さらに同社社員が背任容疑で逮捕される事件を起こしたこと。さらには家庭用大型冷蔵庫の品質に問題が起こったこと。こうした予期せぬ事態によって，1993（平成5）年2月，谷井は相談役に退き，森下洋一副社長が第5代社長に就任した。

1-2-10　難局打開に向けて原点回帰［1993（平成5）〜2000（平成12）］

1991（平成3）年度から3年連続して減益という事態を受け，森下は社長就任1週間後に経営責任者400名を集めた。臨時経営責任者会議を開き，①企業の社会的な使命・責任を果たす，②事業経営においては「創造と挑戦」を基本にしていく，③自主責任経営を徹底する，④活力ある松下電器への再生を図る，という所信を打ち出した。

森下の経営の舵取りは困難を極めた。

1993（平成5）年12月の経営責任者会議でも冒頭，森下は，「現在の松下電器は屈辱的な状況にある」と発言して，危機感を強調した。以降，事あるごとに志向されたのは，「松下電器は何のために存在するのか」という経営理念の

原点に立ち返ることであった。翌年スタートした「再生計画」には，グローバルな大競争時代に打ち勝つ布石と，本来の松下への復活のために，組織体制の変革が推進された。創業者・松下幸之助の経営理念・哲学を継承し，基本理念を実践経営に徹底すること，またそれをベースに時代に即した事業再構築と経営革新を図る。これが「再生計画」の基本姿勢であった。

そこで実行されたのは投資の見直しと事業の「集中と選別」であった。その結果，1995（平成7）年，MCA社の株式持ち分の80パーセントをカナダのシーグラム社に売却した。また1980年代では収益を支えてきたVTR事業を縮小し，半導体など重点事業に人員再配置を施した。松下住設機器の吸収合併もマネジメントを一元化して総合力を高めようという意図に基づくものであった。金融子会社の不良債権についても「再生計画」の最終年度である1996（平成8）年度決算で1,040億円の特別損失を計上して，区切りがついた。

「再生計画」を完了後，1997（平成9）年度から2001（平成13）年3月までの4年を期間とする「発展2000年計画」がスタート。AVC，電化・住設，エアコン，モータの4分社が発足，松下通信工業，松下電池工業といった分社と同じ位置づけとなった。分社・関係会社を「事業群」と捉え，その事業群がさらに大きな場面で有機的に結合して活動するイメージを「群・群経営」として新しいマネジメントのあり方を示した。

1-2-11 「破壊と創造」［2000（平成12）～2006（平成18）］

2000（平成12）年6月に第6代社長に就任した中村邦夫は，就任直後からITにより「重くて遅い松下」を「軽くて早い松下」に変えること。そして，開発・生産・販売のプロセスおよびマネジメントのあり方自体を変えて，21世紀に勝ち残る「超・製造業」をめざすことを宣言した[21]。そしてIT革新本部を設置，自ら本部長に就任した。「5つのS」（＝Speed, Simplicity, Strategy, Sincerity, Smile）を謳い，企業競争力の向上を鼓舞した。2001（平成13）年度から「創生21計画」がスタートしたが，この計画には，「経営理念と経営基本方針以外にタブーも聖域もなし」という強い意志が込められていた。中村の代名詞となった「破壊と創造」の始まりであった。

「破壊」は，①本社組織の改革，②国内家電営業体制の改革，③事業部制の

解体，を柱に肥大していた事業を14ドメインに集約し，ドメイン別のキャッシュフロー重視の経営を目標とした。

　事業面の集約とともに，雇用面の構造改革もまた「破壊」の中に取り込まれた。労働組合の了解の下，特別ライフプラン支援制度を柱として早期退職者が募集され，1万3,000人が社を去った。このこともまた，従来の終身雇用を前提としない同社の改革が注目された。

1-2-12　理念を携え，新たな成長へ［2006（平成18）～2016（平成28）］

　2006（平成18）年6月，中村邦夫が会長に退き，大坪文雄専務が第7代社長に就任した。大坪は，2008（平成20）年10月，社名を「パナソニック」に変更させた。1918（大正7）年の創業以来，1世紀近くにわたって親しまれた「松下」の名が消えることに対し，大坪は，「ノスタルジーよりも成長に賭ける」という決意を語った。2011（平成23）年4月，パナソニック電工並びに三洋電気が完全子会社されたあと，2012（平成24）年6月から津賀一宏専務が第8代社長に就任した。津賀はドメイン制を解消し，カンパニー・事業部を軸とした新たなグループ構造に移行させた。また意思決定機関として，グループ戦略会議を設置している。これは本社とカンパニー・事業部の情報共有を密にし，より確かな経営判断を企図した改革となっている。

1-3　パナソニックの特徴

　パナソニックの特徴は，やはり稀有な創業者・松下幸之助の存在であろう。営業・人材育成・物づくり等々すべての職能面に創業者の理念が行きわたり，事業部制組織にしても，理念が生み出したものである。それゆえ，激しい経営環境の変化に対応するのに，創業者の哲学に照らしてどうかといった視点が常に同社の動向にあった。ただ，すぐれた創業者の理念であっても，現実の経営を切り拓くのは今の経営者の企業家精神である。理念の本質的な部分の再解釈による経営の継承と新たな経営の創造は，歴代経営者並びに次代の経営者にとっても難事であり，そのむずかしさを同社の歴史は物語っている。

　その点に関し，1つ付言すべきは，パナソニックミュージアム松下幸之助歴

史館の存在である。同館はいわゆる代表的な一般向けの企業ミュージアムであるが，創業者に関する常設展示のほか，創設者の理念に基づいた特別展示を企画し，そこでは社長自身のメッセージが映像として紹介される。それが定着したことから，グループ社員の観覧も多く，そのことがすなわち，創業者理念と現社長の基本方針の整合性を適宜確認できる理念継承の場となっている。

　同社は2018（平成30）年に，創業100周年を迎える。記念事業として歴史館の建て替えや100年史の刊行などが決定している。晴れて100周年を迎え，一連の行事において，同社が創業者・松下幸之助の理念継承と新しい事業展開をいかなるイメージで世に訴えるのか，注目されることであろう。

注
(1) 『松下電器五十年の略史』（1968）p.26。
(2) 幸之助の家族は両親のほか7人のきょうだいがいたが，そのいずれもが相次ぎ病死し，26歳で天涯孤独の身となっている。こうした私生活の寂寥も反映したのかもしれない。
(3) 1932（昭和7）年の第1回創業記念式典で，幸之助は「産業人の使命は貧乏の克服である。社会全体を貧より救って，これを富ましめることである」と述べている。
(4) 明治中期，岩崎久彌が三菱合資会社において，事業部制を確立したのが日本初といわれるが，まったくの異業種であり，家庭電気機器の製品別事業部制である幸之助のものとは区別されるべきであろう。
(5) 在阪の全店員を本店に集めて夕食後，社史を語り，経営概況や来年への抱負を述べた。これが新年初頭の「経営方針発表会」に移行していく。
(6) 自己啓発を熱望した幸之助は，1935（昭和10）年から店員が自己啓発のために参考書を購入する場合，あるいは部下との懇親を行う場合，職位に応じて費用の負担補助を，修養資金として支給する制度を発足させた。
(7) 武家のしきたりにならって，一人前になったというけじめの催しを行ったという。
(8) 『松下電器社史要覧（戦前編）』（1981）p.34。
(9) 『松下幸之助発言集22』（1992）p.187，p.191。
(10) 佐藤悌二郎（1997）p.408。
(11) 同前pp.409-410によれば，欧米の情報については，当時の活字メディアの収集と知人・部下を海外へ派遣させて得ていたという。
(12) 日本でもっとも初期に導入したといわれる。
(13) 『松下電器五十年の略史』（1968）p.259。
(14) 同前pp.299-300。
(15) 同前p.309。

⑯　同前p.335。
⑰　同前p.337。
⑱　『社史　松下電器 変革の三十年1978-2007』（2008）p.51。
⑲　同前, p129。
⑳　松下幸之助の盛大な社葬については中牧弘允（1999）による研究がある。
㉑　『社史　松下電器 変革の三十年1978-2007』（2008）p.51。

参考文献■

松下電器産業株式会社（1968）『松下電器五十年の略史』松下電器産業株式会社
松下電器産業株式会社（2008）『社史　松下電器 変革の三十年1978-2007』松下電器産業株式会社
松下幸之助発言集編纂室（1991-1993）『松下幸之助発言集』全45巻，PHP研究所
松下電器産業株式会社（1981）『松下電器社史要覧（戦前編）』松下電器産業株式会社
佐藤悌二郎（1997）『松下幸之助　成功への軌跡―その経営哲学の源流と形成過程を辿る―』PHP研究所
小田　章（2001）『経営学への旅立ち』八千代出版
小原　明（2001）『松下電器の企業内教育―歴史と分析―』文眞堂
伊丹敬之・田中一弘・加藤俊彦・中野　誠〈編著〉（2007）『松下電器の経営改革』有斐閣
住原則也・三井　泉・渡邊祐介編（2008）『経営理念―継承と伝播の経営人類学的研究―』PHP研究所
中牧弘允編（1999）『社葬の経営人類学』東方出版
経営哲学学会編（2008）『経営哲学の実践』文眞堂
㈶松下社会科学振興財団日本的経営研究会編　主査・坂下昭宣（1997）『日本的経営の本流―松下幸之助の発想と戦略―』PHP研究所

2

〈Case〉GE
―ゼネラル・エレクトリック(GE)社 130年間の持続的成長の歴史―

■米国ゼネラル・エレクトリック（GE）の原点は，トーマス・エジソンの電球メーカーである。
■130年間の歴史でGEのCEOは9人，第3代目以外はすべて内部昇格である。
■GEでは長期的持続的に成果を出す人物が評価され，CEOとなってGEを進化させてきた。
■130年間トップを走り続けているGEの歴史は，経営学の歴史そのものである。

2-1 はじめに

　今日のグローバル企業の実態を知るためには，その現在の姿だけを追うだけでは不十分である。グローバル企業の創業時代に立ちかえり，その成長・発展の歴史を追ってみる必要がある。本章では，米国グローバル大企業の代表ともいえる総合電機メーカーGE社における130年間の持続的営みのなかでの，失敗，危機，チャンスから持続的成長への変革の歴史について，その時代に対応した形でGEをより良い会社に育てあげた9名のGE経営者の経営哲学に焦点を当てて説明してみたい。

2-2　GEの概要

　1878年，発明王トーマス・エジソンが創立した電球メーカーを源に，合併を重ね，1892年ゼネラル・エレクトリック（GE）は創立された。創業者のイノベーションをDNAに，135年間，常に変革し続ける企業である。30万人以上の従業員のうち，半数は米国以外で雇用されており，2013年度の純利益は141億ドル，利益成長率は10％。その持続的成長性は，米国を代表する株式指標「ダウ平均」の設定から120年間，採用銘柄であり続ける唯一の会社であることでも証明されている。

　従業員のうち，半数はアメリカ以外で雇用されており，エグゼクティブ層もローカル化，ダイバーシティ化が進んでおり，その半数が米国外出身である。GEと日本の歴史をふり返ると，明治時代中期にはすでにいくつものGE製品が活躍していた。日本政府をはじめ各地へ発電機や電灯を納入しながらGEは，日本の「急速な発展」の時代を共に歩んできた。

　1980年代に，ジャック・ウェルチがCEOに就任したことで，GEは伝統の力に加え，革新力を備えた俊敏な企業に生まれ変わった。2001年に現ジェフ・イメルトがCEOに就任して以来，内部成長をキーワードに，既存事業から新たな収益源を生み出すプロセスを構築し，高い利益率を確保するために，ポートフォリオ[1]の再編に取り組み続けている。そして，現在では，エネルギー，医療，輸送やインフラなど各分野におけるイノベーションを追求し，世界150カ国以上で事業展開している。2001年時点に10あった事業部制と比較すれば，投資効果が低い事業，また変動要素の高い事業を売却し，高い成長率と利益率が見込まれかつGEがリーダーシップをとれるビジネスへと，常に見直しながら，今日の時代のニーズに合った強力な事業ポートフォリオへシフトさせていることがわかる。

　イメルトが就任したのは，2001年9月7日で，NY同時多発テロ[2]のわずか4日前であった。9.11の出来事の1週間後，GEの株は急落した。このことはGEの経営に大きなインパクトを与え，イメルト自身の考え方や経営への姿勢に大きく影響を与え，その結果，ウェルチ時代にはなかった新たな成長戦略を

打ち出すことになった。オーガニックグロース（内部成長）である。内部の成長，既存事業の成長に目を向け，顧客との関係を長期的に捉え，絶えず自己変革を行うことにより，顧客とともに成長していく，信頼性の高い成長企業であろうという考え方である。数値的には，世界のGDP（国内総生産）成長率の2-3倍のペースで成長，10％以上の純利益成長，投資収益率20％を目標としている。

GEは研究開発に積極的に投資し，世界中の課題解決のための先進技術を生み出し続けている。今，GEの売り上げの半分以上は，米国以外の地域からもたらされている。アメリカだけでなく，世界の新興国でも売り上げを伸ばしていける，まさに「ジオグラフィック・ダイバーシフィケーション」（地域的多様性）のもと，世界全体に満遍なく事業展開し，特定の市場だけに依存していない。それこそが現在のGEの経営スタイルなのである。以下，このような現代の経営に至るGEの歴史を歴代のCEOを中心に説明してみたい。

2-3　GE130年間の歴史

2-3-1　GEの成立［1879（明治25）～1892（明治25）］

1879年，発明王トーマス・エジソンは白熱電球の実験に成功し，資本金30万ドルで「エジソン電灯会社」設立した。エジソンは，裸一貫で世に出た人特有な強い個性の持ち主だった。労務管理の面から見てみると，彼は典型的な古典的企業家であった。「雇うのも首を切るのも，このおれのやることだ」というのが彼の常套句だった。彼には，労働組合などは，無用の長物としか考えられなかった。しかし，ある日，組合が結成され，ストが予定された。これを察知したエジソンは，ひそかにある機械を「発明」した。ストが終わり，それに加わった労働者が工場に戻ったとき，彼らは自分たちの代わりに機械が据えられているのを発見した。彼の強烈な個性は，その交友関係を通じて，自動車工業におけるヘンリー・フォード[3]にも深い影響を及ぼしたことを，付記しておきたい。

エジソンとともにGEの母体となったのは，アーク灯照明から出発した「トムソン＝ヒューストン社」であった。この会社の歴史は，二人の化学教師によ

る電気の研究に始まる。「トムソン＝ヒューストン社」の企業家の一人であったチャールズ・コフィンは，製靴会社を設立し繁栄していたが，未開拓の電機事業の将来を見通し，生来の事業をいさぎよく放棄し，この産業に献身しようと決意した。そして，その行く手には初代GE社長の椅子が待ち受けていた。

　エジソンは白熱灯システムの生産に際し，各構成部分の製造を，系列化された独立の企業に委託したが，コフィンはこれとは対照的に企業を機能別に分類し，それが相互の有機的関連のもとに動くような組織によって，アーク灯システムの生産・販売を行った。個性重視のエジソンに対し，コフィンは協調性を重視した。この２つの企業は，前者はかなりルーズな組織であったが，後者は組織体的色彩の濃厚な企業であった。その後，「トムソン＝ヒューストン社」は，あいつぐライバル企業の吸収合併を行い，この間に，同社が手中に収めたパテント（特許），有能な人材は，同社をして，エジソン社と肩を並べうる総合電機メーカーへと一挙にその地位を上昇させたのである。

　そして，これら２つの会社が合併して，1892年，ゼネラル・エレクトリック・カンパニー（GE）が成立した。合併時における両社の経営規模は互角であった。GEの成立は，競争を排除して独占利潤を確保しようとする資本の運動の一現象形態であった[4]。最初は，合併に反対していたエジソンですら，「最近の競合会社間の競争は実にすさまじいものであり，電機業界で利潤をあげている企業はほとんどない。工場製品をありきたりの金物と同じくらいの値打ちしかないようにさせてしまった激しい競争を阻止するには，（中略）…企業の合併によるほかはないだろう」という結論に達した。そこには，両社に共通の特殊な利害が見出される。技術的側面からは，両社の保有するパテントであった。これらのパテントは相互補完関係にあり，より完全に電化システムを達成するためには，その相互利用が不可欠であった。もう１つは，人的側面でエジソン社を事実上支配してきたのはJ.P.モルガンであったが，エジソンをして「トムソン＝ヒューストン社」との合併にふみきらせた最大の要因は，その豊富な人材であったという。エジソン社にはこれといった指導者はいなかったのだ。これに対して，トムソン＝ヒューストンには社長コフィンをはじめとする錚々たるスタッフが存在し，このことは成立直後のGEを構成したトップマネジメント14名中，初代社長コフィンを筆頭に，その９名までが，旧トムソン

=ヒューストン社関係者で占められていることからもわかる。また，J.P.モルガン以下6名が，旧エジソン社の大株主に名を連ねていることは，GEの財務基盤が依然モルガン財閥にあったことをあらわしている。競合関係にあり，しかも積極果敢かつ野心的な経営者によって率いられている2つの企業が合併することは困難であるといわれているが，この場合，相互補完的関係が成立したということが成功要因だったといえるだろう。

以上のような紆余曲折を経て，巨大な総合電機メーカーGEは誕生した。それはあいつぐ買収と合併によって獲得された技術的優位性と，それを可能とした金融資本の強力なバックアップに支えられた巨大独占企業の成立であり，その後のUSスティールに代表される巨大企業の時代——20世紀の入り口にさしかかっていた。

2-3-2　GE初代社長コフィン［1892（明治25）〜1913（大正2）］

1893年，創立1年にしてGEは，最初の試練に遭遇した。金融恐慌である。初代社長チャールズ・コフィンは，「絶望的な局面を打開するには，絶望的な方法しかない。」と，GE社に蓄積されている膨大な地方電灯会社の株式および社債を，損失覚悟のうえで，整理することであった。コフィンは，恐慌の最中にあって，各地方の営業所が別個の会社といえるほど強大な独立性をもっていることが，GEの危機をいっそう強めていると考え，これらを再組織し，各営業所をGEの集権的統制下におくことを決定し，自立的な各営業所を各支店へと改組した。このような経営管理権の集中化を行うことによって，GEはこの危機をなんとか乗り切った。

20世紀に入ると，GEの海外進出はいちだんと活発化し，エジソン電球を戦略的武器とするGEの海外進出は，GEはヨーロッパ諸国の大手メーカーと，電球を完成商品として輸出するよりも，外国企業に対して特許の利用権を認め，その代償として株式を取得し，自己の系列に組み入れるという国内においてすでに実験済みの方法が用いられた。1904年，GEはヨーロッパ諸国の大手メーカーとこの方式による協定を結んだが，日本では「東京電気」「芝浦製作所」（合併後，株式会社東芝となる）とも，同様な技術提携を行い，株式の過半数を得た[5]。もちろん，こうした海外進出はGEの一方的な販売政策によって決

定されたものではなく，相手国にこれを受け入れる準備がなければならない。明治37年当時，「日露戦争」の最中にあって，東京電気は外資ならびに技術の導入により，電機事業のパイオニアになろうとしていたことがうかがわれる。こうした外国技術の導入によって開始された日本の電機工業は急速に発展し，低賃金にもとづく安価な日本製電球は大挙米国市場に進出し，GE製電球が1個20セントのとき，わずか5セントという安値で販売され，米国の製造業者をおびやかした。

2-3-3　GE2代社長ライス［1913（大正2）～1922（大正11）］と初代会長コフィン［1913（大正2）～1922（大正11）］

　1913年，コフィンは21年にわたる社長の座を退いて会長となり，トムソンの教え子であるエドウィン・ライスが社長に就任した。海外進出において，このような特許使用協定の締結と株式取得による外国企業の系列化は，相手国における工業化の度合いや競合相手の生む技術その他条件によって必ずしも一律ではなかったが，1919年以降世界的に有名な企業が相次いで，GEと何らかの関係をもつにいたった。GEは，縦横に張り巡らされた特許権協定を通じて世界の電機産業を支配していた。その結果，GEは，(1)相手企業の米国進出を阻止し，(2)その特許を独占的に利用でき，(3)かつ相手企業より特許使用料および配当金を取得できるといった一石三鳥の利益を得ることになった。

2-3-4　GE3代社長スオーブ［1922（大正11）～1940（昭和15）］と会長ヤング［1922（大正11）～1940（昭和15）］の2頭体制

　1920年代，GEは後年の多国籍企業[6]への道を堅実な足取りで歩み始めていた。しかし，増大する海外事業を統括できる国際的視野をもった人物はGEにはいなかった。そこで，人材を外部に求めることになり，その結果としてジェラルド・スオーブがスカウトされ，社長に就任した。オーエン・ヤングはもともとはGEと法廷でわたりあい，その見事な弁論がGE関係者の関心をひいた人物であり，結果的にGEにスカウトされた。

　「われわれのうち，一人は船長として，他の一人は航海長として活動しよう」。二頭体制を選択した彼らの新しい状況への対応は，まず社長と取締役会長の責

任と権限を明確化し，それに徹することから始められた。その後，1920年代に入って新しい経営理念が形成された。経営者は，もはや企業所有者の利害の代弁者（エージェント）ではなくて，株主，従業員，顧客，一般大衆の利害に奉仕する，一種の受託者であるという考え方である。新しい経営理念に基づくGEの労務管理は，日本における伝統的なそれに似た温情主義的管理[7]であった。こうした，企業内的にいえば温情主義的で企業外からいえば大衆志向的なスオーブ＝ヤングの経営理念は，少なくとも企業の成長という観点から眺める限り，積極的に評価することができるだろう。

2-3-5　GE4代社長ウィルソン［1940（昭和15）～1950（昭和25）］と会長リード［1919（大正8）～1940（昭和15）］

　チャールズ・ウィルソンとフィリップ・リードが，GEの社長，会長に就任する前，彼らは3年間にわたる「帝王教育」を受け，トップマネジメントとしての機能を遂行するに十分な経験を得ていた。とくに，ウィルソンはGEの体質改善のための調査に携わっており，「GEのような巨大企業においては，マネジメントでは分権化，生産現場では多角化と専門化」という原則を打ち出し，社長就任とともにこの原則を適用しようと考えた。しかし，1941年，太平洋戦争が勃発した。そのために，米政府の命令のもと，GEは兵器工場に転換，軍需生産に進出することになった。他社に先んじて，軍の要請にすばやく応じられたのは，おそらくGEに外部変化に対応しうる条件が備わっていたためであろう。戦争中に企業の規模は一挙に膨張し，工場は2倍，従業員は3倍になった。そのため，戦後「分権化管理」の問題が，GEにとって一層重要な課題となったわけである。ウィルソンは，「戦時生産局」の要職にあり，社長職に専念できなかったために，権限を部下に委譲した。副社長のラルフ・J・コーディナーは，GEの機構改革に激しい情熱を燃やしていた。企業の将来を考えるなら，「ほどほどの満足と安定のための会社」から「冒険と機会に満ちた」会社へと体質を作りかえなければならないという明確な責任と権限のもと，できるだけ多数の人間がなんらかの形で意思決定に参加できるような組織に，現行組織を再編する必要があると考えていたのである。分権化にもとづく「事業部制組織」[8]──これがコーディナーの切り札であった。

2-3-6 GE5代社長コーディナー［1950（昭和25）～1958（昭和33）］，初の会長兼CEO［1958（昭和33）～1963（昭和38）］，GE6代社長フィリップ［1961（昭和36）～1963（昭和38）］

　1951年，コーディナーは，「過去10年間にわたって"考え抜かれた"経営理念」である分権的事業部制をGEに導入した。1国においても1企業においても，先行の例がある場合，それに見習うのは普通のことであるが，そのさい技術や制度の導入は比較的容易に行われているのに対し，それを支える理念の導入は非常に困難であると一般的にいわれている。GEの場合，おそらくGMの事業部制にならったであろうが，それを支える理念は自らで作り出した。

　コーディナーが掲げた3つの理念とは，1つめ，分業的管理の基本理念である。一方において，大企業の優位性—新商品の研究開発，大量生産，大量流通，技術革新などの遂行能力—を保持しつつ，他方で中小企業のもつ適応性に富んだ意思決定，企業構成員相互間の「人間的接触」—長所を生かそうとするひとつの手段であった。「GEの経営理念のもっとも重要な局面は，意思決定に対する責任と権限を徹底的に分化することにある」。つまり，権限と同時に責任を分化する点にある。管理職に対する厳しい責任の強調であり，意思決定にかかわる権限の委譲，それにともなう責任遂行義務，その結果に対する信賞必罰がGEの事業部制の基本理念であった。

　また，コーディナーの進めた2つめの理念とは，事業部制の組織構造理念である。組織構造理念とは，①100近くの分権化された事業部門であり，製品の設計，生産，販売はすべてここで行われる。各事業部門では独立採算制による損益管理が実施されており，そのための制度的保障として，各部門の責任者に対して，価格決定に関する権限が委譲されている。また，②会社レベルにおいて必要とされる経営上の諸機能に熟達した人々によって構成されている経理，技術，法律，経営相談，マーケティング，PR，労使関係，研究開発組織をつくり，③「プレジデントオフィス」「エグゼクティブオフィス」からなる企業全体に対するリーダーシップと長期計画に関する業務担当を置くことにあった。

　3つめの理念とは，分権制をしくこと。分権制の課題とは，構成員がそれを主体的に受けとめて，自らの行動様式を変えない限り，制度は生かされない。分権制を敷くことにより，マネージャーに行動様式の変更を迫ったのである。

マネージャーに求められる行動様式として，①自己開発計画，環境の整備，後継者の育成，社内教育に力を注ぐこと，②説得による統率を行い，社員の「自律」こそ，分権制の証とすること，③チームワークの重視，④分権化の根底にあるものは，諸個人の尊厳と能力を認めることという，現場における「ヒューマンタッチ」の重視でもあった。これは，かつての慈悲的・家父長制的労務管理に代わって，個体としての従業員の能力開発に焦点を合わせた自主性を尊重した労務管理の実現でもあった。

コーディナーは，ニューヨークのクロトンビルにGEのマネジメント開発センターを設立し，マネージャーにいかなる業務も標準的な手続き[9]を踏んで管理させる方法を考えた。それによって，彼はマネージャーの間に新しい企業文化を普及させた。

GEが50年代に分権体制を構築したときに，分権化は新しいマネジメントの潮流となったし，60，70年代に築き上げたGEの巨大な官僚制も新しいビジネスモデルとなった。コーディナーは，航空機エンジン，コンピューター，原子力エネルギー，そして航空宇宙産業といった新しい市場におけるものも含めて，15の集権化されたコンポーネントを100以上もの営業部門に再編成した。

しかしながら，既存の制度が一挙に変革された場合，「変革のひずみ」が生ずることは，あらゆる制度に共通して起きる。このような利益重視のやり方は，多くのマネージャーへのプレッシャーとなり，収益性の格差が報酬格差を生み出した。現業部門が細分化され，GE内部に多数の独立会社ができたような格好となった。それゆえ，分権単位の間に一種のセクショナリズムが生じてくるのは避けられない宿命であった。マネージャーの退職率も増加した。しかし，改革は徹底的に行われたほうがよいのであって，そこに多少の行き過ぎが生じたとしても，不徹底な改革に比べればはるかにましであるという信念をコーディナーは持っていた。実際問題，分権的事業部制の欠陥というよりも，むしろ経営主体の意識改革がともなわず，コーディナーの意図をマネージャー層が十分に理解し得なかったことに由来する組織のひずみの現れであったとも考えられる。

2-3-7　GE7代会長兼CEOボーチ［1963（昭和38）～1972（昭和47）］

　GEの企業構造と企業文化に重要な影響を与えた次のリーダーは，フレッド・J・ボーチであった。彼は米国経済の成長期にある9つの部門を明示し，GEが必ずそれらすべてに参加するようにした。

　GEの社長は，就任以前に企業家たるべき—言い換えるなら，前任者によって達成され維持されてきた企業のあり方を「創造的に」「破壊」すべき—任務を負わされていた。ボーチの目標は前任者コーディナーによって展開された「国内市場優先主義」から訣別し，自己のもつ「海外市場志向性」をフルに発揮して，世界市場を舞台とする世界企業へとGEの体質を変換させることであった。

　ボーチは就任翌年，海外事業についても国内事業部に利益責任を持たせる製品系列別型の世界企業組織に改組し，海外進出作戦を開始した。ボーチの主導のもとに開始された海外進出は，巨大企業にふさわしく，きわめて大掛かりで強引な買収戦術が打ち込まれた。極東市場でGEが目をつけたのは，アジアで唯一の工業国日本であった。西ヨーロッパをはるかに上回るテンポで高成長を続ける極東の島国日本の調査が開始された。その結果，判明したことは低所得にもかかわらず家庭の電化だけは意外に進んでおり，家庭電器の分野で食い込む余地はなさそうだということであった。しかし，調査の進む過程で，日本にも未開の分野があった。ルームクーラーであった。当時のGEの日本への経営戦略として，3点指摘できる。1つ，日本市場進出に先立ち，周到に市場調査を実施した。2つ，徹底した現地生産主義である。会社乗っ取りといった手荒な方法で，ナショナリズムを呼び起こす愚を避け，50％出資による合弁会社設立とともに「国産」という名で製造販売を行わせ，あるいはそれができない場合には，一歩後退して技術援助契約という形で，その成果だけは取得するなど，日本におけるGEは世界企業の定石どおりにその活動を進めた。そして，3つ，GEの海外戦略として指摘できる大きな特徴は，強力なセールスプロモーションであった。

　ボーチのリーダーシップの下，販売高と収益は，9年の間に2倍となった。部門数も350以上に成長した。それらの部門は43のSBU（戦略事業単位）に分

割され，それらの1つ1つが実行可能な事業であるとみなされた。このSBUと多くの戦略計画策定に基づいた組織構造は，ますます分権化する組織構造を管理し，投資の意思決定に優先順位をつけるためにさらに大きな企業戦略計画立案を必要とするものであった。

2-3-8　GE8代会長兼CEOジョーンズ [1972（昭和47）～1981（昭和56）]

　ボーチの後を引き継いだレッグ・H・ジョーンズは，72年～81年までCEOを務め，単なるマネジメント構造の変化を超えた企業文化の変化に通じる様々な改革を行った。彼は，斬新なバイタリティと新戦略方針で，GEを世界で最も多様性のある会社へと引っ張っていった。彼は，天然資源会社を23億ドルで買い，初めての大型買収を手掛けた。また，R&D部門を育て，向こう数十年，長期成長していく可能性のある組織へと作り変えていくという戦略のもと，彼はプラスチックや医療機器などの，これまで継続的な投資を行わなかったGEの事業の一部に着目した。さらに，彼は積極的に海外市場を開拓し，海外の競争相手の脅威を以前にもまして真剣にとらえるようになった。その結果，1980年代までに10年前と比較して，海外からの利益が10％増えることになり，11年間の間に，GEの販売高は2倍以上の220億ドルに達し，純利益は3倍の14億ドルに達した。GEは，1979年には40万人以上の従業員をかかえるまでに成長したのである。その推進力を支えたのは，海外市場であった。ジョーンズは，国際貿易のなかで米国の国際競争力復興に全力を尽くしたのである。

　将来のリーダーに何が期待されているかという質問に対し，彼は「幅広い知性，戦略力，社会的感受性，洗練された政治力，世界志向，それら全部を，変革の試練の気流の中で，バランスよく保てる能力をもった人材であろう」と答えた。では，そのようなリーダーはどこにいるのか。それはGEのジョーンズ以外にいないと世間から称された。1979年，全米1,400人のビジネスリーダーの投票で最も影響力のあるビジネスマンとして称され，2年後の1981年，フォーチュン紙で"世界で最も尊敬されるCEO"に最初に選ばれたのは，在任期に最も高い成長を実現し，コーポレートガバナンスにおける利益をもたらしたと賞賛されたGE CEOのジョーンズであった。

2-3-9 GE9代会長兼CEOウェルチのリストラ，文化的変革［1981（昭和56）～2001（平成13）］

きわめて保守派であった前任者ジョーンズが大抜擢によって任命したのは，予想に反してプラスチック事業を最大の事業に仕立て上げる段階で型破りの方法を採用したために社内で一匹狼となっていたジャック・ウェルチであった。ウェルチは44歳でGEの社長に就任し，20年間の長きにわたり，CEOを務めた。ウェルチは，強烈な変革志向，カリスマ性から，ビジネス紙が決定する米国のトップCEOといった賞に幾度となく選ばれてきた。彼は，賞賛されることが多かった反面，かなり強く批判される対象ともなったが，GEという世界最大企業の1つに持ち込んだ広範囲にわたる変化が結果的に成功であったことは，その経営指標が証明している。

ウェルチが追い求めたものは，単なるGEのマネジメント構造における変化ではなかった。彼の唱え続けた変化とは，巨大企業GEが決して完全に合理的ではないことを自覚し，非効率を排除しながら妥協なき改革の実行であった。1981年，44歳のウェルチがGE会長に就任したときは，世界的にインフレ抑制のために金融引き締めや財政政策がとられ，近い将来世界的にも急速な成長は期待できそうにないビジネス環境に直面していた時期であった。米国企業は，アジア（特に日本）やヨーロッパからの激烈な世界競争に直面していた[10]。このような厳しい挑戦に真正面から対処するために，ウェルチは，GEの組織，マネジメント構造，そして企業文化を徹底的に変革することを決断した。

1980年代，先の30年間に形成した巨大コングロマリットにリストラクチャリングの波が押し寄せる中，GEはそのビジネス組織を根本的にリストラクチャリングした初めての企業の1つとなった。ウェルチは，先代のジョーンズが創りあげた350の事業部を廃止することに決定した。彼の考えでは，事業部があまりに多いためにそれらを効果的に管理することができなくなっており，多くの弱体化した事業が強い事業の中に埋没しているということだった。ウェルチは，売上の25％にあたる事業を売却し，総収益100億ドルを生んだ。その後，彼は残った事業部を13の事業に統合し，それぞれに副社長を配置した。そして，新たな買収，資本投資に費やすことで，それらの事業をサポートした。

事業を売却ないし買収を選択する主な基準は，GEの当該事業にそれぞれの

産業において，国内のみならずグローバルなレベルで首位を争う潜在的能力があるかどうかにあった。この基準の背景にあるロジックは，1980年代の遅滞した成長期において，多くの競争に勝ち抜いたナンバーワン企業だけが生き残り，それ以外の事業に無駄な資源を投下する企業はグローバル競争に耐え切れないであろうというものであった。したがって，ウェルチは事業の選別，閉鎖，撤退ないしは売却策を実行した。

先代の創り上げた工場現場従業員とCEOとの間に9つを超える階層をもつ広い官僚制，膨大な量の報告書に対して，ウェルチは強い不満をもち，リストラクチャリングに加えて，企業全体のあらゆるレベルの管理において大幅な削減を行った。そのようなプロセスは，「ダウンサイジング」「削減」「削除」といった用語で記されている。ウェルチはそのプロセスを，「脱階層化」「バウンダレス」と呼ぶことを好んだ。彼の言葉で言えば，それはその最終目標が，従業員のエネルギー，創造性，イニシアチブを解放，促進，爆発させることにあったからである。その考え方の背景は，企業の創造力の源泉は，創造力を押さえつける過度のマネジメントなしに成果を発揮できる自由を持たねばならない個人に存在する，という考えに基づいている。

様々な売却，買収，「脱階層化」の結果，最終的にはかつてのGEの4分の1に相当する数の約10万人の従業員を解雇することになった。従業員・管理者に対しては，かなり前もって削減や工場閉鎖を告知する努力がなされた。再訓練や職場配置プログラムもまた，解雇する重荷を軽減するために作成された。これらの対策は，リストラクチャリングの結果生じる雇用不安の回避に役立った。しかし，そのような変化は必然的に従業員と管理者の間にモラルハザードを引き起こし，ウェルチはしばしば人間だけを殺傷し建物は残すという「ニュートロン・ジャック」と呼ばれたりもした。

85年までに「GEを世界で最も競争力のある企業にする」という目標を達成するための改革のステップとして，「製造業の生産性の向上」がある。順調に生産性を増強していかなければ，GEは競争相手に勝ち，今日のグローバルビジネス環境に生き残ることはできないと，ウェルチは考えていた。また，ウェルチは，金融ビジネスにも進出した。90年代にあいつぎ金融ビジネスを買収することにより，大きなファイナンシャルゲインを得ることのできるビジネスモ

デルを構築した。

さらに、ウェルチは「我々は、大企業に備わっている力、経営資源そして守備範囲の広さと、小企業が持っている貪欲さ、すばしこさ、精神そして情熱を結びつける方法を開発しなければならない」と主張し、図表1のように巨大な1企業をシンプルでフラットな組織にすることによって迅速な意思決定を可能

図表1　シンプルでフラットな組織

・各事業の業績を直接管理
・部門間の障壁撤廃
・情報や良いアイデアの迅速な共有
・全社規模のイニシアチブの開発と推進徹底、頻繁な進捗管理
・迅速な意思決定
・意思決定と実行の場の近さ

多数のP/L（社内会社）を作ることにより小企業のマインドセットと行動を実現する。

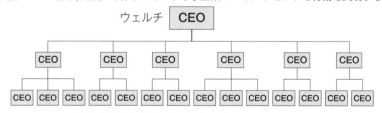

・ビジネスに対する強いオーナーシップ
・成長のマインドセット
・迅速な意思決定
・リーダーシップ育成の機会
・リスクテイキング

（筆者作成）

にしたのである。

2-3-10　GE第9代社長イメルトの9.11を経た後の経営哲学と経営戦略

　GE第9代目の社長としてジェフ・イメルトが就任した直後に9.11[(2)]が起こった。このとき、イメルトは「厳しい状況を共に乗り切ろうとする社員の気持ち、社員のパワーを感じた」と後述している。会社の窮地を救ったのはM&Aのパワーではなく、「社員のパワー」であった。イメルトは、どんなに厳しい状況にあっても、GEの至上命題である2桁の利益成長を目標に掲げ、それをクリアしてきた。例えば、9.11後、航空業界は、倒産/世界的低迷など、様々な困難に直面したが、顧客の支援のため、GEは航空機エンジン事業への投資を継続、結果的に投資家にも多くの利益をもたらした。この経験と感動が、イメルトの経営哲学と経営戦略に活かされて、GEバリューに以下の4つのアクションを付け加えられたのである。「一人一人が夢をもって行動するドリーマーでいこう＝imagine」「顧客や自分たちの問題を解決しよう＝solve」「ゼロから何かを作り出していこう＝build」「変革を作り出していこう＝lead」。そして、大前提として、「ゆるぎないインテグリティ（倫理観、正義感、コンプライアンス遵守）を根底に」の4つである。

　その後、GEは社内外の有識者を招いて「21世紀のリーダーは何を備えているべきか」を探り、グロースバリュー[(11)]を定義した。これは社員に期待する行動であり、文化でもある。また、グロースバリューは、GEすべての社員の人事評価の指標のひとつにもなっている。又、イメルトが取組みを開始した新たなイニシアチブとして「エコマジネーション」と「ヘルスマジネーション」がある。イメルトのリーダーシップはかけ声だけにとどまらずあらゆる目標に落とし込まれ結果の検証をしていることだ。1982年にGEに入社して以来、GEのプラスチック、家電、ヘルスケアの各事業においてグローバルなリーダーシップをとってきた。そして今までに、イメルトはバロンズ誌が発表する「世界で最も優れたCEO」の栄誉に3度輝いている。

2-3-11　イメルトの「企業価値を高める」経営戦略

　イメルトは、低成長時代の競争に勝ち抜く要因として「技術や人材、サービ

ス,グローバル化への対応などに賢明な投資を実施しているかが重要」であり,GEが実際に活用している戦略を以下のように述べた。

「第一に,強いビジネスモデルをつくることが肝心である。GEは,生産性を重視する企業文化であり,同時にキャッシュを創出するモデルとなっている。これに際しては,シックスシグマ[12]が大変な効果を発揮しており,常に業務プロセスの効率化に焦点を当てようというものである。GEのマネジメントの報酬の60％はキャッシュフローを創出したかをベースに算定している。低成長時代には,効率的な企業であること,また将来に再投資できる企業であることが非常に重要である。

第二に,技術はGEの成長の基盤である。成長を加速させるには,まず技術革新に焦点を絞ることが必要である。

第三に,事業ポートフォリオは絶えず変化させること。GEは,絶えず事業のポートフォリオを見直し,様々なサービスを見直し,将来のあるべき姿を模索している。その将来の事業機会にぴったり合ったポートフォリオにするために,ポートフォリオの測定・評価には,いろいろな尺度・基準を使っている。GEのビジネスのポートフォリオは絶えず変化している。ここで重要なことは,M&Aによって会社が拡大するのではなく,有機的な拡大をしていくということである。最初に長期的事業運営ありきで,絶えずどのようにすればビジネスを改善できるか,そして将来にふさわしいビジネスをできるかと考えているのである。

第四に,すぐれたリーダーは変革の担い手であることが重要である。企業価値を高めることは,最終的にはリーダーシップに尽きる。それさえきちんとあれば,企業風土や人が時代の試練に耐えてくれる。すぐれたリーダーは変革の担い手でなければならない。変化は破壊的なもので,いろいろな混乱を招くが,変化を後追いするのではなく,変化を積極的に仕掛けていかなければならない。そのためにGEは,人材育成のために毎年10億ドル以上を投資している。人材は常に変化していかなければならず,常に学習するチームでなければならない。常に学習して,いかに改革していくか,そういった要素がなければすぐれたリーダーとは言えない。荒波の立つ時代には優秀な人材がその真価を発揮する会社も会社のリーダーも責任感と最高の倫理観を持っていなければならない。コ

ーポレートガバナンスが大事なのである。GEはコーポレートガバナンスで大きな変革を遂げてきた。直接的な利害のない中立的な立場の取締役を増やし，経営陣の報酬体系を変えて，投資家のリターンとの整合性をもたせるようにした。また，投資家に対しては，かつての倍とも言える情報を提供している。それが信頼を育むものだと信じている。

最後に，会社という存在は，社会ともっと結びつきを深めなければならない。リーダーが率先して，社員のボランティア活動を支援する工夫も必要である。

リーダーは将来に自信を持つべきである。企業価値を創出するには，ビジネスモデルが重要であると同時に，その企業のリーダーの資質およびその企業の文化によるところが大きい。今日，企業は経営的にも社会的にも優れていなければならない。よき企業であるべきであると確信している。」(『会社の価値はトップで決まる』(2004))

ことリーダーの育成においては，2008年のリーマンショックは良い機会を作ってくれたとイメルトは語る。「株主利益だけではない，地球から存在してもよいという認知を受けるような企業づくりの重要性とこうした視点と行動力を持ったリーダーの必要性を世に広く認知させたからだ。この未来を創るリーダーとはサステナビリティ（持続可能性）とエシックス（倫理観）を持ち合わせている」

2-3-12 イメルトの語るジャック・ウェルチとの一番大きな違いは？

イメルトによると，就任してから数年間毎回，聞かれたことの1つとして「ジャック・ウェルチと私の一番大きな違いは何か」という質問がある。これに対して，「一番大きな違いは，私のほうが二十歳若いということだ。よって，私は彼とは違った世界を見ているわけだし，時代も違う。そういう意味で，会社にとって最も重要なことは，過去を振り返らない，そして将来を恐れないということ。我々は全く二人の違った人間であり，やり方のスタイルも違う。共通しているのは，どちらもGEを将来に向けて指導する責任を担っているということだが，彼には彼の時代におけるリーダーであり，私は私の時代をリードするのである」と答えてきた。

企業文化については，会社としてウェルチの時代とは違ったものを示してい

る。イメルトのもとでは,技術というものが非常に重要な部分を占めることから,もっと技術ベースの思考を高めていき,よりグローバルな企業にもなってきている。顧客はさらにグローバル化し,それに伴い人材もローカル人材の活用を促し,より多様化してきている。

「GEは,130年の歴史をもつ由緒ある会社である。ウェルチの登場前からGEはあった。自分が9代目の会長となって15年が経過した。歴代のトップは,常に自分が就任したときよりも,よりよい形で会社を次にバトンタッチしてきた。その時代,時代で,よりよい会社にしていった。自分が担った時代に,前の時代よりもGEを良くする,それが指導者の最大の役割である。環境がどうであれ,時代がどうであれ,GEのトップの仕事は,次世代のリーダーに,もっと良い会社にして事業を残す。そうすることによって,二百年,三百年と続く会社になっていく。それが一番重要だと思う」(『会社の価値はトップで決まる』(2004))。

2-3-13　指導者の哲学

GEは130年間の歴史の中で,CEOは9人しかいない。つまり,一人平均十数年という長い任期を務めている。一般に経営者の任期が長くなれば,組織が停滞するなど弊害もあるといわれる。GEには,そうした弊害を抑え,繁栄を持続しているのは何か仕組みがあるのか,という質問に対し,イメルトはこう答えている。「やはり指導者の哲学だと思う。GEでは,『学習する力を求める』という共通する哲学がある。どんなリーダーでも,まず持つべきは学ぶ意欲,学ぶ姿勢。CEO自らが学び続ける姿勢を持つことが大事。知識への飢餓感があれば,現状に決して満足することはなく,絶えず上昇しよう,新しい試みをしよう,新しい知識を持とうということになり,年齢には関係なく若々しくいられるものだ。任期がどうであれ,トップが常に若々しく,常に新しい知識欲に溢れていれば,会社も停滞は許されなくなる。常にそこで働く人々も学習することになり,それが前進につながる。リーダーは,自分で自ら学ぶことも必要で,経験を積んで,過去の教訓をひいてくることも必要。自分のミスからさらに学ぶことが大事。そうなると5年は短すぎるし,10年から15年ぐらいがよいところ。そうなればCEOは自分の経験を活かすことができるし,ミスをし

たとしても，そこから学んで，次はよりよくでき得る。また企業風土もある程度きちんと築き上げることができるし，新しい方向に導くことができるであろう。歴代のGEトップもそういう形でやってきたのであろう。そうすることで，将来を見据えた経営ができたと考える。四半期毎の業績を出さなければならないので，投資家からの信任を得ることは大事である。しかし，経営陣は，会社というものは長期的な視点で経営をしなければならないこともわかっているはず。3年や5年でリーダーが変わっていくようでは，それはできないと思う。」(『日経ビジネス　トヨタとGE』(2008))

2-3-14　かつてない経済危機の今日

2008年アニュアルレポートにて，株主への手紙で以下のようなメッセージを出した。

「2008年は厳しい年でした。そして2009年は，それよりさらに厳しい年になるであろう。GEはこれまで，新たな可能性に対応するために事業ポートフォリオを幾度となく再編してきた。これは今日でも同じである。過去40年にわたり何度かの景気サイクルをくぐり抜けながら，20倍もの利益を稼げるように成長してきた。（中略）GEは130年にわたって成長を続けてきた。9回の景気後退期と1回の大恐慌をくぐり抜けてきた経験がある。現在のような景気後退期にも業績を伸ばすことができるのは，私たちが実行する力と変革する力を備えているから。GEはこれまで伝統の中で培った強みを，グローバルビジネスの新時代に適応できる形に変えていく。」(『GEアニュアルレポート2008』)

2-4　おわりに

以上，GEの9代のリーダーの経歴を見てみると，3代目のスオープ社長とヤング会長の二頭体制以外は，GEではすべて内部昇格からCEOが登場している。これは極めて日本的経営に近く，GE内の多様なビジネスを横断的に経験し，その時代時代の危機，試練，チャンスを乗り越えることによって，長期にわたって成果を出すリーダーを評価してきたといえるだろう。ゆるぎないGEバリューと，その基礎にあるインテグリティを持ち，世界でのさらによりよい位置

づけを獲得できる企業の構築に全力を尽くす―それがGEのリーダーであり，社員なのである。年齢，国籍，性別，経歴，職種が違っても，また世界のどこで働いていても，GEの評価基準は同じである。GEバリューを体現して働く，経験と洞察力豊かな30万人の従業員の力で，GEとイメルトはこの難局を乗り切れることを期待している。

注■

(1) 経済主体が不確実性のもとで，どのような種類の事業をどのように組み合わせて保有し，最適事業構成を達成するかに関する理論。
(2) 2001年9月11日，アメリカのニューヨーク，ワシントン，ピッツバーグの3都市4箇所で起こった同時多発テロ事件。
(3) 工業製品の製造における大量生産方式を開発し，自動車を大衆に普及させるのに多大な貢献をなした。カール・ベンツが自動車の産みの親であるなら，自動車の育ての親はヘンリー・フォードとなる。T型フォードは，世界で累計1,500万台以上も生産された。この生産台数を可能にしたのは流れ作業による大量生産技術であり，販売価格を低く抑えながらも販売数量を拡大することにより企業利益を確保するという考え方を実現できるシステムであった。トーマス・エジソンとは，友人であった。フォードは1967年，エジソンは1969年に，それぞれ自動車殿堂入りをしている。
(4) 売手寡占市場は，売手間の戦略的関係（相互依存性）が起きやすいという特徴がある。
(5) 日本に対しては，第二次世界大戦前は東京電気（東芝の前身）の40％を支配していた。第二次世界大戦後も東芝の株式の2％（1986）を所有する当時第8位の株主であったが，1997年に株式を手放した。しかし，現在でも火力発電システムなどの重電部門で東芝とは提携関係にある。
(6) 多国籍企業とは「少なくとも1つ以上の外国に定着した製造拠点，またはその他の形態における直接投資をもち，真の意味でグローバルな見通しをもち，その経営者は市場開拓，生産および研究に関する基本的決定を世界中のどこででも実行しうるべき対策として打ち出す」ような企業である。
(7) 家族制度における家父長的温情主義を企業経営に持ち込み，それを経営の運営原理とすること。経営者は単に機能的な雇用・指揮監督者であるばかりでなく，家父長のように絶対的権力者として物心両面にわたって従業員の個人生活面にも介入し，その反面，家族庇護の義務に相当する面倒を見る。従業員はその庇護を当然の恩恵として受取り，個人生活への介入を甘受するとともに，忠誠を捧げて生産に励むことになる。
(8) 企業の組織を製品別，地域別，市場別など包括性のある事業別基準で第一次的に

編成し，各部分組織を事業部として大幅な自由裁量を与える分権管理組織のこと。本社には，事業部間の調整と全社的・長期的な戦略上の決定のみが留保され，各事業部は，本社から与えられた目標（利益目標が典型）を自己の裁量によって達成するよう努力する。

このような目標の自主的達成努力を刺激するとともに，その成果を客観的に測定・評価するため，事業部を独立採算制とするのが一般的。

(9) 「標準化」とは，材料・設備・製品などの仕様，作業方法，業務手続などの標準（いわゆる，規格や測定基準）を合理的に設定し，活用するための組織的な行為をいう。

(10) 1980年代初頭より，同社は日本企業の追い上げや不況による影響から競争力を失った。しかし，81年に就任した会長兼CEOのジャック・ウェルチ（John Francis Welch（1935- ））のもと大幅な人員の削減，激しい吸収・合併による業態の転換という方針でみごとに再生した。

(11) グロースバリューとは，外部志向，明確でわかりやすい思考，想像力と勇気，包容力，専門性の5つを指す。

(12) シックスシグマ経営手法とは「企業文化を変革し，企業のパフォーマンス，成功，リーダーシップを確立・維持し，顧客満足を高め，統計的手法を適切に応用して，永続的に高収益体質企業を実現するための方法論」。

参考文献■

『GE Annual Report』2007, 2008, 2003
小林袈裟治（1970）『GE』東洋経済新報社
小沼　敏（1967）「国際経営組織の分析と戦略」『国際経営』河出書房新書
中川有紀子（2012）「ジャック・ウェルチの経営哲学」『経営哲学の授業』PHP研究所
日本経済新聞社編（2004）『会社の価値はトップで決まる』pp.8-32　日本経済新聞社
『日経ビジネス―トヨタとGE―』（2008年1月7日号）pp.27-30
Slater, R. (1998) Jack Welch & The GE Way: Management Insights and Leadership Secrets of the Legendary CEO, McGraw-Hill.（宮本喜一訳（1999）『ウエルチ―GEを最強企業に変えた伝説のCEO―』日経BP社）
Welch, J in GR Annual Report (2001), To our Share Owners, 1980-1999, Harvard Business School Review.（「株主への手紙―CEO就任から現在まで―」『ダイヤモンド・ハーバード・ビジネス・レビュー』2001年1月号）

3

企業と株主
―コーポレート・ガバナンス―

■コーポレート・ガバナンスとは誰かがある目的で何らかの方法で企業を統治すること
■日米独コーポレート・ガバナンスの目的は効率性を高める方向に進んでいる
■日米独コーポレート・ガバナンスの伝統的方法は異なっていたが，接近しつつある
■日米独コーポレート・ガバナンスの主体は変化しつつある

3-1　はじめに

　20世紀末から，先進諸国ではコーポレート・ガバナンス問題が企業をめぐる最大の問題として注目されてきた。そして，21世紀に入ると，発展途上国でもコーポレート・ガバナンス問題が注目され，今日，コーポレート・ガバナンス問題[1]はグローバルな問題となっている。
　しかし，コーポレート・ガバナンスをめぐる議論は未だ錯綜しており，十分整理されてはいない。「コーポレート・ガバナンス」という用語の意味ひとつとってみても，一致しているとはかぎらない。このような状況にあるため，相互に議論が食い違ったり，誤解が起こったりすることもある。
　この章では，これまで展開されてきた多様なコーポレート・ガバナンスをめぐる議論を整理するために，日米独コーポレート・ガバナンスをめぐる議論を，以下のような3つの問題に分けて整理してみたい。

(1) コーポレート・ガバナンスの目的とは何か（統治の目的問題）。
(2) コーポレート・ガバナンスの方法とはどのようなものか（統治の方法問題）。
(3) コーポレート・ガバナンスの主体は誰か（統治の主権問題）。

3-2 コーポレート・ガバナンスの目的

　そもそもコーポレート・ガバナンスの目的とは何か。なぜ企業を統治するのか。一見，自明に思えるが，実は明確ではない。コーポレート・ガバナンスという言葉が最初に出現したのは，60年代だといわれている。以下，60年代以降の日米独のコーポレート・ガバナンスの歴史をたどりながら，企業統治の目的が日米独各国でどのように変化していったのかを明らかにしてみたい[2]。

3-2-1　アメリカにおけるコーポレート・ガバナンスの目的

　さて，60年代のアメリカでは，ベトナム戦争で使用するナパーム弾を製造していたダウ・ケミカル社，黒人の雇用差別をしていたイーストマン・コダック社，独占化していたゼネラル・モーターズ（GM），そして公害問題を巻き起こしていた様々な企業が，社会的批判の対象となっていた。いずれも，そのような企業行動が正しいのかどうか。もし正しくないとすれば，だれがどのようにして企業に規律を与えるのか。このような企業の規律づけ問題が，当時のコーポレート・ガバナンスの目的であった。

　さらに，70年代になると，鉄道会社ペン・セントラルが倒産し，経営者が悪化した経営状態を隠すために粉飾決算にもとづいて不正配当を行い，財務担当常勤重役はインサイダー株取引を行っていたことが発覚した。また，ロッキード・エアクラフト社の経営危機が明らかになったときも，経営者は株主に最悪事態を隠し続け，インサイダー取引を行っていたことが発覚した。このように，70年代でも悪しき経営者の行動を是正し，経営者に規律を与えることがコーポレート・ガバナンスの目的だったのである。

　しかし，80年代になると，年金基金等などの機関投資家が主要な株主として台頭しはじめると，彼らは企業に倫理的行動を求めるよりも，むしろ企業に対

して短期利益や短期的業績の向上を求めた。そして、このような要求に応えらず、合理化できない企業は敵対的買収の標的となった。

しかし、このような市場からの過度のプレッシャーに対抗して、経営者は自分たちの地位を守るために、企業買収によるメリットをなくす「ポイズン・ピル（毒薬）」を行使しはじめた。たとえば、買収の対象となったとき、経営者は自社株を大量に発行し、株式の過半数の買占めを阻止するとともに、株価も下げ、買占めサイドに損失を与える。また、買収の対象となった場合、経営者は自社の財務状態を悪くするような行動をとる。さらに、企業が買収され、経営者が退職させられる場合、多額の退職金を得て退職することを条項に盛り込むゴールデン・パラシュート現象も出現しはじめた。

こうした企業経営者の行動が、はたして正しいのかどうか。また、このような経営者の行動は効率的なのかどうか。経営者の倫理を問うとともに、企業の効率性を問うことが、80年代以降のコーポレート・ガバナンスの目的となったのである。そして、2000年以降今日まで、これら2つの問題のうち、とくに米国では企業の効率性を高めるために、いかにして企業経営者を規律づけるかがコーポレート・ガバナンスの主要な目的となっている。

3-2-2　ドイツにおけるコーポレート・ガバナンスの目的

さて、ドイツでは60年代に公害問題が発生した。ライン川水質汚染、酸性雨による森林被害、酸性雨による著名な彫刻の溶解などである。ここから、公害を生み出すような企業行動がはたして社会倫理に照らして正しいのかどうか。もし正しくないならば、だれがどのようにして企業を統治するのか。これが、ドイツでのコーポレート・ガバナンスの出発点であった。そして、この問題に対して、60年代以来、ドイツ政府が一貫して法律を駆使して企業を統治してきた。

しかし、80年代になると、再び産業廃棄物からの公害、とくにゴミ焼却によるダイオキシン問題が注目された。というのも、ドイツでは焼却炉周辺で先天性異常児の数が増加したからである。こうした状況で、これらの原因を生み出している産業界や企業行動は正しいのかどうかが問われた。

同様に、90年代に入ってからも引き続き公害環境問題が注目された。という

のも，東西ドイツ統一後，東ドイツの環境汚染があまりにもひどかったため，西ドイツの人々の関心を集めたのである。とくに，化学工場によって旧東側のドナウ川は非常に汚染されており，魚は消え，そのために野鳥もいなくなっていた。

このように，ドイツでは90年代まで一貫して公害環境問題をめぐる企業行動の正当性が問われていたのであり，いかにして企業に規律を与えるのかがコーポレート・ガバナンスの目的であった。

しかし，90年代にはドイツ企業をめぐって別の問題が露呈した。ドイツ統一後，失業率が著しく増加する中，ドイツ企業をめぐって多くの不祥事が発覚しはじめたのである。たとえば，不正な投機的不動産投資を行ったシュナイダー事件，詐欺取引事件であるバルザム株式会社事件，投機的投資の失敗にかかわるメタルゲゼルシャフト事件などである。

また，90年代には資本を求めて米国ニューヨークで上場を試みるドイツ企業が現れた。その際，投資家にとってドイツの銀行相手の会計システムがあまりにも不透明で情報開示が少ないために，企業統治システムの不完備さが批判され，ドイツ企業は資金調達をめぐる非効率性を露呈した。

こうして，ドイツ企業は，一方で企業倫理性が問われるとともに，他方で資金調達をめぐる効率性を高めるようなコーポレート・ガバナンス・システムが必要となった。これらの問題のうち，今日，ドイツでは資金調達の効率性を高める方向性でコーポレート・ガバナンス問題が議論され，これによって結果的に企業倫理問題も解決するという方向で議論が展開されている。

3-2-3　日本におけるコーポレート・ガバナンスの目的

さて，日本でも，アメリカやドイツと同様に60年代に公害問題が発生し，日本企業はその不完全性を露呈した。それは，生産工程から直接引き起こされた公害であり，たとえば水俣病，イタイイタイ病，四日市ぜんそく，そして新潟水俣病などに象徴されるような事件であった。このような企業行動をいかにして是正するか。これが，当時のコーポレート・ガバナンスの目的であった。

70年代になると，公害問題に対する政府の不完全な対応に対して，社会的な批判が高まった。とくに，OECDによる環境保全調査に日本の公害問題への対

応の遅れが指摘されると，公害問題は社会倫理的問題として取り上げられた。これに対して，日本ではドイツと異なり，問題は単に社会倫理的な問題として扱われなかった。政府は，公害対策を行うととともに，オイルショックによって石油価格が上昇していたため，同時に企業の省エネルギー化を進め，企業の効率化を促進したのである。

　しかし，80年代になると，公害の質が変化し，公害の発生源自体が非常に不明確になった。たとえば，排気ガス，水質汚濁，景気拡大による産業廃棄物，都市のゴミ増加問題などである。今日，公害問題はより複雑化し深刻化してきている。これに対して，政府による法的コーポレート・ガバナンスと企業による技術効率的な努力が続けられている。

　このような問題と併行して，バブル経済崩壊後，90年代に入ってから日本企業は別の問題を露呈した。儲けるために不正を行う企業や損失を隠すために不正を行う企業が出現したのである。たとえば，日本の主要銀行のほとんどがバブル時代に不当な投資を行い，バブル崩壊後，大量の不良債権を生みだした。また，ほとんどの日本企業が株主総会を無機能化させるために，伝統的に総会屋に利益供与してきた。さらに，90年代には，企業の不正配当や不正経理・粉飾決算事件も多く発覚した。

　このような日本企業に対して，その行動は正しいのかどうか，もし正しくないとすれば，だれがどのように規律を与えるのかという企業倫理問題が問われた。一方，日本企業自体は，長い不況を抜け出すために，コーポレート・ガバナンス・システムの確立が必要であると考え，これによって不況を乗り切れると考えた企業は多い。特に，近年，日本企業の内部留保の多さ，投資収益率と資産利益率の低さが注目され，効率的に資金や資産を利用するように経営者を統治する方向でガバナンス制度改革がすすめられている。

　以上，日米独のコーポレート・ガバナンスをめぐる歴史を素描したが，いずれの国でも60年代は社会倫理的観点から不正な企業に対していかにして正当性を守らせるかが企業統治の目的であった。しかし，最近では，企業行動の正当性というよりも，むしろ企業行動の効率性を高めることがコーポレート・ガバナンスの目的となっているように思われる。

3-3 コーポレート・ガバナンスの方法

さて、もしコーポレート・ガバナンスの目的が企業をより効率的に行動させるように経営者を規律づけることであるとすれば、どのような方法によって企業をより効率化できるのだろうか。これがコーポレート・ガバナンスをめぐる第二の問題である。以下、平時と有事の場合に分けて、日米独企業のコーポレート・ガバナンスの方法を整理してみたい(3)。

3-3-1 アメリカ型コーポレート・ガバナンスの方法

アメリカでは、伝統的に株主主導のコーポレート・ガバナンスが展開されてきた。そして、企業をめぐって、それほど大きな問題がない平時には株主は企業のトップ・マネジメント組織に株主代表を送り込んで、経営者を統治してきた。

具体的にいえば、図表1のように株主総会で取締役会のメンバーが選出され、

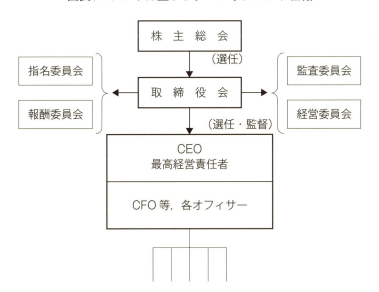

図表1　アメリカ型トップ・マネジメント組織

取締役会によって企業の計画，執行，そして監査をめぐる意思決定がなされる。

しかし，取締役会は常時開催することが困難なので，一般に計画業務や監査業務等は数名の取締役から構成される指名委員会，報酬委員会，経営委員会，監査委員会等の各種委員会に委任される。さらに，業務執行も最高経営責任者（CEO）を中心に最高財務担当責任者（CFO）等の各オフィサーから構成される役員に委任される。

こうした仕組みの中で，株主は自分たちの利害を企業経営に実質的に反映させるため，ニューヨーク証券取引所は上場会社に対して，取締役会メンバーの過半数が独立取締役であること，とくに取締役会のもとに設置されるコーポレート・ガバナンス委員会，監査委員会，指名委員会，そして報酬委員会の構成員が全員独立取締役であることを求めている。

しかし，企業経営が悪化し，突然不正が発覚したり，あるいはトップ・マネジメント組織を通して経営者をコントロールできないような有事になると，アメリカでは株式市場が積極的に利用される。つまり，企業経営に不信がある場合，株式は市場で積極的に売りだされることになる。

これによって，株価は低下し，信用が低下するので，経営者は以前に比べて資金調達が難しくなる。そして，これがシグナルとなって企業経営者に規律を与えることになる。そして，この株価の動きを経営者が無視すれば，さらに株式が売られ，急激に株価が低下する。このとき，株価総額がその企業の実質的企業価値よりも一時的に安くなるので，企業は敵対的買収の脅威にさらされる。そして，もし買収されれば，臨時株主総会が開かれ，経営陣は退陣させられることになる。このような乗っ取りの脅威によって，企業経営者は規律づけられるのである。この意味で，アメリカでは株式市場はコーポレート・ガバナンスの役割を果たしているといえる。

しかし，このような株式市場を利用したアメリカ型コーポレート・ガバナンスは，経営者を短期的な株価重視志向に導くとともに，長期的投資の先送りに導いてきた。しかも，株式市場を通して敵対的企業買収が積極的に展開されたため，先に述べたようにその防衛手段として買収される企業が買収する企業にとってあらかじめ不利な措置をとるポイズン・ピル（毒薬）や企業買収にともなって経営陣が退陣する場合，多額の退職金をもらって退職するゴールデン・

パラシュート現象が多発し，これが米国の企業経営を悪化させたともいわれている。

このような問題を解決するために，今日，経営者の報酬の一部として一定数の自社株を割安価格で買い取ることができる権利つまりストック・オプションを経営者に与えることによって経営者の関心を株価に向けさせるとともに株主が企業経営者と直接対話する場をもって利害調整するような方法が展開されている。

しかし，このような過度の株価重視もまた，エンロン事件やワールドコム事件で明らかになったように，不正な会計処理をしてまで株価を高水準に維持したり，上げたりする経営者の悪しき行動を助長しているともいわれている。こうした不正な事態を抑止するために，今日，アメリカでは内部統制システムの確立とその報告を義務付けるサーベンス・オクスリー（SOX）法が施行されている。

3-3-2 ドイツ型コーポレート・ガバナンスの方法

これに対して，ドイツ型コーポレート・ガバナンスで注目されるのは，ドイツ固有の制度であるユニバーサル・バンク制度との関連である。この制度のもとでは，銀行は預金・貸出業務，有価証券の引受・売却業務，有価証券の寄託および議決権の行使といった寄託業務を行うことができる。それゆえ，ドイツのユニバーサル・バンクは，一方で債権者代表として企業を統治でき，他方で株主代表としても企業を統治することができる。

こうした立場から，ユニバーサル・バンクは企業をめぐってそれほど大きな問題のない平時には，株主代表としてトップ・マネジメント組織を利用して企業経営を監視し統治することができる。たとえば，ドイツ型トップ・マネジメント組織は，ドイツの共同決定法に従い，図表2のように，経営の最高意思決定機関である監査役会のメンバーが資本家代表と労働者代表から構成され，その数は同数となる。これらの代表のうち，資本家代表は株主総会によって任命され，労働者代表は労働者によって選出される。そして，この監査役会によって経営を執行する執行役員会メンバーが任命される。ただし，共同決定法により，監査役員は執行役員を兼任することはできない。

このようなトップ・マネジメント組織制度を利用して，ユニバーサル・バンクはこれまで多くの株主代表監査役や監査役議長を送り込んで企業を統治してきた。とくに，この制度を通して経営の執行者である執行役員の行動を監視し，その人事権を握るという形で直接経営者をコントロールしてきたのである。

しかし，企業が経営不振となり，赤字を出し，そして債務不履行などが発生するような有事になると，ユニバーサル・バンクは株主代表としてではなく，今度は債権者代表としてよりハードな企業統治を行うことになる。とくに，企業が債務不履行を起こした場合には，人材を派遣して財務状態を回復させたりするが，日本の銀行のように債権放棄を行ったりすることはまれであり，最悪の場合，企業は清算処理されることもある。

図表2　ドイツ型トップ・マネジメント組織

```
        ┌─────────────┐
        │  株 主 総 会  │
        └──────┬──────┘
               │ （選任）
               ▼
        ┌─────────────┐
        │  監 査 役 会  │
        ├──────┬──────┤
        │労働者代表│資本家代表│
        └──────┴──────┘
               │ （選任・監督）
               ▼
        ┌─────────────┐
        │  執 行 役 員 会  │
        └──┬──┬──┬──┬──┘
           │  │  │  │
```

しかし，このようなドイツ型コーポレート・ガバナンスには基本的問題が内在していた。すなわち，ユニバーサル・バンクと企業は株式の持ち合いを通して相互に監査役を派遣しあい，相互にもちつもたれつの関係にあるために，十分なガバナンスがなされていないということ，また銀行から派遣された監査役メンバーは一般に20社から30社の監査役を兼任することが多く，この点でも十分なガバナンスがなされていないといわれていた。

近年，これらの問題を解決するために，ドイツではコーポレート・ガバナンス規範が政府公認のガバナンス委員会から提出され，その原則を守るかどうかを各企業が表明しなければならないようになっている。

3-3-3 日本型コーポレート・ガバナンスの方法

日本では，アメリカ流の委員会設置会社形態（委員会には社外取締役を含む必要がある）か，あるいは伝統的な監査役会設置会社形態を選ぶことが法的に規定されていた。しかし，2015年，「監査等委員会設置会社」形態という新しい選択肢が加わった。これは，取締役会内の委員会として3人以上の取締役から成る監査等委員会を設置し，その過半数を社外取締役とする形態である。しかし，日本ではいまだ伝統的な監査役会設置会社形態が多く，この形態のもとにこれまで伝統的にコーポレート・ガバナンスが展開されてきた。

この形態では，図表3のように株主総会によって取締役会メンバーが任命され，さらに監査役が任命される仕組みとなっている。しかも，取締役会によって代表権と業務執行権をもつ代表取締役社長が決定されるので，アメリカのように理論的には株主が企業統治できる仕組みにもなっている。

しかし，これまで株主はこれらの組織制度や株式市場を利用してこなかった。

図表3　伝統的な日本型トップ・マネジメント組織

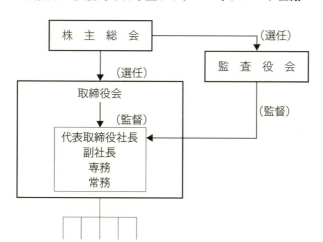

というのも，日本企業の株主はほとんど法人であり，法人は相互に株の持ち合いをしており，相互に安定株主として株を売りさばくことはなかったからである。

一般に，日本では社長のもとに副社長，専務，そして常務等から構成される常務会あるいはそれに類似した会議が設置され，この会のもとに経営が執行される場合が多い。しかも，取締役会のメンバーのほとんどが社長よりも序列が下に位置づけられる副社長，常務，そして専務等の常務会メンバーであり，社長を中心に階層化されている場合が多かった。

このような実態であったため，平時で赤字を出さない限り，メイン・バンクも代表を取締役会に派遣するものの，サイレント・パートナーとして存在し，積極的に介入しないことを経営者は十分知っており，そのために経営者は自己統治（セルフ・ガバナンス）してきたわけである。

しかし，企業が経営不振に陥り，赤字をだしたり，債務不履行が発生したりするような有事には，多大な資金の貸し出しを行っているメイン・バンクは貸し倒れを恐れて監視を強めることになる。

とくに，メイン・バンクは企業の取引決済口座をメイン・バンクに集中させることによって，企業のキャッシュ・フローを監視したり，経営内容を監視したりする。そして，もしある水準を下回る場合には，企業の投資計画に注文をつけたり，役員を派遣したりして監視を強めることになる。最悪の場合，メイン・バンクは緊急融資や人的支援等の明示的な経営への介入を行ったり，また積極的に債務の繰延べや免除を行ったり，あるいは多大な救済費用を負担する用意もあった。

しかし，バブル経済崩壊後，大量の不良債権を抱えた日本の銀行にはもはやメイン・バンクとしての役割を果たす力は無いといわれている。今日，大企業に関してメイン・バンクによるコーポレート・ガバナンスは前ほど強力になされておらず，また株主総会や取締役会を利用した株主によるコーポレート・ガバナンスも実質的には機能していないといわれている。実際，監査役会設置会社で任意に社外取締役を選任する上場会社は増加しなかった。

こうした状況で，日本でも「コーポレート・ガバナンス・コード」が策定され，原則として上場会社に対して2名以上の独立社外取締役の選任が要請され

た。この要請に対応するために、新しいマネジメント形態である「監査等委員会設置会社」へと移行する日本企業が増加するのではないかといわれている。

3-4 コーポレート・ガバナンスの主権

　以上のように、コーポレート・ガバナンスの目的が企業をより効率的に行動させるように規律づけることであり、そのために状況に応じて多様なコーポレート・ガバナンスの方法を駆使することだとすれば、最後の問題として、企業統治を具体的に実行する主体はだれなのか。これが、コーポレート・ガバナンスの第三の主権問題[4]である。以下、日米独企業の所有構造に注目してみたい。

3-4-1　アメリカ企業のガバナンス主体

　まず、アメリカ企業の財務構造に注目すると、伝統的に自己資本比率が高く、長く株主中心の構造であった。そして、具体的に、だれがアメリカ企業を所有しているのかについて考察すれば、個人株主がもっとも多く、次に年金基金、ミューチュアル・ファンド、そして保険会社の順で株式保有比率は高かった。しかも、アメリカ企業の筆頭株主に注目すると、最近では年金基金やミューチュアル・ファンド等の機関投資家と創業者一族が多い。

　このように、伝統的にアメリカ企業は自己資本中心の財務構造で、とくに所有権は創業者一族や機関投資家等に比較的明確に帰属されており、このような所有構造のもとにアメリカではこれまで株主主権のコーポレート・ガバナンスが展開されてきたわけである。そして、株主主権のもとに、アメリカでは平時には株主はトップ・マネジメント組織制度を通して企業経営を監視し規律づけ、有事にはコーポレート・コントロール市場として株式市場を利用して企業経営に規律を与えてきたといえる。

　しかし、最近では、敵対的買収を禁止する州が出てきたため、年金基金を中心とする株主は株主総会や経営者との直接対話等を駆使して企業統治する方法も積極的に駆使し始めている。また、2000年以降、多くのアメリカ企業の財務構造が変化し、一時的に負債比率が高まったが、その後再び自己資本比率が高まっており、依然として株主の力は大きいといえる。

3-4-2　ドイツ企業のガバナンス主体

　次に，ドイツ企業の財務構造に注目すると，ドイツ企業は伝統的に負債中心の財務構造によって特徴づけられる。そして，中心的な債権者は，直接的であれ間接的であれ，ユニバーサル・バンクであった。

　しかし，実際にはユニバーサル・バンクの持株比率は10％程度にすぎない。では，だれがドイツ企業の株式を所有しているのか。ドイツでは，実は「企業」と「家計」が株式を多く保有している。しかし，企業や家計が保有している株式のほとんどは，ユニバーサル・バンクに寄託されている場合が多い。それゆえ，実質的にはユニバーサル・バンクが代行して株主の権利を行使しているのである。

　このように，ドイツ企業をめぐって，ユニバーサル・バンクは主要な債権者であるとともに，実質的に主要な株主的存在でもある。この二面的性格を利用して，ユニバーサル・バンクは状況に応じて主権を行使してコーポレート・ガバナンスを展開してきたといえる。

　すなわち，平時の場合，ユニバーサル・バンクは株主として株主代表をトップ・マネジメント組織に送り込み，株主主権のもとに企業を統治する。しかし，赤字決算や債務不履行などの有事が発生したときには，ユニバーサル・バンクは債権者として債権主権にもとづいて，企業の清算処理をも念頭においた厳しいコーポレート・ガバナンスを展開しているのである。

　しかし，近年，ドイツでは株式市場を活性化させるために，さまざまな法改正が行われ，企業が上場しやすくなるとともに，外国人株主も急激に多くなった。そして，その結果，企業の財務構造も変化し，今日，自己資本比率が上昇傾向にある。このことは，今日，ユニバーサル・バンク以外に，株主，特に外国人株主が統治の主権を強めているといえるだろう。

3-4-3　日本企業のガバナンス主体

　最後に，日本企業の財務構造に注目すると，伝統的に日本企業は圧倒的に負債が多い財務構造であった。そして，主要な債権者は銀行であり，その中心的な銀行がメイン・バンクと呼ばれてきた。

　これに対して，日本企業の自己資本の構造に注目すれば，だれが株式を多く

所有していたのかといえば，伝統的に金融機関，事業法人，そして個人の順で持株比率が多かった。このことから，日本企業をめぐって銀行が主要な債権者であるとともに主要な株主でもあった。

しかし，金融機関は，法律上，株式の5％しか保有できないし，事業法人や機関投資家も実際にはビジネスの延長線上で株式を相互に持ち合いしていたため，所有意識は弱かった。それゆえ，平時にはいずれもサイレント・パートナーあるいは安定株主として存在しているにすぎなかった。

このような状況から，日本企業では平時には経営者による自己統治が展開されてきた。経営者は赤字を出さない限り，メイン・バンクは介入してこないことを知っていた。しかし，赤字決算や債務不履行などの有事が発生したときには，メイン・バンクによって企業の清算処理を念頭においた債権者主権にもとづく厳しいコーポレート・ガバナンスが展開された。

しかし，近年，メイン・バンクの力が衰退し，外国人株主が増加するとともに，日本企業の財務構造も変化し，自己資本比率が徐々に上昇している。この点からいえば，今日，株主，特に外国人株主が統治の主権を強めているといえるだろう。

3-5 おわりに

以上，3つの問題領域に関するコーポレート・ガバナンスをめぐる議論を要約すると，以下のようにまとめることができる。

(1) まず，コーポレート・ガバナンスの目的をめぐって，日米独の歴史をたどってみると，いずれも企業行動の正当性を問うことがコーポレート・ガバナンスの目的として始まったが，状況は徐々に変化し，今日，日米独いずれも企業行動の効率性を高めることがコーポレート・ガバナンスの主要な目的となっているといえる。

(2) 次に，日米独企業のコーポレート・ガバナンスの方法は伝統的に異なっており，これまでアメリカは株主による組織型あるいは市場型ガバナンス，ドイツはユニバーサル・バンクによる組織型ガバナンス，そして日本はメイン・バンクおよび経営者による組織型ガバナンスが展開されてきた。し

かし，最近，日米独のいずれも国でもガバナンス改革が進められ，それぞれ独自性を残しつつも，相互に学び接近する方向で変化しつつあるといえる。特に，日独では外国人株主による市場型および組織型ガバナンスが発展しつつある。

(3) 最後に，コーポレート・ガバナンスの主体であるが，アメリカ企業は伝統的に株主主権のもとにコーポレート・ガバナンスが展開されてきた。また，ドイツ企業では，平時にはユニバーサル・バンクが株主主権のもとにコーポレート・ガバナンスを展開し，有事には債権者主権にもとづいてガバナンスを展開してきた。これに対して，日本企業では，平時には経営者による自己統治が展開され，有事にはメイン・バンクが債権者主権にもとづいてコーポレート・ガバナンスを展開してきた。しかし，近年，日米独企業の財務構造が変化し，このような主権関係も変化しつつあるといってよい。特に，日独では，外国人株主が主権者の一人となりつつある。

付記：本章は，齊藤毅憲・藁谷友紀・相原章編『経営学のフロンティア』学文社（2004年）所収の第8章を加筆・修正したものである。

注

(1) コーポレート・ガバナンス問題は，一般にエージェンシー理論によって分析され，エージェンシー問題とも呼ばれている。エージェンシー理論に関心があれば，菊澤（2006）にやさしい説明がある。また，本格的にエージェンシー理論を知りたければ，Jensen（1998，2000）に詳しいので，参考にしてほしい。
(2) 日米独コーポレート・ガバナンスの歴史については，菊澤（2004）に詳しいので，参考にしてほしい。
(3) 日米独コーポレート・ガバナンスの方法について，深尾・森田（1997），菊澤（1998，2004，2006），菊池・平田（2001），吉森（2001）に詳しいので参考にしてほしい。
(4) コーポレート・ガバナンスの主権や主体の問題については，菊澤（2004），吉森（2001）に詳しいので，関心があれば，参考にしてほしい。

参考文献

深尾光洋・森田泰子（1997）『企業ガバナンス構造の国際比較』日本経済新聞社
M.C.Jensen, (1998) *Foundations of Organizational Strategy,* Harvard University Press.
M.C.Jensen, (2000) *A Theory of the firm: Governance, residual Claims, and*

Organizational Forms, Harvard University Press.
菊池敏夫・平田光弘編（2001）『企業統治の国際比較』文眞堂
菊澤研宗（1998）『日米独組織の経済分析―新制度派比較組織論―』文眞堂
菊澤研宗（2004）『比較コーポレート・ガバナンス論』有斐閣
菊澤研宗（2006）『組織の経済学入門』有斐閣
高橋俊夫編（1995）『コーポレート・ガバナンス』中央経済社
吉森　賢（2001）『日米欧の企業経営―企業統治と経営者―』放送大学教育振興会

4

企業と消費者
―情報化社会の消費者―

- ■企業にとって消費者は必要不可欠なパートナーである。
- ■企業は，消費者のニーズ，ウォンツ，需要を満足させるような集合体（ベネフィットの束）を「製品」として市場に提供することで，企業の存続に必要な利潤を消費者から獲得できる。
- ■消費者は，生活に欠かせない製品やサービス，生活をより豊かにする提供物を企業から受け，それらと交換に対価を支払う。
- ■今日の情報化社会において，消費者が企業にもたらす影響力はこれまで以上に高まってきている。
- ■消費者と企業の情報の非対称性が解消される情報化社会においては，特に企業の理念（コンセプト）が重要となる。

4-1　はじめに

　消費者とは，企業にとって必要不可欠なパートナーである。消費者は，生活に欠かせない製品やサービス，生活をより豊かにする提供物を企業から受け，それらと交換に対価を支払う。企業は，多くの消費者からの支持を得ることにより，企業の存続に必要な利潤を獲得できる。つまり企業は，消費者がいなければ存続できない。

　さらに輪をかけて今日の情報化社会においては，消費者が企業にもたらす影響力がかつてないほど高まってきている。インターネットを基盤とした今日の

情報化技術は，膨大な情報をネットワークで即時的に共有・交換できるところに大きな特徴がある。大量の情報入手が可能になった消費者が企業に迫る情報量を持ち，製品の単なる需要者として比較購買における経済合理性の追求を極限まで行うのみならず，供給者としての企業の生産過程や流通過程にまで介入することはいまや珍しいことではなくなりつつある。また，新しいメディアの出現に伴って消費者の情報発信も盛んになり，無視できないほど企業活動全般に影響を与えるようになっている。

本章では，情報化の進展に着目して，近年大きな変化を見せている「企業にとっての消費者」についてみていきたい。

4-2 消費者の購買行動

4-2-1 消費者ニーズとウォンツ

まずは，企業が消費者の購買行動を理解するための基礎となる「ニーズ」，「ウォンツ（欲求）」，「需要」，「製品」についての考え方を，コトラー（Kotler, P.）の定義に従い解説する。

「ニーズ」とは，人間が感じる欠乏感のことである。空腹を満たしたい，安全に暮らしたいといったような生存にとって不可欠なものから，仲間に入れて欲しい，他人に認められたいといった社会的なもの，知識を持ちたい，自分らしい生活をしたいといった個人的なものまで，人間は目には見えない様々なニーズを持っている[1]。

こうしたニーズが，それを満たす具体的なモノに向けられると「ウォンツ（欲求）」となる。ウォンツは，一人ひとりが暮らしている環境や文化，個人のパーソナリティによって異なった形で表れる。例えば，「美しくなりたい」というニーズは，Aさんにとっては「化粧品」，Bさんにとっては「エステ」，Cさんにとっては「温泉」といったように様々な形のウォンツ（欲求）に向けられうる。

さらに，ウォンツが支払い能力に裏づけされると「需要」となる。消費者は，購入予算の範囲内で買うことのできる特定の製品やサービス，すなわちウォンツの中から，最も満足が得られそうなモノを選択する。

製品とは，図表1に示すように，「ベネフィット（便益）の束」であるという考え方がある。製品は，企業が消費者にどのような便益，あるいは，どのような問題を解決するサービスを提供するのかを表した「製品の核」，製品の核を実現するための手段である「製品の形態」，消費者が製品の形態を使用しやすくするために企業が行う行為を表した「製品の付随機能」の，3つの層から構成されるとする考え方である。上原（1999）は，「製品とは，消費者・需要家が使用・消費できる状態になったモノ」と定義したうえで，小売店に陳列されているタンスやエアコンは，それだけでは製品として未完成であり，企業は配達や据付工事までを視野に入れた製品戦略を展開しなければならない，としている。

消費者は，1つの製品をこのようなベネフィットの集合体として考え，ニーズやウォンツを満たしてくれる最高の集合体を，予算制約の範囲内で選択することになる。企業は，消費者のニーズ，ウォンツ，需要を満足させるような集

図表1　ベネフィット（便益）の束

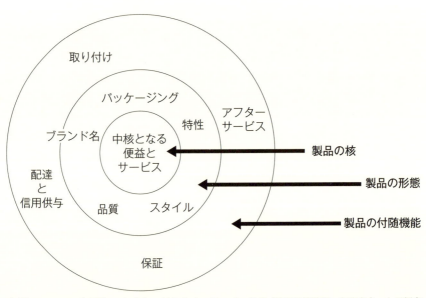

出所）Kotler, P.（1980）*Principles of Marketing*, Prentice-Hall（村田昭治監訳，和田充夫・上原征彦訳（1983）『マーケティング原理』ダイヤモンド社），435頁

合体（ベネフィットの束）を「製品」として市場に提供しなければならない。

4-2-2　消費者の購買意思決定モデル

次に，消費者が購買に至るまでの意思決定モデルについての概要を解説する。消費者の購買行動は，多かれ少なかれ外部からの刺激（情報），すなわち，

① 景気や市場などの一般的な環境情報
② 価格，プロモーションなどの企業のマーケティング情報
③ クチコミや製品に対する評判などの社会的情報

の影響を受ける。

また，消費者の購買行動は，多かれ少なかれ本人の情報処理能力や意欲，過去の購買経験の影響を受ける。

すなわち，以前に何度も同じ製品を購入したことがある場合や，製品に対する関与度が低い（こだわりがあまりない）場合，あるいは購買に失敗したときのリスクが低い場合（例えば，製品が本人にとって低価格であると知覚されているようなケース）には，製品についての情報収集や製品属性の比較を自ら積極的に行うことはせずに，比較的短時間に購買意思決定を行う。

反対に，一生に何度も購買する機会のない製品についての購買意思決定を行う場合や，製品への関与度が高い場合には，購買に失敗したときのリスクの高さと相俟って，消費者は積極的な情報処理，すなわち，カタログを取り寄せたり，友人の意見を参考にするなどの方法で，製品に対する広範な情報収集や製品属性比較を自ら積極的に行うため，購買に至るまでに比較的長い時間がかかる。

例えば，スーパーマーケットでスナック菓子を購入する際には，特売の商品をすぐにカゴに入れてしまう人でも，マイホームを購入する際には，事前に情報を集め，業者を比較し，知人や専門家に相談するなど，購入までに数ヶ月はかけるだろう。

前者は，消費者に与えられた外部刺激（情報）が，購買という反応にほぼ直結しているため「刺激—反応型の購買意思決定モデル」，後者は，消費者が情報の収集と比較を積極的に行っているため「情報処理型の購買意思決定モデル」と呼ばれている。

消費者が，自分にはどのようなニーズがあり，どのような製品が自分のニーズを満たしてくれるのかを知るために情報を収集し，精査・比較するにはコスト（時間や手間）がかかるし，能力も必要である。我々は，興味がある製品や，非常に高額な製品，嗜好性の高い製品を選択する場合には，コスト（時間や手間，交通費など）をかけてでも，いくつもの店舗を回り，情報の収集と比較を綿密に行うことにさほど苦痛を感じないかも知れない。しかし，あまり興味がない製品や，毎日のように買う食料品や日用品といったような，いわゆる最寄品を選択する場合には，スーパーマーケットのようなワンストップショッピングが可能な売り場を利用して，できる限りコストを削減することのほうが道理にかなっている。

4-3　これまでの企業と消費者の関係

4-3-1　消費者と企業は必要不可欠なパートナー

　消費者とは，企業にとって必要不可欠なパートナーである。消費者は，生活に欠かせない製品やサービス，生活をより豊かにする提供物を企業から受け，それらと交換に対価を支払う。企業は，多くの消費者からの支持を得ることにより，企業の存続に必要な利潤を獲得できる。つまり企業は，消費者がいなければ存続できない。

　企業の永続にとって消費者が欠かせない存在であるのと同様に，社会的分業が進んだ現代社会において，自給自足をしている場合はさておき，消費者も企業がいなければ生活を維持することができない。

　これまでの企業と消費者は，商品についての大きな情報量を持つ企業（製造者）が製品を開発し，製品情報が広告や流通業者を通じて消費者に発信される，消費者は広告や流通業者から受信した情報を頼りに製品を選択する，といった関係にあった。すなわち，市場において，消費者はどちらかというと受動的な存在であり，企業のほうが消費者をリードする，言い方を換えれば，消費者が企業に操作されるといった関係が主流となってきた。これは，消費者と企業との間に情報の非対称性が存在し，企業の情報量が消費者のそれを上回っていたからである。

しかし，上記のように企業からの情報発信を受け，企業の製品や提供物の中から，消費者が自らのニーズを満たすものを選択するといった関係は，消費者にとって実は都合がよいものであった。4-2で述べたように，消費者が自分にはどのようなニーズがあり，どのような製品が自分のニーズを満たしてくれるのかを知るために情報を収集し，情報を精査・比較したり，自分のニーズを満たすウォンツを一から作るには，相当のコスト（金銭，時間，手間など）や能力が必要であるからだ。特に，あまり興味がない製品や，毎日のように買う食料品や日用雑貨のような，いわゆる最寄品を選択するような場合には，企業からのマーケティング情報をできる限り利用し，情報処理コストを削減することのほうが合理的である。また，企業からの広告によって具体的なウォンツを知り，そこで初めて消費者が自分のニーズに気がつくといった利点もある。例えば，SONYがウォークマンという製品を発売して，初めて「いつでも，どこでも，音楽を聴きたい」というニーズに目覚めた消費者が多かったことだろう。広告や流通業者による情報発信は，企業にとって必要であるばかりか，消費者にとっても重要な役割を担っているのだ。

4-3-2　企業の情報発信，マーケティング・コミュニケーション

　企業からの情報発信の代表的なものは広告である。広告（商業広告）は，企業がテレビCMや新聞，雑誌，インターネットのWebサイトといった，非人格的な媒体（メディア）を通じて行う情報提供活動のことである。企業は，製品についての広告を行う以外にも，企業イメージの向上を狙った情報発信を行うことがある。

　広告以外にも，企業の情報発信手段としては，パブリシティ（広報），人的販売，店頭の販売促進（プロモーション）を挙げることができる。広告にこれらを加えた，消費者への4つの情報提供のことを，マーケティング・コミュニケーションと呼ぶ。

　パブリシティとは，第三者が行う情報提供である。企業とは無関係な第三者が，企業や製品の情報を発信するため，消費者は内容を公平なものであると知覚しやすい。しかし，企業が情報をコントロールすることができないため，自社にとって都合のよい情報だけが発信されるとは限らない。

人的販売とは，人格的な媒体により，自社製品の訴求を行うことである。営業マンによる販売活動や，店頭実演販売などがこれに当たる。

販売促進（プロモーション）とは，広告・パブリシティ・人的販売以外のすべてを含むコミュニケーション活動である。具体例としては，店頭陳列や景品，店頭値引きなどが挙げられる。

企業がいかに素晴らしい製品を作っても，消費者にその存在を知ってもらわなければ販売にはつながらない。マーケティング・コミュニケーションには，製品や価格，どこに行けば購入できるかといった情報などを，主に非購入時点で消費者に伝達する役割と，主に購入時点で消費者の購買意欲を刺激して販売につなげるという役割などがある。もしも企業が消費者に対して，最適な情報提供を行わなかったならば，新製品が消費者のどのようなニーズを満たしてくれるものなのかを理解させることができないため，市場が育たずに，製品開発努力が無駄になってしまうだろう。

企業が，新製品，特に消費者の理解を超えた革新的な製品を開発し販売する場合であれば，特に，企業からのこのようなマーケティング・コミュニケーションは重要となる。企業は通常，製品の革新性や有効性について消費者よりも多くの情報を保有しているが，消費者は過去の経験から商品の利便性を判断することもできないし，類似の製品カテゴリから性能を推定することも難しい。例えば，携帯電話の市場が導入期にあり，全国的な通話エリアがまだ完成していなかった時代には，「自分の住む地域での電波状況がどうなのか」といった情報は消費者にとっては不可欠であった。また，心臓のペースメーカーに与える悪影響や，公共の場所での通話マナーなどについて，企業から社会に向けて積極的に情報を提供することも，健全な携帯電話市場の育成にとって欠かすことができない。

4-4　情報技術の発達と情報発信する消費者

4-4-1　情報化社会とインターネットの普及

近年のインターネットを中心とした情報技術の発展に伴い，消費者が自分のニーズを満たしてくれる製品についての情報を収集し，精査・比較するための

コスト（時間や手間）が格段に下がってきている。

インターネットの「検索サイト」を利用すれば，消費者は自分の欲しい情報を簡単に入手することができる。例えば，掃除機についての情報が欲しいと思ったならば，消費者は検索サイトで「掃除機」と入力するだけで，様々な機種についての価格や性能をはじめとした広範な情報を，家にいながら瞬時に知ることができる。インターネットの「クチコミサイト」には，企業や流通業者が発信している情報のみならず，他の消費者による購入体験や利用体験が溢れるほど掲載されている。さらに，自分のニーズを最も満たしてくれる製品を見つけるのみならず，そのまま家から一歩も出ることなく，1円でも安い販売店を探し，インターネット上で注文や決済を済ませてしまうことさえできる。海外のインターネット通販を利用している消費者もいまや珍しい存在ではない。

テレビや新聞といった旧来のメディアは，消費者の関心の有無にかかわらず，情報を企業から消費者へと一方向的に流すものであったが，インターネットという新しいメディアでは，消費者が自分に必要だと思う情報だけを，能動的に取りに行くことができる。

4-4-2　CGMによる消費者のクチコミの増大

近年では，CGM（Consumer Generated Media：インターネットを活用して消費者がコンテンツを生成しているメディア）やソーシャルメディアと呼ばれる新しいメディアの普及によって，消費者からの「クチコミ」情報が増大しており，企業への影響力がこれまでとは比べものにならないほど大きくなってきている。消費者間の情報の流れであるクチコミは，企業から消費者に向けて発信されるマーケティング情報とは異なり，製品についての好意的な情報だけではなく，否定的な情報も含まれるという特徴がある。

価格比較サイトやクチコミサイト（製品やサービスの販売価格，使い勝手，ショップの評価などを，実際に製品・サービスを購入した消費者が書き込み，閲覧を行えるサイト），Q&Aサイト（インターネット上で誰かが書いた質問に，インターネット上の他のユーザーが答え，ユーザー間で疑問を解決させる趣旨のサービス），ブログ（日記のように簡単に記事を書けるWebサイト），そして，SNS（Social Networking Service：社会的なネットワークをインターネッ

ト上で構築するサービス，例えばFacebookやtwitter）といったWebサービスを利用した「クチコミ」が年々蓄積され続けている。

　消費者は，4-2でも述べたように，一生に何度も購買する機会のない製品についての購買意思決定を行う場合や，製品への関与度が高い（こだわりがある）場合などには，購買に至るまでに長い時間をかけ，積極的な情報処理を行うことで購買に失敗したときのリスクを減らそうとする。また，製品や企業の提供物には，病院の医療サービスのように品質のばらつきが大きいもの，薬や衣類のように製品と自分との相性が重要であるもの，実際に購買をして消費してみないと品質がわからないものなどがあるが，こういった製品を選択する場合には，購買前に得られる企業発の広告だけでは不十分であり，消費者視点でのクチコミ情報が貴重な判断材料となる。企業の視点で発信されるマーケティング情報よりも，ネット上でのクチコミ情報が，製品の売れ行きや企業の存続に大きな影響を与えるのはこのためである。

　クチコミに関するマーケティング研究の歴史は長く，クチコミが消費者の購買行動に少なからず影響を与えることが解明されてきている。例えば，消費者は広告から得た情報よりもクチコミから得た情報を信頼する，不満を抱いた顧客は満足した顧客よりもたくさんの人にクチコミをする，顕示性のある商品の選択は準拠集団（家族・学校・会社・サークルなど，個人の行動や判断に影響を及ぼす集団）からのクチコミに影響されやすい，日頃あまり会わない友人のような弱い紐帯（つながり）は，情報の正確性や迅速性には劣るものの，クチコミを社会全体に広める役割を担う，といったことなどが指摘されている。

　消費者は，CGMやソーシャルメディアを利用することで，インターネットの技術的な知識がそれほどなくても，従来よりも簡単で気軽に情報発信ができる。そのため，いわゆる「井戸端会議」ではクチコミにもならなかったような些細な情報が，インターネット上には多数集積し，共有されるという現象が起きており，クチコミが「集合知」と呼ばれる新しい価値を生みだしていく。

4-5 インターネット時代の新しい企業と消費者の関係
―選択から協働へ―

4-5-1 情報化社会の消費者

　インターネットを基盤とした今日の情報化技術は，情報を他者とネットワークで即時的に共有できるところに大きな特徴がある。共有できる情報の量が膨大で，範囲は世界規模であるといった点で，印刷や電話といったかつての情報化技術とは決定的に異なっている。様々な情報をほとんど無限に保存し簡単に複製することも可能である。今日の情報化は，コミュニケーションの単なる効率化に寄与するのみならず，人間の情報処理能力を飛躍的に高め，人間の活動範囲を大いに拡大するものである。

　大量の情報入手が可能になった消費者が企業に迫る情報量を持ち，製品の単なる需要者として，比較購買における経済合理性の追求を極限まで行うのみならず，供給者としての企業の生産過程や流通過程にまで介入することはいまや珍しいことではない。例えば，アフィリエイト・プログラムを利用して，従来は企業だけが担っていた広告活動を，消費者が行う動きが挙げられる。

　アフィリエイトとは，個人であってもWebサイトやブログから，企業のWebサイトへリンクを張ることができ，そのリンクを経由して企業のサイトを閲覧した人が会員登録をしたり，製品を購入したりすると，リンク元サイトの作成者に報酬が支払われるという，成果報酬型広告の仕組みである。例えば，書籍の書評を書いたWebサイトに，オンライン書店へのリンクを張るというケースである。消費者の書いた書評は企業にとっては広告としての宣伝効果を期待できる。閲覧者にとっても書評を読んで欲しいと思った時にすぐに購入できるため便利であるし，サイト作成者である消費者も報酬を得ることが出来，サイトの運営費や書籍代などに充てることで，よりサイトを充実させていくことも可能となる。

　これまで企業が担ってきた商業活動の一部を，消費者であった個人が担う点において，情報化の進展は，消費者と企業の関係に変化をもたらしつつある。

4-5-2 操作型マーケティングと協働型マーケティング

4-3で述べたように,企業と消費者の情報量の格差をもとに,企業が消費者に提案をし,消費者はどちらかというと受身になり企業の提案を受け入れる,といったような状況で展開されていた企業の販売活動を操作型マーケティングという。

操作型マーケティング[2]では,売り手が買い手に向けて製品・サービスなどを提案し,買い手にその提案を受け入れてもらうために,提案そのものの変更を含め様々な方法(広告,人的販売,チャネルなど)を動員し,買い手を操作しようと試みる。買い手が売り手の意図通りに反応してくれることを期待して,売り手が買い手に何らかの刺激を与えることによって自社と競争他社を含む多数の集合から自社を選んでもらうことを目指す。

しかしすでに述べたように,価格比較サイトやクチコミサイト,Q&Aサイト,ブログやSNS,アフィリエイトなど,情報化時代の新しいメディアの登場により,インターネット上での消費者のクチコミが製品の売れ行きや企業の存続を左右するような事例が多くみられるようになってきている。また,消費者が企業にも迫る情報をもち,企業からの提案では満足せず,逆に,企業に対して情報発信をして改善要望を訴えたり,企業と協働して製品を作ったりするような,消費者と企業の新しい関係がみられるようになっている。

インターネット上での消費者のクチコミが企業に何らかの影響を与える,消費者が企業の生産過程にまで介入し商品を一緒に作る,といったような状況で展開される,消費者と企業の新しい関係は協働型マーケティングと呼ぶことができる。協働型マーケティングでは,消費者が財の生産過程に直接介在するシステムの下で,消費者と企業の協働関係が構築され,その関係の中で両者による価値創造活動が展開される。

4-5-3 BTO型のインターネット通販―協働型マーケティングの事例―

BTO(build to orderの略)とは,インターネットを活用し,流通在庫を持たずに,受注してから顧客別に仕様の異なる製品を個別に製造・販売するオーダーメード手法の1つである。インターネットを活用したBTOは,従来型のオーダーメードと比較すれば,個別対応のためのコスト(手間や時間など)を

節約できるが，自分のニーズに合う製品をある程度まで具体化し，それを製品仕様として企業に指定するための別の労力や能力が消費者には求められる。そのため，あまり興味がない製品や，毎日のように買う食料品や日用品などのスーパーマーケットで売られている最寄品では，消費者は企業との協働を望まず，これまでどおりの操作型マーケティング，すなわち，企業の製品や提供物の中から，ニーズを満たすものを選択するといった関係を好むだろう。しかし，当該製品についての関与度が高く，豊富な情報を持ち，情報処理を厭わない消費者にとっては，製品を作るという価値創造プロセスを楽しむことができるのがBTOの利点である。

　家具やゴルフクラブ，印鑑，自転車，写真付き年賀状やフォトブックといった製品は，実際にもインターネットによる通信販売が活発である。例えば，フォトブックのインターネット通販は，世界で1冊しかない高品質のアルバムを，顧客自身が簡単に作ることができるため人気が高い。顧客は，あらかじめ用意されたテンプレートの中から好みのものを選び，デジカメで撮影した写真データを企業のサーバーに送るだけで，テンプレート上に写真が配置される。コメントを追加したり，微細な修正を自在に編集したりすることも可能である。製本されたアルバムは，後日顧客のもとに配達される。

4-6　おわりに

　企業と消費者はお互いに必要不可欠なパートナーである。消費者は，生活に欠かせない製品やサービス，生活をより豊かにする提供物を企業から受け，それらと交換に対価を支払う。企業は，多くの消費者からの支持を得ることにより，企業の存続に必要な利潤を獲得できる。つまり企業にとっても，消費者がいなければ存続できない。

　しかし，残念なことに，製品やサービスの虚偽表示，例えば食品の産地偽装，誇大広告，賞味期限の改ざんといった事件がみられるように，一部の企業においては，消費者を欺き不当な利益をあげる行為が報道されており，消費者と企業の関係が歪められている。このような，本来あるべきではない消費者と企業の関係は，消費者が正しい判断を行うために必要な情報を入手することが困難

であったり，消費者の製品への関与度が低かったりする場合に生じやすい。

　かつて，消費者が入手できる情報といえば，製品に書いてある注意書きや，企業の行う宣伝広告から得る情報，それに加えて流通業者が売り場で提供している情報等が主なものであったが，情報化社会の到来，インターネットの普及により消費者の持つ情報も量と質が飛躍的に高まり，消費者と企業の間に情報の非対称性は解消され，かつ情報伝達のスピードも速くなっている。

　また，消費者間の情報の流れであるクチコミは，企業から消費者に向けて発信されるマーケティング情報とは異なり，製品についての好意的な情報だけではなく，否定的な情報も含まれるという特徴がある。インターネット上で企業の不正や反社会的行為を瞬時に消費者が知ることができる今日の情報化社会において，消費者に対する反社会的な行為は，企業にとって命取りとなる。企業価値のバロメーターとも言えるクチコミを，一夜にして作り，伝播させることはできない。長い時間を掛けて顧客との関係性を築いていくことが何よりも大切である。

　さらに，これからの情報化社会においては，特に，企業の理念（コンセプト）が重要となる。消費者と企業の情報の非対称性が解消され，企業にも上回る情報を持つようになった消費者にとって，話題づくりだけを狙った小手先の販売キャンペーンや，誇大な宣伝広告などは全く価値をもたない。しかし，製品開発から宣伝広告まで，消費者の共感を得られる筋の通った企業理念をもっていれば，たとえ地方の小さな企業であっても，インターネットを通じて全国の消費者の支持を得ることができるだろう。

注
(1) ここでいうニーズに近い概念として，マズロー（Maslow, A. H.）の説いた「欲求の発達段階説（hierarchy of needs）」を挙げることができる。マズローは，人間の欲求は，階層構造を持っており，生理的欲求（食欲・性欲・睡眠欲）や安全欲求（自分や家族を危険から守りたい）などの基本的欲求が満たされると，より高次の欲求である社会的欲求（仲間はずれにされたくない，人から愛されたい）や自我欲求（他人から尊敬されたい），そして自己実現欲求（自分の潜在的能力を実現させたい）へ向かう，としている。
(2) 操作型マーケティング，協働型マーケティングについては，上原（1999）を参照せよ。

参考文献

Kotler, P.（1980）*Principles of Marketing,* Prentice-Hall.（村田昭治監訳，和田充夫・上原征彦訳（1983）『新版マーケティング原理─戦略的アプローチ─』ダイヤモンド社）

Kotler, P.（1991）*Marketing Management: analysis, planning, and control, seventh edition,* Prentice Hall.（村田昭治監訳，小坂 恕・三村優美子・疋田 聰訳（1996）『マーケティング・マネジメント 第7版─持続的成長の開発と戦略展開─』）

㈳日本マーケティング協会編（1995）『マーケティング・ベーシックス』同文舘出版

Kotler, P. and Armstrong, G.（1989）*Principles of Marketing,* Prentice-Hall.（和田充夫・青井倫一訳（1995）『新版マーケティング原理─戦略的行動の基本と実践─』ダイヤモンド社）

大澤 豊他編（1992）『マーケティングと消費者行動』有斐閣

濱岡 豊（1994）「クチコミの発生と影響のメカニズム」『消費者行動研究, Vol.2, No.1』

坂井素思（1998）『経済社会の現代─消費社会と趣味の貨幣文化』財団法人放送大学教育振興会

上原征彦（1999）『マーケティング戦略論』有斐閣

Kotler, P.（2000）*Marketing Management : Millennium Edition,* Prentice-Hall.（恩藏直人監修，月谷真紀訳（2002）『コトラーのマーケティング・マネジメント 基本編』ピアソン・エデュケーション）

店舗システム協会編（2008）『図解「通販業界」ハンドブックVer.2』東洋経済新報社

5

企業と社員
―CSRと働き手―

■企業の働き手に対する責任を考えることが重要である。
■CSR概念の統一化が必要である。
■働き手の個別評価は，業務分掌が個別に分割されてはじめて可能であるが，多くの企業は採用していない。
■今後，個別評価も世界的な統一基準の時代に対応せざるを得ないであろう。

5-1 はじめに

　本章では，企業が社会的に求められている，「自らの働き手に対する責任は何であるか」をCSRの観点から示すことを主要な目的とする。企業を取り巻く経済環境は浮き沈みを繰り返すが，企業の働き手に対する考え方は一定の方向，民主的な方向をとり続けてきている。
　さて，今回多くを引用した日本経済団体連合会と，ISOの資料では，働き手の表現が違う。前者は従業員，後者は労働者である。立場の違いにより企業で働く働き手の表現は違っている。また，付加される意味も多少違っている。従って，2つの資料を説明する場合にはそれぞれの表現を用い，「はじめに」の部分は働き手，という表現を用いて説明を行うことにする。
　また，CSRという概念もこれまで様々にとらえられてきた。機関ごとに，国や地域ごとに展開されてきている。このように，CSRの概念の統一がないため，

様々な考え方が許容されていた。ところが，現在こうした不統一への危機感を背景に，ISO26000が作成された。ISOはこれまでの多くの概念を取り入れ，利害関係者として存在しうる多くのセクターを巻き込み，一般性のある規格作りが行われた。今後，異なる背景によって用いられてきた異なるCSRの定義の存在余地はなくなるとともに，一本化することによって社会から企業に対するCSR行動への要請は強まるだろう。

5-2　ISOへの統一方向下で企業に求められるCSR項目

5-2-1　企業に求められる行動項目

　働き手に対して企業が求められる行動とはいかなるものか，ここでは経団連とISOの資料から，求められている項目を比較し把握しよう。そうすることで，より深くこの課題の理解を進めることができるからである。

(1) 最初に，日本経済団体連合会のCSR推進ツール（日本経済団体連合会2005）の「人権・労働」項目の諸内容は以下のように示されている。即ち，多様な人材活用の人事処遇制度，雇用差別の禁止と機会均等，職場の安全衛生，健康管理の充実，従業員の能力・キャリア開発の支援，従業員との誠実な対話，児童労働，強制労働の禁止，従業員の人権配慮，仕事と家庭の両立：ワークライフ・バランス，取引先への人権配慮の要求，である。

(2) 次に，ISO26000作業文書（日本規格協会2008）の労働者の権利と労働慣行に関する項目の諸内容をまとめてみると次のようになる。即ち，労働者の権利に関する項目，雇用に関する項目，労働者の保護と基準の項目，社会的対話の項目，安全衛生の項目，従業員の開発の項目である。

　以上，2つの内容は，以下の4点を除き，ほぼ同じものであるように思われる。ISOは経団連の理解を参考資料として用いている。また経団連もそれに先立ちISOを前提にして作成している。したがって，両者は大筋で異なることはないようにできているのである。

① 労働者の権利の有無：経団連の指標には，労働者の権利が書かれてはいない（Ⅱ2）。

② 労働する者の表記の違い：経団連の指標では，「労働者」は「従業員」

となっている（Ⅰ）。
③ 共通した多様性：両者とも，多様性を重視した規定になっている（Ⅳ）。
④ 責任範囲の相違：ISOでは，企業の責任範囲を時間的・空間的に広くとっている（Ⅱ2）。

5-2-2　ISOによる社会的責任範囲の統一化が意味すること

　社会的責任のISO規格化が生じる。ISO26000作成段階で多くの社会的責任に関する規格を地球規模で取り入れ，さらに作成時に実際の社会的責任範囲に該当すると思われる様々なセクターの意見を取り入れている。このことは，これまで各国，各機関で異なる基準が用いられていた問題に終止符を打つのではなかろうか。従ってこれの意味するところは大きいだろう。上記の①にあるように，わが国も労働組合との関係が新しい局面を迎えることになるのではないか。
　ISOへの基準の統一がなされると，企業行動の社会的責任に関する統一的な評価が成立することになる。即ち，外部機関，外部者による企業行動の明確な比較評価が行われることになる。比較が容易となることは，彼らが多くの明示的な行動を起こしやすくなる。経営者には明確な行動が求められてくる。上記の④にあるように雇用慣行の内容的な見直し，サプライチェーンの末端まで及ぶ責任の履行，が求められてくる。

5-3　CSRで求められる具体的な行動

　では，より具体的に考察しよう。既に，経団連とISOの内容を検討し，共通している部分とそうでない部分があることを見てきた。ISOでは未だ完成されてはいないが，完成された場合の社会的影響が大きいと想定し，本章ではISOの項目を基にし，経団連との相違を加味しつつ，ISOの枠組に従い企業が働き手に対して求められる姿を理解する。したがって，働き手の表現は労働者となる。

5-3-1　労働者の権利に関する項目
① 国籍，性別，信条，社会的身分などによる雇用差別を撤廃する。

雇用差別は明確な反社会的行為である。したがって，企業はこの発生を防がなければならない。だが，業務の連鎖の中で全てが撤廃されているか確認することはやっかいだろう。そこで，目の届きうる国内の関係会社以上に，現地法人，海外取引関係の会社まで管理の範囲とし，撤廃の工夫をすることである。業務を行う際，また取引関係を結ぶ際にきちんとした撤廃の姿勢を貫き，そうならないための可能な工夫を行う。しかし，根本的な差別を我々は当然のように受け入れている。定年制による年齢差別だ。社会的に対応すべき大きな問題をかかえていることになる。

② 児童労働，強制労働を禁止する。

児童労働も強制労働も①同様に明確な反社会的行動だ。ナイキは1997年，東南アジアの「搾取工場」と取引していると攻撃された。このことによる社会的信用の喪失は大きいだろう。業務を行う際，また取引関係を結ぶ際にきちんとした撤廃の姿勢を貫き，可能な工夫を行う。

③ 結社，団体交渉の自由を保障する。

働くものの権利を侵害することもまた先の項目同様に反社会的な行動となる。妨害となるような行為が派生しないか，労使双方で意見を交換する。

5-3-2 雇用に関する項目

① 雇用そのものの社会的な重要性を認識し行動する。

文字通り，雇用の創出がもたらす社会的な意義が絶大であることを理解すれば，途上国における行動を再認識することができる。

② 進出先と労働者を重視する。

特に途上国における企業行動を単なる機会の利用ではなく，社会的な関係として把握する。社会的に文化的に進出先を尊重し，特に雇用において不適切な行動がないような工夫を行う。

③ 不適切な雇用慣行の見直しをする。

自社内，取引関係先などに企業責任を拡張することを空間的な不適切行為の見直しとすれば，雇用慣行の見直しは時間的な見直しともいえる。企業がもつ文化的な行動は国際的には適切さを持っている場合があろう。マクドナルドは，2008年に，それまで店長は責任において管理職で，給与において非

管理職であったことに社会的な批判を浴びた。同時期，トヨタは時間外の改善活動に残業代を支給すると発表した。サービス残業は，外部からは理解されにくいが，年功賃金制度も同一労働・同一賃金の原則に抵触するだろう。工夫が必要だ。

5-3-3 労働者の保護と基準の項目

① 労働条件の基準を守り，ILO規定を最低限度にし，できるだけ高いものにする。

ILO規定の188の条約と199の勧告（2008年12月1日現在）に関し，各国で一律に批准が行われているわけではないので，企業独自の，共通した基準を設定し，利用されるように工夫する。

② 各国の労働者保護規定に従う。

各国の労働者保護規定（日本の場合は図表1参照）は様々であるので，企業独自の，共通した基準を設定し，利用されるように工夫する。

③ 宗教上の慣習等の時間的影響を尊重する。

国境を越えるときに，そこに住む労働者を精神的に踏みつけることがないか，注意を払う工夫が必要となる。欧米のバカンス，日本の盆と正月，イス

図表1　社会関連諸法

対象	該当法律
採用から退職まで	労働基準法
パートタイマー	短時間労働者の雇用管理の改善等に関する法律（パート労働法）
契約社員	労働基準法
派遣社員	労働者派遣事業の適正な運営の確保及び派遣労働者の就業条件の整備等に関する法律（派遣法）
育児介護	育児休業，介護休業等育児又は家族介護を行う労働者の福祉に関する法律
男女雇用機会	雇用の分野における男女の均等な機会及び待遇の確保等に関する法律（均等法）／男女共同参画社会基本法
高年齢者	高年齢者等の雇用の安定等に関する法律
内部告発	公益通報者保護法
労働トラブル解決	個別労働関係紛争の解決の促進に関する法律，労働審判法
労働関連	労働契約承継法／労働安全衛生法／労働契約法／会社分割に伴う労働契約の継承等に関する法律，等。

ラム諸国のラマダンなど文化的・宗教的事象による影響をにかんして，相互に尊重し，どのようにするか十分に話し合い，工夫する。

5-3-4　労働組合などとの社会的対話の項目

　企業は絶えず労働組合と相互に問題を発見しあう機会を持つことは競争力の向上にもつながる。関係の重要性の認識，対話の回路を複線的に確保，情報開示による相互に健全化を図ることである。

5-3-5　安全衛生の項目：職場の安全衛生と労働者の健康管理の充実，職場の人権配慮

① 心身の健康管理を推進する。

　目的の計画性と同様に，組織にかかわる労働者の計画的な心身両面の管理と訓練や能力開発が，長期的に有効と考える。ことにここでは推進・管理する部署，具体的なプログラムの実施など全社的な工夫を行う。

② 人権配慮を徹底する。

　ハラスメント問題は，マネジメントの基本的な姿勢を問われる問題であろう。これらは公式業務に付随して生じることが多く，企業内部，外部併せて十分な啓発と工夫が必要となる。ことにここでは推進・管理する部署，具体的なプログラムの実施など全社的な工夫を行う。

5-3-6　労働者の開発の項目

① 労働者への多様な能力・キャリア開発の支援をする。

　労働者への労働時間の長期間の時間的な束縛は，企業による労働者支援を十分に説明しうる。社内，社外におけるプログラムの授業員への機会提供。

② 仕事と家庭の両立［ワークライフ・バランス］をする。

　この項目は，仕事と家庭の両立を支える支援制度と，働き方に多様性を組み込む工夫からなる。

　・支援制度の整備をする

　　これはM字形を台形にする方策である。出産を機会に仕事を離れることが多い女性は，企業にとって大きな戦力ダウンになるという考えがある。

特に熟練に時間が要するような場合はそうであろう。育児休業・休職制度，託児所の設置，在宅勤務制度，子供介護休暇，適切な労働時間，などがある。事情が人によって異なるため，支援窓口を設置することも必要である。この項目には誘導措置が施されている。行政的には，ファミリーフレンドリー企業表彰の制度があり，実名を挙げて企業名が公表されている。民間でも，日本経済新聞社では，「にっけい子育て支援大賞」を設け，受賞企業を紙面で公表している。

・働き方の多様な選択肢を用意する

　企業が家庭に責任を持ち，社会に責任を持つ必要があるということである。仕事へのかかわり方を，個人が個人の都合で様々な人生の工夫ができるように，また自己の能力を自分で工夫することができるように，企業がまず工夫する，ということである。多様性を求めるためには，「一律」からの離脱が必要で，多様な時間設計は工夫のしがいがあると思われる。

具体策：時間設定上の工夫，例えば自主管理できるフレックスタイム制度（図表2）があるが，制度導入と利用経験は高いものではなかった（労働政策研究・研修機構，2013年）。

図表2　KDDIの両立支援制度の工夫

名　称	対象者	概　要
育児短時間勤務制度	7歳以下の子どもをもつ社員	子どもが7歳に達した年度末まで1日6時間勤務を可能に
退職再雇用制度	育児などを理由に退職した社員	退職後6年以内であることなどを条件に正社員として再雇用
復職支援サービス	育児休職中の社員	インターネットを通じて職場復帰を支援
フレックスタイム制度（試験導入）	小学生以下の子どもをもつ社員	コア勤務時間を午前10時―午後3時に変更できる

出所）日経産業新聞2008.11.18.

③ 多様な人材が能力を発揮できる人事処遇制度
・男女共同参画と多様性の刺激，多様性を許容する

　世界は男性と女性で成り立っているが，仕事といえば多くの国で男性の仕事と思われる期間が長かった。職場での多様性を認め自律性を高めること（クラリオンの人事処遇：図表3）で多様化が始まる。多様化が発展すると，多様な相乗効果の期待の他に，個別化の流れが始まる。個別化とは，職務分掌の個別化と責任の個別化，評価の個別化である。採用，昇級，仕事のあり方の面で可能な工夫を検討し実施する。

・社会的弱者：高齢者・障害者の活用をする

　企業都合の一律な制度を改め，高齢者，障害者，若年層に積極的に雇用機会を与えることを社会的に重要であると認識し，共有することである。このことは結果的に企業に多くのプラスをもたらすと考えられる。高齢者とは定年後の熟練者であることが多く，条件を工夫するだけで多くの利得を得ることができるので，多くの企業は多くの制度を持っているだろう。多くの企業は高齢者定年後再雇用制度を採用している。また，多くの企業はすでに障害者雇用率の雇用を行っている。

図表3　クラリオンでの人事処遇制度の工夫

役割等級制度…会社とのコミットメントにもとづく
貢献度評価制度…貢献度＝生産性と顧客満足度
半期年俸制，業績連動型賞与…評価は半期単位
社内公募制度，FA制度…自律型キャリア形成の促進

5-4　CSRの働き方―仕事の分掌と評価の問題―

　すでに述べたように，国内では経団連の社会的責任に関する基準がISOにあわせて策定され，そのISO26000は2016年11月1日に発行され，後者は統一的

な権威を持つことが予想されている。わが国でも従業員の取り扱いは「個別」的な取り扱いが主張されているので、このことがどのような意味をしているのか、また「個別」の上に成り立つ働きやすい環境とはどのようなものか、これらを労働の基本となる仕事の分掌とその評価の観点から確認しておこう。

5-4-1　働きやすい環境と求められる個別責任

現在多くの企業がCSRに従って働きやすい環境を作ろうとしている。それは、社会的責任を果たすことであること以前に、本来の組織目標を十二分に達成したいという組織目的を基礎に据える。即ち、従業員は、働きやすい環境の下で組織目的との一体化を期待され、最大の成果を残すように期待されている。この場合、働きやすい環境とは、個別な取り扱いが主張されるため、かつて日本企業が行ってきた従業員への集団中心の動機づけの諸政策を根本的な見直しが必要と理解することができよう。

したがって、求められるものとは、個人の働きの結果である。これまで以上に、自分のために自分自身の能力を自分自身で向上させていくことが必要となることを従業員は自覚しなくてはならなくなる。新しい働きやすい環境が提供された結果、個人の能力は個人の責任において管理されるものとなるのである。

従来わが国では、入社後の社内教育によって能力は受動的に形成された。企業責任における個別能力の育成である。個別責任社会では、個別能力の形成はあくまでも個別責任である。能動的積極的な個別能力開発がそれぞれ責任を取るべき異なる結果を生じさせることになる。

5-4-2　個別責任と、仕事の分掌と評価

評価は職務分掌にもとづいて行われると考えることができる。職務分掌とは仕事をどのように区分するか、ということと、誰が担当するかを示している。厳密な評価は、この分掌を基に行われる以外には行われ得ないだろう。そこで、働きに関する根本となる評価について変化する方向とその問題点を探ろう。

① 仕事の分掌と担当

1つの仕事に対して、1）個人の業務を明確にする場合と、2）集団として対応する場合、がある。後者は個別の業務が明確ではないので個別の業績

ははかりにくい。前者は個別の業務区分が明確なため，個別の業績は明瞭になる。わが国では，まだ多くの企業が後者の形態をとっているように思われる。もちろん，多くの業務例えば，金融取引業務，金融・保険商品販売業務，不動産販売業務など，個別の成績が業績に反映されやすいものも多数あろう。しかし，そのような場合でも，基本としての集団の業務の上に個別業務が乗っているため，個々別々に分掌が作られ個々別々に評価されているわけではない。

② 仕事の評価

基本的に仕事の評価は，与えられた仕事の結果によって決まる。そこで，1）個々に区別された細かな分掌の形態がある場合には，個人の評価は本人にも評価者にも明確となりやすい。個人の業務範囲が決まっていれば，個人は自らの責任で努力し結果を出し個別に評価をされることを期待し努力することができるかもしれない。ところが，2）個別の業務範囲が明確にされていない場合で，複数のメンバーが全体として仕事を担当するような場合，個人は仕事の基準を個人の基準に置くことができない。したがって，全体の進み具合や，時間にあわせて行動することを余儀なくされる。この場合，客観的な個別評価は厳密には不可能である。

わが国で長く続いたのは2）の形態であった。しかしながらISOの導入により，多様化の合唱は高まり個別評価がさらに進むことになるだろう。その場合重要なのは，多くの企業では個別評価そもそもが現実と一致していないものと理解し，そしてどのような方向に変更させていくかことが自社にとって得策かをそれぞれ考える必要があるだろう。

5-5 わが国における個別評価の見直しと今後

ところが，わが国ではここに来て個別評価を見直す方向が見られるようになってきている。社会経済生産性本部の調査（2008a）によると一旦は進んだ成果主義だが，その見直しの機運が進んでいることがわかった。「長期的雇用を前提に，能力開発や人材育成を会社主体で行う」，が最も多い76.7%になっている（図表4）。これらの原因をここでは2つ考えよう。

1つ目は，わが国企業に見られる団塊の世代の大量退職である。これは過剰採用の付けのことである。同様にバブル崩壊後に見られる就職氷河期は採用の極度の差し控えを意味している。人財の極度のでこぼこは業務に支障を来すばかりか，知識や技術伝承の妨げにもなりえる。このような，いわば人事の失敗を繰り返さない，という反省により，従来とってきた日本型に戻す，ということだ。

2つ目は，社会経済生産性本部の先の調査結果は，個別評価を連想する業績主義が存在していたと述べているが，業務分掌が法的根拠（契約等で）をもって個別に分割されてはじめて個別評価が可能となるが，こうした人事管理の方式を多くの企業は採用してはいない。であるならば，業績主義とは何か？　たとえば多くの企業でこれまで目標管理が採用されてきたが，それを個々人の仕事を明確にするものと理解する企業がある。この理解は，MBO（目標による管理）に則したものではなく，ノルマ主義である。

バブル崩壊後の我が国企業の働き手の管理は，個別契約で決められた仕事の分割を行うことなく，単に業務目標等を明確にし評価してきたようだ。こうした不具合ともいえる問題の処理に，従来の日本型にもどるべきとする考えが生じてもなんら不思議なことではない。

多様化が我が国にもたらす個別責任の考え方を多くの日本企業は経験していないと思われる。それにもかかわらず，企業を評価する基準は今後世界的な統

図表4　雇用理念・人材育成の考え方

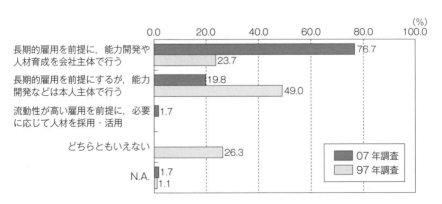

一基準の時代を迎える。そこではいやおうなく大きな変更を余儀なくされよう。

参考文献■

ジェリー・W.アンダーソンJr.（百瀬恵夫監訳）（1994）『企業の社会的責任』白桃書房

財団法人社会経済生産性本部（2008）『第11回　日本的人事制度の変容に関する調査結果概要』

財団法人社会経済生産性本部（2008）『平成20年度新入社員「働くことの意識」調査結果』

経済産業省（2005）『企業の社会的責任（CSR）―背景と取り組み―』『調査と情報第476号』

株式会社日本総合研究所（2007）『わが国企業のCSR経営の動向2006』

海外事業活動関連協議会（2003）『企業の社会的責任（CSR）に関する国際基準・企画の現状と今後の対応について』

社団法人日本経済団体連合会（2005）『CSR推進ツール』

社団法人日本経済団体連合会（2005）『CSR（企業の社会的責任）に関するアンケート調査結果』

社団法人経済同友会（2008）『価値創造型CSRによる社会変革―社会からの信頼と社会的課題に応えるCSRへ―』

社団法人経済同友会（2006）『企業の社会的責任（CSR）に関する経営者意識調査』

社団法人経済同友会（2006）『日本企業のCSR―進捗と展望―』

財団法人日本規格協会（2008）『社会的責任に関するガイダンス』

高巖，日経CSRプロジェクト編（2004）『CSR―企業価値をどう高めるか―』日本経済新聞社

日経CSRプロジェクト編（2007）『CSR―働く意味を問う―』日本経済新聞社

水尾順一，田中宏司（2004）『CSRマネジメント』生産性出版

石田英夫（2008）『ケースブックⅢ　日本型HRM』慶應義塾大学出版株式会社

独立行政法人労働政策研究・研修機構（2013）「男女正社員のキャリアと両立支援に関する調査」

6

企業と取引先
―供給業者と流通業者のマネジメント―

■企業，特に製造業者にとっての取引先とその取引形態を理解する。
■日本の企業間関係と，理論的に企業間関係を考える基本的な枠組みを理解する。
■製造業者の取引先である，流通業者（卸売業者と小売業者）と供給業者のマネジメントを理解する。
■企業間取引を効率的に行うためのサプライチェーン・マネジメントを理解する。

6-1 取引先のマネジメントとは

　企業は製品やサービスを製造・販売し，利益を得ることで継続して事業活動を行っている。このプロセスの中で，企業，特に製造業者は部品や原材料を仕入れ，それを加工し，製品として販売する。このように理解すると，製造業者は取引先というステークホルダーと分業 (division of labor) 関係で結ばれているのである。製造業者 (maker) にとっての取引先には2つがある（図表1）。第一に製品の流れからいうと，製造業者の川上に位置し，製造業者へ原材料を供給する供給業者 (supplier) である。第二に製造業者の川下に位置し，製造業者が製造した製品を販売する流通業者 (distributor) である卸売業者 (wholesaler) と小売業者 (retailer) である。本章では，まず日本の企業間関係の特徴を踏まえ，企業間関係を捉える理論枠組みを解説する。次に流通業者と供給業者について，それらをマネジメントする際の特徴を解説する。その

図表1　取引先の理解

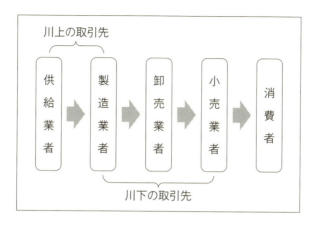

上で，供給業者から消費者に至るモノの流れを効率的にマネジメントする仕組みであるサプライチェーン・マネジメント（Supply Chain Management：SCM）について解説する。なお，本章では企業というとき，特に断りのない限り，製造業者のことを意味する。

6-2　企業間関係を捉える枠組み

　川上・川下を問わず，企業が分業するのは，自社で行うコストと他社に任せるコストのどちらを選択した方が効率的かという意思決定に関係している[1]。ここで自社で行うことを「組織取引」，他社に任せることを「市場取引」という。例えば，ある製造業者が部品工場を作ったり，自社製品を販売する会社を作るケースが組織取引である。組織取引では，同一資本内に企業を作ることから，長期安定的に生産・販売関係を作ることが可能である一方，需要が減少した場合にそれら企業との取引をやめることができない。市場取引は，取引価格に基づいてどの企業とも自由に取引ができる一方，安定した取引をするのは組織取引と比べて困難となる。この2つの取引の中間形態として「中間組織」がある。これは日本の系列や下請けをその代表例として，取引相手をある程度限定して，長期的に継続して取引をする形態である。すなわち，企業間関係，言

い換えると企業間分業は,「組織取引―中間組織―市場取引」のいずれかの形態で行われている(2)。

6-2-1　日本における企業間関係

　日本には第二次世界大戦以前から終戦直後まで財閥という企業集団があった。それが解体された以降も,緩やかな企業集団がある。

　(1)　企業集団

　企業集団とは,旧財閥や銀行を中心として生まれたもので,メインバンクという銀行や商社を中心に様々な業種の企業によって形成される集団のことである。例えば,旧財閥系の三井,三菱,住友,銀行系の富士,三和,第一勧銀は六大企業集団と呼ばれていた。

　その企業集団には「株式相互持合い」「社長会」「企業集団内取引」という特徴がある。まず「株式相互持合い」とは,同じグループ内の企業同士が互いに他社の株式を持ち合うことをいう。これにより株式を全く知らない他社が保有することを防ぎ,経営を安定させることにつながる。次に「社長会」とは,企業集団に属する企業の社長が毎月一回定期的に集まり,意見交換や企業集団の今後の方針を決定する会合である。このような会が開催されるのは,企業集団の行動は基本的には各企業に任されており,そのことから集団内企業の意思疎通を目的として開催されるのである。さらに「企業集団内取引」は,集団内の銀行と商社が中心となって,集団内でのカネとモノの流れを管理しているということである。銀行が集団内の企業には融資を優先し(系列融資),商社が事業機会に関する情報を集団内の企業に知らせるという役割を果たしていたのである。

　しかし,このような企業集団は,バブル経済崩壊以降,徐々に崩壊しつつある。それは様々な理由があるが,企業集団内の中心企業であった銀行の合併が相次いだことが大きな理由である。実際,六大企業集団のメインバンクは三井住友フィナンシャルグループ,みずほフィナンシャルグループ,三菱UFJフィナンシャルグループなどに統合・合併されたのであった。

　(2)　系列と下請け

　系列とは,上述の取引形態の中間組織であり,長期的にある程度確立された

企業間の取引によって形成される集団である。系列は，大半の場合，大企業を中心として形成された集団であり，その大企業は部品の製造を中小企業などに依頼し長期的取引関係ができることで系列が形成される。この依頼主である大企業を元請けといい，依頼された中小企業を下請けと呼ぶ[3]。系列の中には，下請けの下請けという第二次下請けや，さらにその下に第三次下請けが存在するケースもある。1980年代に世界中から注目された日本的経営の1つとしてこの系列制度が挙げられている。

大企業にとっての系列制度のメリットとしては，「生産設備などに対する投資の節約」「不況期のリスクの削減」「下請け企業における低賃金の利用」がある。このようなメリットが生じるのは，大半の系列制度での下請け企業が取引をする大企業の取引のみに依存していた点にある。一方，下請け企業が大企業の系列制度に加わるメリットは，新規需要を開拓せずとも長期的に安定した取引を確保できるという点にある。また，このような系列制度が成立したのは，大企業を中心とした産業集積が形成されていた点が大きい[4]。実際，トヨタ自動車の本拠地である愛知県豊田市のように，大企業を中心にそれを取り囲むように多くの下請け中小企業が存在する都市が今でも存在している。産業集積が形成されることで，大企業は系列から必要なときにすぐに部品を調達することができる。しかし，バブル崩壊とともに，日本の大企業は国内よりも賃金の安い海外に生産拠点をシフトさせていった。それに伴い，大企業とともに海外に進出した下請け企業も存在した。その後，下請け企業は，現地での安い労働力にはコスト面で勝つことができず撤退した企業も多い。

6-2-2　企業間関係を捉える視点

次に企業間関係を理論的に解説する。それは主に経営学での，(1)組織間関係，流通論（マーケティング）での，(2)パワー関係が代表的なものである。

(1) 組織間関係

組織間関係を捉える視点[5]として，「資源依存パースペクティブ」「取引費用パースペクティブ」「組織アセットパースペクティブ」「協同戦略パースペクティブ」「制度化パースペクティブ」などがある[6]。以下では，その中でも①資源依存パースペクティブと，②取引費用パースペクティブを解説する。

① 資源依存パースペクティブ（resource dependent perspective）

　資源依存パースペクティブは，組織間関係の発生・展開・マネジメントといった基本的問題を検討した理論である。組織は外部環境から資源を獲得し，それらを製品やサービスに変換して，再び外部環境に提供する。つまり，企業は外部環境，特に資源を提供してくれる組織に依存しないとその存続が困難になる。しかし，その中で資源が希少でそれを提供可能な組織数が少ないと，提供を受けている組織の資源依存度が高くなり，組織の自立性は難しくなる。要するに，外部資源に依存しながらも，いかに組織としての自立性を確保するのかがこのパースペクティブの中心的な課題である。

　その状況で企業の取りうる戦略には，「自立化戦略」「協調戦略」「迂回戦略」がある。まず「自立化戦略」とは，M&A（Mergers & Acquisitions：吸収合併）や垂直統合，部品の内製化をすることで，依存の吸収や回避を目指す戦略である。次に「協調戦略」とは，協定を提携したり，協働したりすることで，部分的な依存を認め，折衝によりお互いの妥協点を発見し，他組織との良好な安定した関係の形成を目指す戦略である。最後に「迂回戦略」とは，正当性の獲得や政府の規制などにより，依存関係を当事者間で直接的に操作するのではなく，第三者機関の介入，またはそれへの働きかけを通じて間接的に操作することを目指す戦略である。

② 取引費用パースペクティブ（transaction cost perspective）

　取引費用パースペクティブ[7]は，経済学的見地からの取引に関する分析枠組みであり，上述した市場取引と組織取引の比較・選択のための視点をもたらしてくれる。取引費用パースペクティブでは，「限定された合理性」と「機会主義」がその関係を見る前提となる。まず「限定された合理性」とは，組織は取引にかかわる全ての情報を知ることはできず，限られた情報にもとづいて意思決定を行っていることを意味する。次に「機会主義」とは，組織は相手の行動を考えず，時には虚偽を装ってまでも，利己的な行動をする可能性があることを意味する。

　そのような前提に立ち，取引費用パースペクティブでは，なぜ市場取引よりも組織取引が選択されるのかを説明している。環境の不確実性が高く，組織が限定された合理性の下で行動する際には，組織は市場取引のコストが高くなり，

組織取引を行う。また、取引相手が少数の場合でも、機会主義的行動が取られやすく、それを回避するために組織は組織取引を選択する。また、組織的取引が長期的なものとなる理由として、関係特定的資産がある。関係特定的資産とは、例えば中小企業がある製造業者の部品を製造するために導入した専用の機械設備などがこれに該当する。このような資産のあるケースでは、取引は継続的なものにならざるを得ず、組織取引が選択される[8]。

(2) パワー関係

組織間取引では、必ずしも同じ規模の企業と取引が行われるわけではない。上述した下請け制度などでは、下請け企業は大企業とのパワー関係から系列化していたという理由もある。つまり、組織間関係では、特定の組織が他の組織の行動に対して行使できる影響力の大きさというパワーを持つことが他の組織をマネジメントする際の鍵となる[9]。

そのパワー資源として、「報酬パワー」「制裁パワー」「専門性パワー」「一体化パワー」「正当性パワー」がある。まず「報酬パワー」とは、リベートの配分や取引拡大、排他的販売権の供与など、取引関係のある組織に対して経済的利益を与えてくれるという信念にもとづいて発揮されるパワーである。次に「制裁パワー」とは、取引の縮小や拒絶、拒絶など、ある組織の意思に背くならば制裁を加えられるという予想にもとづいて発揮されるパワーである。そして「専門性パワー」とは、情報処理能力や経営ノウハウ、技能など、ある組織が他の組織よりもすぐれた専門能力を有しているという認識のもとに発揮されるパワーである。さらに「一体化パワー」とは、ある特定の製造業者の専属店となっている場合など、ある組織が別の組織とより強い結び付きを得たい、あるいは一体化したいと願うときに発揮されるパワーである。最後に「正当化パワー」とは、契約や価値観など、ある組織が行使する当然の権利や正当性を保持している他の組織が認識しているときに発揮されるパワーである。

6-3 川下の取引先

川下の取引先との関係を研究する学問分野として、流通論がある[10]。流通とは、「生産から消費に至る製品の移転」を意味する。この流通論の中でも、個

別の製造業者（特に消費財メーカー）が自らの製品を最終顧客である消費者に至らしめる過程に焦点を当てたのがチャネル（channel）研究である。チャネルとは，運河を意味するカナル（canal）から派生したものであり，流通経路と訳される。本節では，このチャネル研究の視点から，川下の取引先についての解説を行う。なお，流通論でその流通を検討する製品は消費財である。

製造業者が製品を消費者に到達させる方法には，自ら直接消費者と取引をする直接流通と，流通業者を介して行う間接流通とがある。このうち，前者の直接流通は本書の「第4章 企業と消費者」を参照してもらいたい。本章では，企業にとっての取引相手との関係を解説することを中心としていることから，流通業者のマネジメントについて解説を行う。

6-3-1 流通業者が存在する理由──品揃え形成──

流通業者は小売業者と卸売業者の総称である。まず小売業者とは，消費者に製品を販売する流通業者を意味し，卸売業者とは消費者以外（例えば，小売業者や他の卸売業者など）に製品を販売する流通業者を意味する。このような2つの流通業者が存在する根拠は，取引総数の最小化がその根拠となっている。流通業者は製造業者の製造した製品を時間・空間的に集めてそれを販売している。つまり，流通業者は製品の品揃え（assortment）を形成することが固有の役割なのである。

取引総数の最小化とは，流通業者が製造業者と消費者との間に介在することで，その二者間の取引回数を最小化できることを意味する。図表2にあるように，製造業者と消費者との間に流通業者が介在しないケースを考えると，1つの製造業者は3人の消費者と取引をしなくてはならない。つまり，この直接流通のケースでは，取引総数は $3 \times 3 = 9$ 回の取引が行われることになる。一方，製造業者と消費者との間に流通業者が存在するケースでは，各主体が1回の取引を行えばよい。つまり，間接流通のケースでは，取引総数は $3 + 3 = 6$ 回の取引が行われることになる。より一般化すると，製造業者がM人，消費者がC人いたとすると，直接流通では $M \times C$ 回の取引が行われ，間接流通では $M + C$ 回の取引が行われることになる。つまり，$MC > M + C$ で流通業者が存在する方が，社会全体の取引回数を最小化できるのである。

図表2　直接流通と間接流通の比較

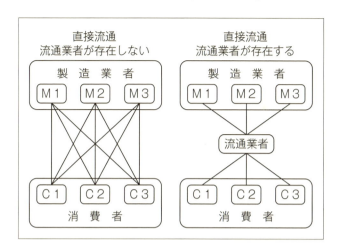

6-3-2　チャネル・マネジメント

　流通業者が社会に存在する理由は品揃えを形成し，消費者に対して利便性をもたらす点にある。流通業者が存在すれば，それは製造業者にとって製品の販売をそれら業者に任せることを意味する。間接流通では，コスト面からの利便性を与えるものの，製造業者にとっては消費者に直接接触することができない。そのため，製造業者はマーケティング活動を展開するのである。このような方法を採るからといって，製造業者はただ単に製品の販売を流通業者に任せているわけではない。特にそれは流通チャネルが，一次卸→二次卸→三次卸…という日本型流通チャネルに代表されるように多段階化するほど，流通業者をマネジメントする必要が生じている。

(1)　チャネル・マネジメントの三類型

　製造業者は別の目標を持つ流通業者を自社の目標に合わせて選択する。製造業者が流通チャネルをマネジメントするには，構成員となっている流通チャネルの中で，チャネル・リーダーとなり，共通の目標を実現するための統一的システムを構築する必要がある。このような統一的システムを構築するためには，製造業者がチャネル構成員を子会社化すれば達成することができる。しかし，流通業者は，例えば消費者の近くに存在することから消費者情報を多く持つと

いった製造業者とは異なる強みを持つ。そのために製造業者はチャネル・リーダーとなり，構成員をマネジメントするのである。

チャネルをマネジメントするためには，チャネル構成員をどのような広さで選択し，どの程度の水準で管理するかによって，①開放型チャネル，②排他的チャネル，③選択的チャネルという方法がある。

① 開放型チャネル

開放型チャネルとは，できる限り多くの流通業者に自社の製品を扱ってもらうために行うチャネル・マネジメントである。このような流通チャネルに適した製品としては，日用品をはじめとする消費財がある。開放型チャネルでは，製品を幅広い地域で販売することを目的とすることから，多様な流通業者にその製品の販売を開放している。例えば，清涼飲料水などは，スーパーマーケットやコンビニエンス・ストア，自動販売機，さらには百貨店でも購入できる。特にスーパーマーケットでは，値引きされて販売されることが多く，薄利多売で儲けを出す製品に適したチャネル・マネジメントである。

② 排他的チャネル

排他的チャネルとは，競合する製品を取り扱わないように流通業者に制限を課すチャネル・マネジメントである。これに適した製品とは，高級ブランドをはじめとする，ブランド化された製品である。流通業者を制限する，あるいは専売店のみに自社製品の販売を許可することで，製造業者は流通業者に対してパワーを働かせることができる。つまり，製造業者は流通業者が勝手に値引きをするという行動を防ぐことができるのであり，そのため，製造業者にとっては販売業者を制限することで自社製品をブランド化することができる。実際，高級ブランドと言われる，ルイヴィトンやグッチは，直営店あるいは百貨店のテナントとして専売店でのみ販売することで乱売によるブランド価値の低下を防いでいる。

③ 選択的チャネル

選択的チャネルとは，①と②の中間形態であり，製造業者の目標と一致した目標を持つ流通業者に対して製品を販売するというチャネル・マネジメントである。選択的チャネルは，製造業者と流通業者の目標が一致したとき，例えばある電化製品について，製造業者と小売業者が一体となった販売促進を行うと

いった場合に選択されるチャネル・マネジメントの形態である。
(2) 垂直的マーケティング・システム（Vertical Marketing Systems：VMS）

チャネルの広さが決定した後，チャネル・リーダーは流通チャネルの組織化を図る。現代の製品流通を考えたとき，大半の製品は製造業者・卸売業者・小売業者が長期的取引関係を結び，ある程度組織化された流通チャネルを通して販売されている。このように，チャネル・リーダーのもとで計画的に共通の目標に向かって効率的に管理された製造業者から小売業者に至る流通システムを垂直的マーケティング・システムという。垂直的マーケティング・システムには，組織化の程度に応じた①企業型システム，②契約型システム，③管理型システムという3つの形態が識別されている。

① 企業型システム

企業型システムとは，製造業者と流通業者が単一の資本のもとに垂直統合されているシステムのことである。このタイプの例として，自動車メーカーとディーラーとの関係がそれに当てはまる。

② 契約型システム

契約型システムとは，特定の製品や経営技術などを持つ企業が法人格としては独立した企業（加盟店）との間で共通の目標，製品や経営技術の提供，利益配分などに関する厳密な契約を締結し，チャネルを形成するシステムである。これにはフランチャイズ・チェーン（Franchise Chain：FC）とボランタリー・チェーン（Voluntary Chain：VC）がある。FCは製品や経営技術などを提供する本部，資本と労働力を所有する加盟店とが一対一の契約関係で結ばれているのが特徴である。コンビニエンス・ストアのチェーン展開がこのFCの例である。一方，VCとは，中小小売業者がスーパーなどの大規模小売業者に対抗し，同志的結合を図り，共同仕入れや販売促進の共同化などを推進するための緩やかな組織である。

③ 管理型システム

管理型システムとは，チャネル・リーダーが法人格としては別の構成員を契約ではなく組織化し，リーダーの目標に基づいてマネジメントするシステムである。加工食品や日用雑貨品をはじめとする最寄品で採用されている特約店・代理店制度がこの例である。

6-4　川上の取引先

　製造業者にとって川上の取引先とは，部品や原材料を購入する供給業者[11]である。完成品を製造する以前の部品や原材料といった，消費者に対してではなく，企業に対して販売されるものを生産財，あるいは産業財という[12]。

6-4-1　生産財とその取引の特徴
(1)　生産財の分類

　生産財は，部品（半導体や集積回路，スイッチなど），原材料（石油などのように精製されることで付加価値が付与された財で規格化された形で取引される），機械・設備（工場やオフィスで使われる機械や設備など），業務用供給品（燃料，オフィスサプライ用品など），サービス（保守サービスや情報処理，会計業務など）に分類することができる（図表3）。そして，このような企業と企業との間の取引のことをＢ２Ｂ（Business to Business）という[13]。部品の標準化や原材料が高騰している現在の企業環境にとっては，企業にとって川上に位置する供給業者をいかにマネジメントするかは，製品の開発・販売のトータル・マネジメントを考える上で重要な課題である。

(2)　生産財取引の特徴

　生産財の取引には，消費財の取引とは異なる特徴がある。その特徴とは，①合目的性，②継続性，③相互依存性，④組織性である。このような特徴がある

図表3　生産財の分類

	部品	原材料	機械・設備	業務用供給品	サービス
購買頻度	高	高	低	高	低〜高
価格帯	低〜中	低〜中	高	低	低〜高
供給業者の数	少数〜多数	少数	少数	多数	少数〜多数
カスタマイズの程度	低〜中	低	高	低	高
受注生産の程度	低〜中	低	高	低	高

出所）髙嶋・南（2006）4ページ。

からこそ，生産財独自のマネジメントを考える必要がある。
① 合目的性
　合目的性とは，生産財が企業の生産目的や業務遂行上の目的のために購買されることから，その取引は特定の目的に規定されたものになるという特徴である。生産財の購入は，消費財のように消費者の衝動買いの購買行動が生じることはない。生産財の購入は，組織内の多数の人による意思決定の結果であり，より目的に合致した製品選択が行われる。

② 継続性
　継続性とは，生産財の取引は1回限りの取引ではなく，継続的な取引形態が大半を占めるという特徴である。生産財取引では特に過去に取引経験のある企業が取引相手として選ばれやすい。これは一度取引をしたことのある企業と初めて取引をする企業とでは，取引に関係する費用を削減できるからである。

③ 相互依存性
　相互依存性とは，生産財の開発，生産が売り手企業単独で決定するのではなく，顧客企業がこの活動に関与するという特徴である。例えば，ネジのような部品の生産などを考えてほしい。顧客となる企業のニーズに応じた開発・生産を行う必要があり，顧客企業がそのプロセスに関与しないとそのニーズに適合した部品を生産することは不可能となる。

④ 組織性
　組織性とは，生産財の購入が個人の意思で決定されるわけではなく，組織内の共同的意思決定の結果であるという特徴である。生産財の購買は，会議などを通じて決定される事項であり，そのことから多数の人が購買を決定していることを意味する。

6-4-2　供給業者のマネジメント
(1) 組織購買行動
　生産財の取引は，特徴にも挙げられていたように，共同意思決定によって決定する購買行動である。このような組織購買行動を理解するためには，購買センターを理解する必要がある。購買センターとは，ある製品の購買に関与する人々の仮想的な集団であり，購買意思決定に影響を及ぼす多くの部門や上位階

層の人々を含むものである。この購買センターの役割は，図表4のようになる。

図表4　購買センターの役割

役割	内　　容
発案者	購買を最初に要求する人。使用者である場合もあれば，組織内の他社である場合もある。
使用者	製品やサービスを使用する人。使用者が発案し，製品要件の定義を手伝うことが多い。
影響者	購買決定に影響力を持つ人。製品仕様を決め，候補対象を評価するための情報を提供することが多い。技術者は特に重要な影響者である。
決定責任者	製品要件や供給業者を決定する人。
承認者	決定責任者または購買担当者の提案を承認する人。
購買担当者	供給業者を選び，購買条件を決定する権限のある人。
窓口	購買中枢に接触を求める販売者や情報を退けてしまう力を持つ人。

出所　コトラー&ケラー（2008）267ページより著者作成。

(2)　購買状況の把握

組織の購買状況には，「単純再購買」「修正再購買」「新規購買」がある。購買の状況がわかると，どのような内容で購買を行えばよいのか，そのプロセスを予想することができる。まず「単純再購買」とは，以前購入したことのある供給業者から以前と同じ製品を購入することである。既存製品の部品や消耗品の購買は典型的な単純再購買である。このような購買行動は組織にとってルーティーン化された取引である。次に「修正再購買」とは，以前に購買経験のある製品だが，取引条件などの改善を図る目的から複数の供給業者から情報を収集し，有利な購買を目指すことである。さらに「新規購買」とは，購買経験のないものを調達する場合である。買い手が過去の購買経験がないことから，購買の課題から供給業者の選定や信頼性までの情報探索が鍵となる。

6-5　SCM—サプライチェーン・マネジメント—

6-5-1　製販統合からSCMへ

近年，製造業者と流通業者が長期的な取引関係を前提として，関係特定的な投資をし，製品開発と販売を一連のプロセスに統合する「製販統合」[14]という

関係が生まれた。これは製造業者と流通業者がそれぞれ持ち得る固有の資源を合わせて、さらにそこに2つの企業に共通する関係特定的な資源を構築することでより効率的な製品開発・販売を意図した協働関係である。アメリカではP&Gとウォルマート、日本では花王とジャスコ、セブン-イレブンとわらべや日洋の協働が製販統合の有名な事例である。このような製販統合に代表される製造業者と流通業者との協働は、消費の多様化といった消費者に起因する要因によって生じた。なぜなら、これまでは製造業者は消費者が欲しい製品を製造することに専念し、流通業者はそれを仕入れ、販売することに専念していれば良かった。しかし、消費者ニーズの変化に対応するために、そのニーズをいち早く発見し、製品開発をし、それを販売しないと競合企業に勝つことができなくなった。また、消費が多様化したことで、製造業者と流通業者はそれだけ多くの製品を開発・流通させなくてはならず、効率的な製品開発・流通の仕組みを構築する必要に迫られたのであった。

　そのような製販統合を可能としたのが、企業間取引のIT（Information Technology）化である。企業はITを利用することで、容易に情報を得ることができ、かつそれを移転することが可能となった。情報という点から考えると、製造業者は消費者の消費時点情報やカテゴリー知識を持つ一方、流通業者は製品の購入時点情報や品揃え知識という情報をそれぞれ固有に持っている。これらそれぞれの主体が固有に持っていた情報をITを活用することで、統合し、新たな製品開発や販売方式に役立てることができるようになったのである。

　さらに、その統合の動きは、製造業者と流通業者に留まらず、供給業者による部品の調達から消費者の製品の消費までの流れを最適化させる供給連鎖（サプライチェーン）としてそのプロセス全体をマネジメントするという、SCMという考え方が生まれてきた[15]。このSCMもITを利用することがそれを実現する鍵となる。以下では、まずそのSCMを実現するためのモノの流れに着目する。次に情報の流れについて着目する。

6-5-2　SCMにおけるモノの流れの理解：延期―投機の原理

　延期―投機の原理とは、生産と在庫の位置（時間および場所）に着目した、チャネル構成員が流通機能やリスクをどのように分担するのかのメカニズムに

関する理論である(16)。ここで延期とは，生産から消費に至るプロセスの中で生産における製品形態の確定と，流通における品揃え形成（在庫する製品の種類と量の決定）を消費に近い点にまで引き延ばすことを意味する。つまり，延期とは消費者にできる限り近いところで分散的に生産を行い，分散的に在庫し，注文に応じて短サイクル・小ロットで店舗まで配送することである。一方，投機とは製品形態の確定と品揃え形成を消費からできる限り遠い点で行うことを意味する。つまり，消費者の購買が決定する前に需要予測に基づいた見込み生産を集中的に行い，集中的に在庫し，できるだけ長サイクル・大ロットで店舗への配送を行うことを意味する。

そして，延期―投機の原理を利用して，SCMを理解すると，延期型システムとして，生産・流通システムを捉えることができる。SCMとは，製造業者が主体となり，原材料の調達にはじまり，製品の生産，流通，そして消費までをITを利用することにより短縮化し，多様な消費者ニーズに迅速に適合するための仕組みである。多様な消費者ニーズに適合するためには，流通業者は多様な製品を品揃えしなくてはならず，多様な製品が小ロットで在庫されることになる。このような延期型システムを実現するためには，小売業者は消費者ニーズをいち早くつかみ，その情報に基づいて卸売業者は製品を小売業者に納入しなくてはならないし，製造業者も多様なニーズに応じた製品を素早く製造しなくてはならない。つまり，SCMの実現のためには，小売業者が消費者ニーズをいち早くつかみ，それを卸売業者や製造業者にその情報を伝達させ，それら企業の活動にフィードバックさせる必要がある。

図表5　延期と投機の原理による生産・流通システムの決定

	生産		流通		
	様式	拠点	中間在庫	配送	店頭在庫
延期	受注生産	分散化	分散化	短サイクル・小ロット	少量化
投機	見込み生産	集中化	集中化	長サイクル・大ロット	大量化

出所：小林・南編（2004）56ページ。

6-5-3　SCMにおける情報の流れの理解—企業内・企業間での情報管理

　SCMが実現可能となったのは，企業内および企業間でのIT化が進展した点が大きい。以下では，SCMの実現に情報統合の面から寄与した(1)POS（Point of Sales）とEOS（Electronic Ordering System）と情報共有の面から寄与した(2)QR（Quick Response）とECR（Efficient Consumer Response）について解説する[17]。

(1)　POSとEOS—情報統合—

　流通業者が消費者との取引情報を得ることができるのがPOSである。POSは小売店頭における製品別売り上げ情報を単品ごとに収集・登録・蓄積し，分析するシステムである。POSを利用することで，流通業者はいつ（時間），どこで（場所），どのような製品（種類）がどれだけ（数量）売れたのかという情報を得ることができる。POSの入力は消費者が製品を購入する際のレジスターで行われ，それによる取引情報が収集される。特に近年は，仕入・配送などの段階で発生する各種情報も加えてコンピュータに送っている。このようなPOSデータを活用し，流通業者は売れ筋製品と死に筋製品を選別し，製造業者などのプロモーション，さらには気象情報などを組み合わせることで消費と関係する要因を明らかにし，効率的な製品の仕入れ・販売情報として活用している。

　そして，POSは，EOSというオンライ補充発注システムと連動することで，単品別の売り上げデータと在庫データにより正確な発注を行うことができ，それにより店頭在庫の圧縮を実現している。各小売店舗でJANコードから発注する製品を選択し，コンピュータに数量を入力し，チェーン本部や流通VAN（Value Added Network：共同利用型コンピュータネットワーク）に送信をすることにより，自動的に卸売業者に製品発注する仕組みが構築された。セブン-イレブンは1980年代にすでにこの仕組みを構築していた[18]。

　このような受発注システムの構築がSCMの実現に貢献した点は，流通業者間でのやり取りができるようになったという点である。ITを利用した受発注システムの構築にあたっては，製品名や発注するチェーン店名・店舗名などのコードを統一する必要があった。それを可能にしたのが，EDI（Electronic Data Interchange：電子的データ交換）であり，取引を行い流通業者同士が標準化されたルールでコンピュータ上でデータの交換が可能にした。このように

取引のIT化により，個別流通業者の情報が受発注システムの構築という点で企業間で共有されることで効率的な物流システムが構築でき，店頭在庫の圧縮につながったのであった。

(2) QRとECR―情報共有―

POSとEDIの導入により，店頭での品揃え時点から在庫管理までの情報を企業間で共有することが可能になった。これにより，消費者ニーズに適合した流通システムが構築された。一方，製造業者と流通業者，つまり生産と販売の情報のやりとりは，QRやECRというシステムでその仕組みが構築された。これは製造業者と流通業者が情報ネットワークによって消費者ニーズに即対応可能な生産体制，適切な在庫，ジャスト・イン・タイム物流，効率的な販売体制をともに構築していこうとするものである。QRは主にアパレル分野で採用したシステムの総称であり，ECRは加工食品・日用雑貨分野で採用されたシステムの総称である。

(3) SCMに参加する供給業者・製造業者・流通業者にとってのメリット

SCMとは，消費者のニーズに合わせた迅速な生産・販売のための仕組みである。しかし，そこに参加する企業は同一資本下でマネジメントされているわけではない。それは製販統合なども同じである。つまり，SCMは異なる企業間の協働なのである。このように異なる企業，特に製造業者と流通業者が協働するのは，それぞれにとってメリットがあるからである。それは流通業者にとっては，店頭在庫の削減によってコストを削減できるとともに，品切れを少なくして陳列スペースの収益性を改善することができる。一方，供給業者・製造業者は生産・物流能力の効率的な利用によってコスト削減ができる。そのコスト削減の分を製品改良や新製品開発へ投資することができ，消費者にとって魅力的な製品を製造できる。そして，その製品を品揃えする流通業者は売上を増加させ，それはその製品を製造した製造企業にも同様の増加となる。このような利益のチェーンがつながると，SCMは機能するのである。

注■
(1) 分業をアウトソーシングと捉えた研究として，武石（2003）がある。
(2) この3つの取引の理論的背景については，今井・伊丹・小池（1980）を参照のこと。

(3) 下請け制度については，西口（2000）を参照のこと。
(4) 産業集積については，伊丹・橘川・松島編（1998）を参照のこと。
(5) 組織間関係を包括的に議論した研究として，山倉（1993）がある。
(6) 組織間関係をネットワークと信頼からとらえた研究として，若林（2006）がある。
(7) 取引費用については，ウィリアムソン（1980）を参照のこと。
(8) 長期取引関係については，浅沼（1997）を参照のこと。
(9) パワー関係については，石井（1983）を参照のこと。
(10) 流通論のテキストとして，小林・南編（2004）や田島・原田（1997），田村（2001），矢作（1996a）がある。
(11) 特に部品間取引に関する学際研究として，藤本・西口・伊藤編（1998）がある。
(12) 生産財のマーケティングについては，高嶋（2004）高嶋・南（2007），フォード／IMPグループ（2001），余田（2000）を参照のこと。生産財マーケティング研究で生産財取引を効果・効率的に行うには関係性（relationship）が重要であると指摘している。
(13) 生産財のブランディングについては，余田・首藤編（2006）を参照のこと。
(14) 製販同盟は，他に「製販同盟」，「製販連携」などと呼ばれることもある。製販統合の包括的研究として，石原・石井（1996）がある。
(15) SCMは黒田編（2004）および森田（2004）に詳しい。
(16) 延期―投機の原理に着目して，製造業者と流通業者を捉えた研究として，矢作・小川・吉田（1993）がある。
(17) このような具体的なIT化は，小林・南編（2004）ならびに田島・原田編（1997），矢作（1996a）が詳しい。
(18) このようなセブン-イレブンの取り組みは，矢作（1996b）に詳しい。

参考文献■────────

浅沼萬里（1997）『日本の企業組織革新的適応のメカニズム』東洋経済新報社
石井淳蔵（1983）『流通におけるパワーと対立』千倉書房
石原武政・石井淳蔵編（1996）『製販統合』日本経済新聞社
伊丹敬之・橘川武郎・松島茂編（1998）『産業集積の本質』有斐閣
今井賢一・伊丹敬之・小池和男（1992）『内部組織の経済学』東洋経済新報社
O. E.ウィリアムソン著，浅沼萬里・岩崎　晃訳（1980）『市場と企業組織』日本評論社
黒田　充編（2004）『サプライチェーン・マネジメント』朝倉書店
國領二郎（1999）『オープン・アーキテクチャ戦略』ダイヤモンド社
P.コトラー・K. L.ケラー著，恩藏直人監訳，月谷真紀訳（2008）『コトラー＆ケラーのマーケティング・マネジメント』ピアソン・エデュケーション
小林　哲・南知恵子編（2004）『流通・営業戦略：現代のマーケティング戦略③』有斐閣

高嶋克義(1998)『生産財の取引戦略』千倉書房
高嶋克義・南知恵子(2006)『生産財マーケティング』有斐閣
武石　彰(2003)『分業と競争』有斐閣
田島義博・原田英生編(1997)『ゼミナール流通入門』日本経済新聞社
田村正紀(2001)『流通原理』千倉書房
西口敏宏(2000)『戦略的アウトソーシングの進化』東京大学出版会
藤本隆宏・西口敏宏・伊藤秀史編(1998)『リーディングス　サプライヤー・システム』有斐閣
D.フォード/IMPグループ著，小宮路雅博訳(2001)『リレーションシップ・マネジメント』白桃書房
森田道也(2004)『サプライチェーンの原理と経営』新世社
矢作敏行(1996a)『現代流通』有斐閣
矢作敏行(1996b)『コンビニエンス・ストア・システムの革新性』日本経済新聞社
矢作敏行・小川孔輔・吉田健二(1993)『生・販統合マーケティングシステム』白桃書房
山倉健嗣(1993)『組織間関係』有斐閣
余田拓郎(2000)『カスタマー・リレーションの戦略論理』白桃書房
余田拓郎・首藤明敏編(2006)『B2Bブランディング』日本経済新聞社
若林直樹(2006)『日本企業のネットワークと信頼』有斐閣

7 企業とファイナンス
―企業活動の財務的評価―

7-1　企業活動とファイナンス

7-1-1　ファイナンスの意味

　企業に欠かせない資源として，人・モノ・カネ・情報の4つがよくとりあげられる。これらの要素は，いわば企業活動を観察するさいの側面であるといえる。コーポレート・ファイナンスとか，企業財務とよばれるのは，企業活動をカネの流れから見ようとする分野である。

　ファイナンス（finance）という言葉は，もともとラテン語のfinis, finare（始末をつける，終わらせる）を語源としている[1]。finis, finare は，その後，古ラテン語のfinantia（支払）となったといわれている。つまり，金銭でもって始末をつける，決済するという意味へと派生したのである。支払行為は，提供側から見るとアウト・フロー，受領側からみるとイン・フローを意味することから，ファイナンスとは収支にかかわることを扱うということになる[2]。

　ファイナンスの主体を企業に限定するならば，おおざっぱにいって，イン・フローとは資金調達であり，アウト・フローとは投資ということになるだろう。

7-1-2　コーポレート・ファイナンスの役割

　コーポレート・ファイナンスに求められていることは，低コスト（借り入れ

でいえば低金利)の資金を確保するという資金調達に関わる課題と，調達資金を高いリターンをもたらす投資案件に投下するという投資に関わる課題がある。そして，資金調達と投資の組み合わせを考えるというもうひとつの課題もある。

　資金調達の課題は，実は低コストであればいいというだけではない。必要な期間に合わせて，過不足なく用意しなければならない。資金不足は経営危機をもたらすし，資金過剰もまた経営危機をもたらすことになりかねないからである[3]。何に，どのタイミングで，どのくらいの資金が必要となるかをふまえて資金計画を立てて管理する必要性も生じる[4]。

　投資の課題は，複数ある投資案件の中から，高いリターンをもたらす案件を探し出すことである。もちろん，複数ある投資案件からひとつを選ぶというだけではない。企業が抱えている複数の投資プロジェクトをどう組み合わせたら良いかということも考えなければならない。

7-1-3　目標としての株主価値最大化

　コーポレート・ファイナンスは，資金調達と投資に関わる意思決定を通じて何を達成しようとしているのであろうか。コーポレート・ファイナンスの目的は，一般的には，株主価値の最大化であるといわれている。

　株主価値最大化という目標は，文字通り，株主にとっての価値，端的には株価が高くなるような意思決定をすべきことを意味している。様々な利害関係者がいるなかで，とりたてて株主にとっての価値を問題とすることの合理性はどこにあるのだろうか。

　ひとつには，株価は企業価値を最もわかりやすく表現した指標のひとつである，という考え方にある。企業価値という言葉が企業全体の何らかの価値を表しているということは想像できるが，実は，これが何かを明確に説明することは簡単ではない。そこで，①株式時価総額(株価×発行済株式数)がその主要な構成要素であると思われること，および②株価という客観的なデータをもとに数値化できることのふたつを理由に，株主価値最大化を目標にするのである。つまり，本来，企業価値最大化を目標としたいが，これでは具体性に欠けるために株主価値最大化を目標としている，という考え方である。

　もうひとつは，株主のもつ請求権の順位に関係している。会社が獲得した収

益は，取引先（仕入原価に相当），従業員（給料），債権者（利払い），国（税金）に対する配分を差し引いた後の利益から配当として分配される。このように，株主への分配は最後に行われることから，株主にとっての価値を最大化すれば，その他の利害関係者にとっても概ね満足のいく分配をもたらす，と考えられるのである。もちろん，債権者をはじめとするその他のステークホルダーの利害と株主の利害は常に一致しているわけではないので，株主価値最大化をめざすことが，たとえば債権者の利益を損なう場合もあり得る[5]。

　いずれの考え方によるにせよ，コーポレート・ファイナンスにおける意思決定の目標として掲げられる株式価値の最大化は，単純に株価が高くなれば良いという意味合いではない。考えられる多くの場合において，企業価値をあらわしていると思われる，わかりやすい指標のひとつとして株式価値をあげている，と理解すべきである。

　株主価値最大化が企業価値の指標として機能するためには，次の2つの前提が充たされていなければならない。第1は，証券市場がおおむね効率的であることである。ここでいう，おおむね効率的とは，入手できる情報はすべて株価に反映されている状態を意味している[6]。そうでなければ，株価自体の信頼性が乏しく，株式時価総額がいくら計算しやすくとも意味がなくなってしまうからである。

　第2は，企業が法令や，社会的規範・倫理的規範を守り活動すること（コンプライアンス）である。経営者が自らの利害を優先し，ステークホルダーたちの利害をないがしろにするような意思決定は許されるものではない。コンプライアンスの観点からの制約は多面的である。生産・販売する製品・サービス自体，取引先との関係や，財務報告に至るまで，社会的・倫理的に許容される範囲でなければならない。

　不正取引によって短期的に株価を高めようとしたり，架空取引によって虚偽の情報を提供して株価を操作することは，一時的に株価を高める可能性があるが，本章で扱おうとする企業価値を高めることはない。利害関係者を欺いて株価を高めようとする試みは長続きしない。不正取引や架空取引は，その性格上，頻度や金額はかならず肥大化するから，最終的に隠しきれず明るみに出ることになる。

7-2 会計情報とコーポレート・ファイナンス

7-2-1 会計情報の役割

　コーポレート・ファイナンスでは不確実性下で予測を行うために様々な情報を入手する必要がある。市場取引にコストがかからず（完全市場），また，いかなる資産に対しても市場が存在する（完備市場）という状況下では，将来獲得するキャッシュ・フローの予測情報さえあれば株価は算定できる。しかし，現実にはこのような状況にはない。そこで頼りになるのが会計情報である[7]。会計情報は，企業活動の結果を数値で記録・集計したものである。

　現在，日本の公開企業の多くは企業会計基準委員会（ASBJ）が主体となって作成したルール（一般に公正妥当と認められた会計原則：GAAP）に従って会計情報の作成・公表を行っている[8]。企業の公表する会計情報は，財務諸表とよばれる形式で公表される。財務諸表は，文字通り複数（諸）の財務表から構成されている。主要なものとしてよくあげられるのは，貸借対照表，損益計算書およびキャッシュ・フロー計算書の3表である。

7-2-2 貸借対照表

　貸借対照表には，決算日時点において，現金，商品，建物などの企業が支配している資産と，借入金などの将来返済すべき義務を負っている負債が記録されている。資産と負債の差額は純資産（資本）とよばれ，これは企業の出資者である株主の持分を表している。

　貸借対照表に記載されている数値のほとんどは，実際の取引額（取得原価）をもとにした数字である。ただし，売買による利益獲得を目的とした株式，デリバティブなどの金融資産・負債については，多くの場合，取引額ではなく決算日時点の市場価格（時価）で表示されている。

　資産と負債については，流動資産（負債）と固定資産（負債）に区分されている。この区分は，その項目が原材料の仕入から生産・販売という営業循環内に生じるものであるか，または1年以内に現金化されるか（支払期限が到来するか）という条件で行われている。いずれかの条件に当てはまれば流動資産

（負債），当てはまらなければ固定資産（負債）として表示されている。

貸借対照表では，資産の合計額は負債と純資産の合計額に等しい（資産＝負債＋純資産）という関係が常に成立している。負債と純資産は，企業にとっての資金の調達源泉を表しており，資産は調達した資金の運用形態を表している。

7-2-3 損益計算書

損益計算書は，1期間における経営活動から生じた利益を表している。会計上の利益は，収益と費用の差額（収益－費用＝利益）として計算される。収益のなかで最も大きなウエイトを占めるのが売上高である。売上高は企業が製品を販売して得た金額である。販売する製品の製造にかかった費用は売上原価とよばれる。売上原価には，材料の仕入にかかった金額や，製造に携わった人たちの給料などが含まれる。製品を販売して収益を獲得するためには，売上原価以外の費用も必要となる。たとえば，店舗の家賃，販売スタッフの賃金や，包装紙まで多岐にわたる。さらには管理部門にかかる費用もあるだろう。これらはまとめて販売費及び一般管理費として損益計算書に表示されている。

損益計算書では，売上高から売上原価と販売費及び一般管理費を差し引いた差額が営業利益として表示されている。損益計算書には，営業利益以外にも，経常利益や当期純利益といった複数の利益が表示されている。このうち，経常利益は，営業利益に加えて，主として株式投資などの成果である金融収益と，借入金に対する利息など金融費用の差額などを加えたものである。当期純利益は，経常利益に，店舗の売却のような一時的に発生したイベントによって生じた利益（特別利益）と損失（特別損失）を加減し，さらに税負担額を加味したものである。

7-2-4 キャッシュ・フロー計算書

損益計算書上に利益が表示されていても，必ずしも手元に現金が残ったことを意味しない。なぜならば，収益・費用は必ずしも現金の流入・流出を伴っていないからである[9]。

このため，多額の利益を計上していても，現金が枯渇して経営破綻することがある。今日では，コンスタントに利益を獲得している会社が資金調達に窮す

るという場面はほとんどないので，黒字倒産に至ることは滅多にないが，ゼロではない。たとえば，不動産関連事業を営むアーバンコーポレーションは，過去最高の2,400億円の売上高と61億円の経常利益を計上した翌年度の2008年8月に経営破綻してしまった。このような事態があるため，利益の多寡とは別に，企業の活動がどれだけの現金を生み出しているのか，という情報が必要となってくる。こうした要請に応えるために，1期間における現金の増減原因の表示を目的としたキャッシュ・フロー計算書が作成・開示されている。

　キャッシュ・フロー計算書では，現金を増減させた原因を，営業活動，投資活動，財務活動に分類・表示している。営業活動とは企業の主たる収益獲得のための活動であり，投資活動とは，設備投資のような実物財への資金投下・回収，株式投資のような金融資産への資金投下・回収などといった活動である。また，財務活動とは，資金調達・返済にかかわる活動である。

7-2-5　会計情報と証券市場

　貸借対照表上の純資産額（株主持分）と，株式時価総額が一致することはほとんどない。その理由のひとつは，株価は企業が将来獲得するキャッシュ・フローを問題としているのに対して，会計数値は主として過去の取引額（取得原価）を問題としているからである。元来，会計は不確実性を伴う評価を好まない。たとえば，店舗を購入したとすると，取得原価で記録し，減価償却という方法で少しずつその簿価を切り下げていく。会計は，実際の取引を伴わない不確実な金額を避けて，実際の取引額を会計上の仮定をもとに加工する方法を選んでいるのである[10]。

　会計上の純資産額と株式時価総額が異なるもうひとつの理由は，証券市場では評価の対象となる経済的価値が，貸借対照表に網羅的に表示されていないこととも関係している。たとえば，ある会社に優秀な経営者がいても，その経営社の価値は貸借対照表には記載されていない。しかし，株価には彼の経営能力が反映されている。同様に，自社開発の特許は，多くの場合，特許申請にかかった支出額で資産計上されることが少なくないが，証券市場ではこの特許が将来もたらすキャッシュ・フローを評価している。

　こうした事実は，会計情報がコーポレート・ファイナンスでは役立たないこ

とを意味しているのではない。むしろ，不確実なもとでの予測の材料となる，比較的確実な情報を提供していることを意味している。

7-3 投資の評価と資本コスト

7-3-1 DCF法による投資の評価

コーポレート・ファイナンスにおいて，投資の価値を判断するにあたっての重要なのは，キャッシュ・フローと時間価値である。

コーポレート・ファイナンスでは，会計上の利益ではなく，キャッシュ・フローをもとに投資の判断を行う。たとえば，100万円の資金投下（キャッシュ・アウトフロー）で，105万円のリターン（キャッシュ・インフロー）が得られると予測されるならば，収益率5％（=105÷100）と評価する。

時間的価値とは，今日の100万円は1年後の100万円よりも価値が高いという考え方である。この背後には，元本が確実に返済されるような安全な運用をしても1年後には100万円以上になっているだろう，という考え方がある。元本が減ることのない安全な運用利回り（無リスク金利[11]）で運用すると仮定して，1年後に100万円を手にするためには，今現在いくらの現金を持っていればよいかを計算し，現在の100万円と比較するのである。たとえば，無リスク金利が1.7％だとすると，1年後の100万円は，現在の価値に直すと約98.3万円（100万円÷1.017）となり，1年後の100万円は，現在の100万円よりも1.7万円ほど価値が低いことになる。いま，約98.3万円を計算した方法（1年後のキャッシュ・フロー÷（1＋無リスク金利））は，割引現在価値法（DCF法）とよばれている。

上で約98.3万円を計算した例では，投資のリスクをまったく考慮していなかった。しかし，実際の投資においてはリスクが伴う。リスクのある投資の場合は，先の計算で分母を調整すれば良い。一般的に，投資のリスクが高ければ，その分だけ高いターンが要求される。そこで，無リスク金利とリスク・プレミアム（リスクに対して要求されるリターン）を加えた数値を分母として割引現在価値を計算する必要がある。先ほどの1年後の100万円は，5％のリスクを伴う投資案件だったと仮定すると，DCF法による現在の評価額は約93.7万円

（=100万円÷（1+0.017+0.05））と計算できる。

　さらに，こうした評価が不確実性下で行われているとすると，その影響は分子のキャッシュ・フローを期待値に変えることで調整すれば良い。1年後，50％の確率で80万円，50％の確率で120万円のリターンが生じることが予想されるならば，期待リターンは100万円（80万円×0.5+120万円×0.5＝100万円）と計算されることになる。

　ここまでの内容を整理してみよう。DCF法による評価額（現在価値）は次のように一般化できる。

$$現在価値 = \frac{期待キャッシュ・フロー}{（1＋割引率）}$$

ただし，割引率＝無リスク金利＋リスク・プレミアム

　個別の投資案件の評価にあたっては，投資によるキャッシュ・アウトフローの現在価値と投資からのキャッシュ・インフローの現在価値との差として計算される純現在価値がプラスとなるような選択をすればよいことになる。つまり，上で計算した現在価値から初期投資の現在価値を引いた結果がプラスであればよいということになる。

　たとえば，上で計算した割引率6.7％で1年後に100のキャッシュ・フローをもたらす案件の初期投資が85だったとすると，純現在価値は8.7（＝93.7-85）ということになる。この場合，純現在価値はプラスなので投資を実行すべきということになる。

7-3-2　DCF法による企業価値の評価

　DCF法を使えば，個別の投資案件の評価だけではなく，企業全体を評価することも可能である。その際，分子に入れるべきキャッシュ・フローは，各期におけるフリー・キャッシュ・フロー（FCF）の期待値である。

　企業が過去にどれだけのFCFを獲得したかは，キャッシュ・フロー計算書で確認できる。おおざっぱには，FCFは営業活動からのキャッシュ・フローと投資活動からのキャッシュ・フローの合計金額である。通常，営業活動からのキャッシュ・フローはプラスであり，投資活動からのキャッシュ・フローは

マイナスであるから，FCFとは，営業活動から得たキャッシュ・フローのうち，新たな投資に充当した残りの，文字通り自由に使えるキャッシュ・フローを意味していることになる。

現在価値の計算では，現在に近い年度のキャッシュ・フローの方が現在価値に与える影響は大きい。これは現在価値計算において，各期のキャッシュ・フローを割り引くときの分母（1＋割引率）は年数乗（つまり1年先であれば1乗，2年先であれば2乗，…）するので，先に行けば行くほど分母が大きくなり，割り引いた結果の値は小さくなるためである。

7-3-3　加重平均資本コストの計算

DCF法で企業全体の評価を試みるとき，技術的に難しいのは割引率の推定である。企業への資金の提供者には債権者と株主がいる。債権者と株主について，それぞれが期待する見返りが明らかであれば，企業が調達した資金の加重平均資本コスト（WACC: weighted average cost of capital）は次のように計算できる[12]。

$$WACC = \frac{(負債コスト \times 負債 + 株主資本コスト \times 純資産)}{(負債 + 純資産)}$$

WACCの計算には，貸借対照表における資金の調達源泉の項目が使われている。ただし，貸借対照表の数字をそのまま用いるのではなく，時価を用いる。つまり，負債であれば債務履行確率を考慮した現在の評価額を，純資産であれば株式時価総額を用いるということになろう[13]。同様に，負債コストや株主資本コストについてもいま現在のものを用いることになる。

もしも全てを簿価ベースでやるとすると，負債コストは財務諸表上の支払利息と有利子負債で計算する借入利子率ということになろう。また，株主資本コストは，株主に対する見返りである当期純利益を純資産で割ったROEということになるだろう。したがってWACCは当期純利益を負債と純資産の和（＝総資産）で割ったROAということになるだろう。

7-3-4 負債コスト・株主資本コストの推定

　負債コストの推定は，社債の格付情報をもとに行うことができる。同一の格付の企業が発行する社債が市場で取引されている金利をもって負債コストとする方法である[14]。ただし，格付け情報がなかったり，格付けがあっても格付会社によって格付のランクが異なっていたりするなど，手続上の問題も少なからず存在する。

　その場合の代替案として考えられるのは，有価証券報告書で財務諸表とともに開示されている付属明細表から社債やリース債務など比較的借入期間が長期の金利をもって負債コストとする方法である。ただし，負債コストが借入時点のものであって現時点の金利でないということや，無リスク金利（一般には10年もの国債）が想定している期間よりも借入期間が短い可能性があるという問題があることも理解しておく必要があろう。

　一方，市場がおおむね効率的であるならば，株主が要求するリターンがそのまま株主資本コストとなる。つまり，株主資本コストは，株式リスク・プレミアムに無リスク金利を加えたものである。このとき，株式リスク・プレミアムは次のように計算して推定できる[15]。

$$株式リスク・プレミアム = \beta \times 市場リスク・プレミアム$$

　市場リスク・プレミアムは証券投資のリスクで，上場会社全社の株式を保有したと仮定した場合の収益率[16]と無リスク金利の差分である。日本においては，市場リスク・プレミアムはおおむね4％～5％とであるといわれている[17]。

　β は，株価ベータとよばれる値で，企業の株価収益率と市場収益率との関係の程度を表す値である。β は過去の株価をもとに数値化したもので，市場リスク・プレミアムとの株式リスク・プレミアムとの関係の強さを表している。たとえば，β が1.5の企業の株価は，TOPIXが＋2％になると＋3％となることを意味している。逆にTOPIXが－1％になると，-1.5％になることを意味している。

　β を推定するには，各期の株式リターンと市場収益率のデータを集めて回帰分析をし[18]，β 値を推定することもできる。また，ReutersやBloombergなどから無料で入手することもできる。ただし，各社が提供する β は，計算上の仮定が必ずしも同一ではないため，同一時期・同一企業の β 値であっても異って

いる。使用する場合にはどう計算されているのかに注意する必要がある。

7-3-5 資本コストを重視した企業経営

企業全体の価値を考えるならば，投資案件の採択基準は個々の案件の純現在価値がプラスというだけでは充分ではない。なぜならば，個別の投資案件について純現在価値がプラスであっても，WACCを上回るリターンを獲得できなければ，結局のところ企業の価値は増加しないからである。

こうした観点から，1990年代末頃を境にして，日本でも資本コストを重視した経営指標が積極的に用いられるようになってきた。資本コストを意識した経営指標の代表例は，スターンスチュワート社のEVA（Economic Value Added）である。簡単にいえば，EVAは資本コストを上回って生み出される企業活動の成果である。日本では，花王やSONYがいち早くスターン スチュワート社のコンサルティングを受けてEVAを導入したことが知られている。これ以外にも資本コストを重視した経営指標を導入した例としては，パナソニックのCCM（Capital Cost Management）などが知られている[19]。CCMは，（事業利益－投下資産コスト）として計算される。つまり，資本コストの金額（投下資産額×資本コスト）を上回る事業利益（営業利益＋受取配当金）[20]のことである。投下資産に現金が含まれていないとか，事業利益が税引前であるとかといった違いはあるものの，EVAもCCMも資本コストを上回るリターンを確保することを目的としていることに違いはない。

7-4 資本構成と企業価値

企業の資本構成（負債への依存割合）は企業価値に影響を与えない。本章ではここまで，このような仮定の下で資本コストを推定していた。しかし，資本構成と企業価値が無関連であるためには次のような条件が充たされていなければならない。すなわち，(1)税がない，(2)株式や債券を発行するさいの取引費用はゼロである，(3)企業内部の経営者と外部の投資家がもつ情報量に差がない，(4)株主間での利益相反の解消にはコストがかからない，の4つである。

現実にはこれらの条件は満たされていないので，資本構成は企業価値に影響

を与えていることになる[21]。したがって，最適な資本構成は存在すると考えられる。ただし，最適な資本構成はどの企業にとっても最適ではなく，資本市場や企業の状態に依存している。

本章では網羅的に説明できないが，影響要因の例を紹介しておこう。もっともわかりやすいと思われるのが負債の節税効果に関する論点である。税法上の課税所得は会計上の当期純利益をベースに計算される。配当は当期利益の分配であるのに対して，負債の利息は当期純利益の計算過程で費用としてマイナスされている。したがって，負債の割合が高くなれば，税金が節約できるという効果を生む。

しかし逆に，節税効果をねらって負債の割合を高くするにつれて，債務不履行（デフォルト）を起こすリスクが高まってくる。不履行を起こしてしまうと，繰上償還のための資産処分をしなければならなかったり，法的手続きをとったりと，多額のコストが発生することになる。

負債の割合は，少なくとも節税効果と不履行リスクのトレード・オフを考慮した点に落ち着くことになるだろう。

注■
(1) 語源については次の文献を参照した。梅田修（1990）『英語の語源事典―英語の語彙の歴史と文化』大修館書店，pp.270-271。
(2) ファイナンスの語源と財務の研究領域に関かんしては次の文献を参照。細井卓（1968）『財務管理論』有斐閣。
(3) 資金過剰がある種の経営危機をもたらした事例としては，株式会社東京スタイルがあげられる。同社は，当時，おおよそ2年分の売上高に相当する現金と有価証券（約1,200億円）を保有しており，明らかな資金過剰の状態にあった。資金過剰は企業が充分な事業投資を行っていないことを意味することから，一般にこうした企業の価値は低くなる。これに目をつけた投資ファンドが株式を買い占め，発行済株式数の約33％にあたる自社株買いと1株500円の高配当をはじめとする株主提案をした（日本経済新聞2002年5月24日朝刊）。提案は否決されたが，その後も株価は低迷を続けた（日経金融新聞2002年7月18日）。
(4) 本章では扱わないが，財務計画も重要なテーマのひとつである。たとえば，Brealey et al.（2006），Higgins（2000）などを参照。
(5) 経営破綻した企業の再起をかけた投資案件があるとする。この投資をしないで清

算すれば債権者は債権の回収ができるが，株主には残余財産は残らないとしよう。この場合，債権者はいかに素晴らしい投資案件であろうとも，元本回収を優先して清算を望むかも知れない。しかし，株主は清算しても何も得られないので，いかにリスクの高い投資案件であっても，投資案の採択を望むだろう。このような設定のもとでは，株主価値の最大化という目標は必ずしも合理的とはいえない。

(6) 今日の証券市場については，(a) 現在の証券価格が過去の証券価格に含まれる情報をすべて反映しており，かつ (b) すべての公開情報が反映されているとする，半強度 (semi-strong form) の効率的市場であると仮定されている。近年の研究成果によると，必ずしもこの仮定に当てはまらないような事象（アノマリー）が発見されてはいるものの，概ね効率的であると見なされている。

(7) この点については，Beaver (1981) を参照。

(8) 海外では，国際会計基準審議会（IASB）が国の枠を超えた会計ルール（国際会計基準：IFRS）作りを行っており，現時点（2015年5月）で140カ国が何らかのかたちでIFRSを採用している。東証によると，日本でも112社が採用を決めている。会社数としてはさほどではないが，時価総額ベースでは市場全体のおよそ20％で時価総額の大きい会社の採用が目立っていることが分かる。さらに，今後IFRSの採用を検討している会社が194社あることを考えると，日本でもIFRSが主要な会計ルールとなるといってよいだろう。(http://www.jpx.co.jp/news/1020/nlsgeu0000015tyc-att/20150901-1.pdf)

なお，IFRSと日本基準は長年かけてすりあわせがすすめられているため，現時点では一部に計算・表示上の差異はあるものの，全体でみるとそれほど大きな差異はない。

(9) たとえば，売上高のなかには製品を掛けで販売し，当年度中に代金回収をしていないものもある。また，当年度中に支払った翌年度分の家賃は，現金支出はあったものの当期の費用にはふくまれていない。

(10) 金融資産の時価評価については，実際の取引額ではないが，活発な市場が存在する場合はほぼ市場価格で売買が可能であるとして時価評価されている。

(11) 無リスク金利には，長期国債の金利を用いることが一般的である。具体的には，10年物国債の平均利率が使われることが多い。

(12) ここでは，負債の節税効果による影響を考慮していない。

(13) 負債を時価で評価すると，業績が低迷しているときには債務の履行確率が下がるため債務額が減少し，それ以外の場合には契約額となる。しかし，業績によって債務額が変化したのでは資本コストを評価する意味が失われかねないので，通常，負債は契約額のままにしておくことが一般的だといえる。

(14) 市場で取引される社債の金利は日本証券業協会が「格付けマトリクス」として無料で公開している。(http://market.jsda.or.jp/shiraberu/saiken/baibai/index.html)

(15) 本章であつかうCAPM以外にも，比較的よくもちいられるものとしてFama-

Frenchの3ファクター・モデルがある。CAPMと3ファクター・モデルについての説明はBrealey *et al.*（2006）の8章（8.4）を参照。
(16) 一般に，市場収益率は，東証株価指数（TOPIX）や日経平均株価の収益率で代用されることが多い。
(17) 市場リスク・プレミアムは，推定期間によって異なる。砂川ほか（2008）第2章を参照。
(18) 本章では，回帰分析の方法について詳細に説明はしていない。詳しい説明は，たとえばMaddala（1992）2章などを参照のこと。
(19) 詳しくは砂川ほか（2008）第4章～5章を参照。
(20) 事業利益は，会計上の利益であるので，必ずしもキャッシュ・フローの裏付けがあるわけではないため最適の選択肢ではないかもしれないが，ここでは概ねキャッシュ・フローの裏付けがあるものと仮定されていると考えられる。
(21) 資本構成についての議論は，Brealey *et al.*（2006）17-18章が詳しい。

参考文献■

Brealey, R., Myers, S., and Allen, F（2006）*Principles of Corporate Finance 8ed*, McGraw-Hill（藤井眞理子・国枝繁樹 訳（2007）『コーポレートファイナンス（上）（下）』日経BP）.

Higgins, R.C.（2000）*Analysis for Financial Management 6ed.*, McGraw-Hill.（グロービス・マネジメント・インスティテュート 訳（2002）『新版ファイナンシャル・マネージメント―企業財務の理論と実践―』ダイヤモンド社.）.

マッキンゼー・アンド・カンパニー（2003）『企業価値評価VALUATION』ダイヤモンド社。

Maddala, G.S.（1992）Introduction to econometrics, Prentice-Hall（和合　肇 訳（1996）『計量経済分析の方法』シーエーピー出版.）.

橋本　尚（2007）『2009年 国際会計基準の衝撃』日本経済新聞。

稲盛和夫・王　英燕・大平浩二・高　巖・原　良也・日置弘一郎（2008）「明日の経営者たちへ－株主資本主義を超えて」経営哲学学会 編『経営哲学の実践』文眞堂，pp.60-103。

伊丹敬之（2000）『日本型コーポレートガバナンス―従業員主権企業の論理と改革―』日本経済新聞。

伊丹敬之 編著（2006）『日米企業の利益率格差』有斐閣。

Scott, W.R.（2008）*Financial Accounting Theory, 4ed.*, Pearson Education（太田康広・椎葉　淳・西谷順平訳（2008）『財務会計の理論と実証』中央経済社）.

砂川伸行・川北英隆・杉浦秀徳（2008）『日本企業のコーポレートファイナンス』日本経済新聞。

8

企業と法
―経営と法律の相克と調和―

■グローバル化の進展に伴い，企業社会の実態と制度について，企業の社会的責任，法令遵守，リスクマネジメント，法と経営学の各項目から考える意義がある。
■コンプライアンスは，企業倫理も含めた「法令等」を遵守することと解釈すべきであり，それを達成するための仕組みが企業統治，内部統制といえる。
■会社法，公益通報者保護法への対応は全社的リスクマネジメントが基本であり，リスクマネジメントの観点から内部統制も考える必要がある。
■「法と経営学」の分析枠組みの目指すところは，公益と私益の追求とその均衡，ならびに国内法／国際法と準拠法，適用範囲の明確化であり，企業の経営資源の定量，定性の両面での変化を分析することにより概ね検証される。
■企業の不祥事の多くは，企業社会における実態と制度の相克と調和，経営と法律に起因する問題であり，企業と法が不可分の関係にあることが理解されよう。

8-1　企業の社会的責任

8-1-1　法人としての企業

　社会生活において，守らなければならない共同の一定の規律のことを社会規範という。法，法律，法令は他の社会規範である道徳，慣習などと異なり国家権力による強制力がある点に特徴がある。経済活動，企業の経営活動に法は不可欠である。
　法律上，権利・義務の主体となることのできる資格または地位を権利能力

（人格）という。権利能力を認められているのは法律上，自然人（生きている人間）と法人（自然人以外のもの）であり，企業はこの法人にあたる。主体に対して客体にあたるものは財産である。法人は民法その他の法律によらなければ設立することができない（法人法定主義・民33）。法人には社団法人（同じ目的をもって人が集まって設立した法人）と財団法人（一定の目的のために寄付された財産を基礎に成立した法人）がある。会社法や商法では，企業は商人，営利を目的とするその活動は商行為とよばれる。企業の設立は勿論のこと，取引，従業員の派遣，事業統合，経営不振に起因する倒産，解散，事業再生に至るまで，主に民法・商法を中心とする私法のほか，契約法，労働法，破産法などが様々に関わる。また，近年にみられる企業による犯罪・不祥事が報告される場面で，紛争の解決や訴訟への対応を迫られるなど，法律との関わりの深さを認識させられることは多い。

本章では社団法人の典型である会社，特に株式会社を中心に，企業と法について，言い換えると，企業社会の実態と制度について，企業の社会的責任，法令遵守，リスクマネジメント，法と経営学の各項目から述べる。

8-1-2 企業の社会的責任—4分類—

企業の社会的責任とは，社会の目的や価値に照らして望ましい政策をたて，それを実行に移すことをいう。しかし社会にとって望ましいことの内容は時代や状況により変化する。今日，企業とそれを取り巻く環境との関係は緊密になり，一部の企業は大規模化し，その社会的影響力は非常に大きいものとなった。企業の社会的責任の例としては，次のものがあげられる。

① 法，法律，法令を守る。
② 有害で危険な商品を生産・販売しない。
③ 損害に対する賠償責任を負う。
④ 地球環境の汚染・破壊を行わない。
⑤ 利害関係者に真実の情報を伝える。
⑥ 地域社会との協調を図る。
⑦ 競争制限行為を行わない。
⑧ 成果の配分を公正に行う。

⑨ 資源の消耗を防止する技術を開発する。
⑩ 国民の利益や国際秩序に反する行為を行わない。

例えば，生産者は，消費者の信頼に応えて安全な製品を製造しなければならない。しかし，現実には製品の欠陥により，人の生命や身体または財産に被害を与える可能性も生じる。このような欠陥のある製品を購入した消費者が被害を受けたとき，製造業者に製造物責任（product liability：PL，製造物責任法3）が生じる。これは製造物責任法により補償を製造業者に求めることができる。

米国では，企業の社会的責任（corporate social responsibility：CSR）とは，社会的存在としての企業の果たすべき役割のことであり，企業と社会が健全に成長し合うことを目的としている。

企業の社会的責任は，大きく①経営的責任（利益追求，利益分配，債務支払い等），②法的責任（刑事責任，民事責任，法令遵法），③倫理的責任（道徳の堅持，倫理憲章の実施等），④裁量的責任（地域貢献，文化活動支援等）の4つに整理される。このうち，法的責任には，さらに民事責任，刑事責任，行政上の責任がある。倫理的責任は，社会規範に反したために生ずる種々の不利益から法的責任を除いたものである。CSRに関する法・制度・社会的システムが作られ，資本市場の社会責任投資（socially responsible investment：SRI），CSRによる企業評価も普及している。ただ，CSRは，例えば，利害関係者（ステークホルダー，stakeholder）からの制約条件や期待に応える責任，というように，その定義自体は様々に存在している。

経営的責任，法的責任，倫理的責任は相互に深く関わりを有することが理解されよう。上記のうち，倫理的責任は，法令遵守（コンプライアンス，compliance）とリスクマネジメントを超えて，あるべき組織像（企業像）の実現，言い換えると経営倫理の実践という点で，最上位の責任といえる。ただし，ここで取り扱う社会的責任とは経営的責任（利益追求，利益分配等）と法的責任（法令遵法）を中心とする。

図表 1　経営的責任と法的責任

```
┌─────────────────社会的責任─────────────────┐
│                                              │
│           ┌────────────┬──────────┐          │
│           │            │ 法的責任  │          │
│           │            │          │          │
│           │  経営的責任 │          │          │
│           │       ┌┄┄┄┄┼┄┄┄┄┄┄┄┄┄┐│          │
│           │       ┊    │          ┊│          │
│           └───────┼────┴──────────┼┘          │
│                   ┊    倫理的責任  ┊           │
│                   └┄┄┄┄┄┄┄┄┄┄┄┄┄┄┘            │
└──────────────────────────────────────────────┘
```

注）当該図では裁量的責任を除いて描いている。経営判断に伴う責任は交錯する部分に位置する。

8-2　法令遵守（コンプライアンス）

8-2-1　法令遵守の定義

「法令遵守」「法律・法令を守ること」はコンプライアンス（compliance）ともよばれる。企業にとって，法令遵守は自明のことであるが，コンプライアンスが全て法令遵守と考えることは誤りである。そもそも，法令が社会的要請の全てに適切に応えられてはいないのであり，企業倫理も含めた「法令等」を遵守することと解釈すべきである。

ただし，企業倫理の内容は必ずしも明確ではない。企業は，企業倫理の基準を自ら提示する必要がある。企業倫理は法令より高い倫理基準となる。ただし，求められる企業倫理は変化することを忘れてはならない。

企業が事業を通じて社会に価値を提供する，かつ，事業活動に際して，法令等を遵守することは社会的責任であり，最低条件といえる。今日，それからさらに一歩踏み出し，積極的に企業市民として社会的課題すなわち社会貢献や地域貢献に取り組むことが要請されているのである。

8-2-2　コンプライアンスの意義

今日，コンプライアンスが必要となった背景には，相次ぐ企業不祥事に対する社会的批判がある。企業に対する市民の厳しい批判は，経済システムの変化

に密接に関係しており，企業業績に深刻な影響を与える。企業不祥事を防止するためのコンプライアンスが必要とされてきたのである。

ちなみに，企業不祥事の類型には，①事故，②法令等違反，③個人的法令等違反（例：インサイダー取引），④組織的法令等違反（例：不正会計），⑤構造的な法令等違反（例：談合）などがあろう。

高成長経済から低成長経済へ変わり，終身雇用・年功序列から雇用の流動化，賃金の弾力化への変化，株式持合の低下や系列の弱体化，事前指導・護送船団方式から事後検証・自己責任原則への移行などの経済のグローバル化が進行した。それに伴って，規則に基づく公正な競争が志向され，規則違反に対する厳しい制裁が科せられるようになるとともに，企業の自浄能力に対する期待が高まったのである。

コンプライアンスは，究極のところ，企業価値の向上にあるといえよう。企業の社会的責任の遂行，企業不祥事の防止（リスクマネジメント）だけでなく，競争優位性の強化による企業価値の向上という経営戦略の視点，そしてそれらを包括した戦略経営の志向である。

8-2-3　コンプライアンスと企業統治，内部統制

所有と経営の分離により登場した専門的経営者はその立場上，出資者のみならず他の地域社会，顧客，労働組合，原材料供給者などの利害関係者（ステークホルダー，stakeholder）のためにも一層多くの注意を払い，企業の存続・発展のために努力しなければならない。専門的経営者によって行われる一連の企業経営，企業統治の行為はコーポレート・ガバナンス（corporate governance）と呼ばれる。企業統治は，株主から経営を委ねられた経営執行者が会社の目的を達成することを確保する仕組み（内容が法令で定められている）である。

経営者による企業統治が目指すものは，経営の透明性（transparency），説明責任（accountability），利害関係者間の均衡維持（balance），法令遵守（compliance）である。企業を統治する者は企業価値を創造し，増大させる使命を帯びている。企業統治の基礎となるのは経営判断の原則である。経営判断の原則（business judgement rule）とは米国で導入されており，取締役がこ

れに従ってなした意思決定であれば，取締役の責任は法的に追及されないとする原則である。そしてこの適用は取締役が通常の努力で入手可能な重要情報を十分に調査した上でなされた判断であったか否かに左右される（米国ではinformed judgementという）。

一方，内部統制とは経営執行者が会社の目的を達成するよう組織を管理する仕組み（内容は法令で定められていない）である。今日，内部統制システムの確立ないしは法令遵守，リスクマネジメント態勢の確立は取締役会，代表取締役，そして監査役（会）の責務であると考えられる。内部統制の在り方は企業統治の在り方によって規制される。すなわち，取締役会と最高経営責任者（CEO）の在り方が，内部統制の基盤である統制環境を形成し，統制環境が企業統治と内部統制をつなぐ接点をなしている。米国のトレッドウェイ委員会（The Committee of Sponsoring Organizations of the Treadway Commission:COSO）報告書の描く内部統制は，監査委員会を含む取締役会と，最高経営責任者以下の執行役員を前提とする，米国型の概念を示している。企業統治，内部統制いずれもコンプライアンスを達成するための仕組みともいえるのである。

8-2-4 量刑ガイドライン

米国では，1991年，組織に関する量刑ガイドラインが出された。これは，効果的なコンプライアンス・プログラムをもつ事業者を優遇するという趣旨から，司法の場で連邦法上有罪を受けた組織に対して懲罰的罰金額を算定する際の基準として発表されたものである。具体的には，法令違反を十分に抑止するために罰金を高額化する一方，効果的なコンプライアンス態勢，コンプライアンス・プログラムを確立していれば罰金を軽減するものとした。

8-2-5 コンプライアンス事例

ここでは米国および日本のコンプライアンス事例をあげる。

(1) 米国

1996年，ケアマーク・インターナショナル事件が起きた。当該事件は，医療サービス会社が医師らへの不法な給付金の支払いをめぐり，取締役の監督責任

が追及された株主代表訴訟である。デラウェア州裁判所意見では，取締役は，社員の法令違反行為の疑いの有無にかかわらず，効果的なコンプライアンス態勢を確立する義務を負っており，その義務を果たさない場合，法令違反の結果会社に生じた損害について賠償責任を負うものとした。効果的なコンプライアンス態勢の要件は，連邦量刑ガイドラインが参考にされる。

また，2002年，不正会計および粉飾決算を糾弾されたエンロン事件やワールドコム事件をうけてサーベンス・オクスリー法（Sarbanes-Oxley Act）が成立した。これは上場企業の財務報告・情報開示の正確性と信頼性を改善し，投資家を保護することを目指すものである。

(2) 日本

日本では，1995年，大和銀行事件が起きた。同行ニューヨーク支店行員が11年間にわたり米国債を無断・簿外で売買し，約11億ドルの損失を発生させた。大和銀行は，事件発覚後，行員の犯罪について法定期間内に届出を行わなかったことにより刑事訴追され，司法取引により3億4千万ドルの罰金を支払った。

この事件の結果，1996年，大蔵省（現，金融庁）通達，全銀協ガイドラインを設け，海外支店にコンプライアンス・オフィサーを設置することとなった。また，1999年，自己責任原則に基づく内部管理態勢の確立を目指し，コンプライアンスとリスクマネジメントに基礎をおく金融調査マニュアルが公表された。さらに，2000年，大和銀行株主代表訴訟に関わる大阪地裁判決では，取締役が，コンプライアンス態勢およびリスクマネジメント態勢を確立すべき善管注意義務および忠実義務に違反したとして約8億8千万ドルの損害賠償責任を認めた（2001年，和解）。その後，2002年には商法が改正され，コンプライアンス態勢およびリスクマネジメント態勢の構築義務が，さらに，2006年には新会社法が施行され，大会社の取締役の内部統制システム構築義務が明記された。

8-3 リスクマネジメント

元来，リスク（risk）の概念とは，事故，事故発生の不確実性・可能性，見込と結果の齟齬，危機，脅威，不測事態，突発事故，危険状態，損失など多様で複雑な意味をもつ。リスクを分析対象として研究してきた社会科学の領域に

は経済学，経営学，法学などが含まれる。もちろん，実際にリスクを分析する場合には，各領域でその具体的な事象の範囲や内容を絞り込んで確定させなければならないことはいうまでもない。

リスクの対処方法について，1920年代にマーシャル（L. C. Marshall），1950年代にイエーニ（O. Jenni），1970年代にヘッド（G. L. Head）など，古くから多くの学者による研究成果が存在する。このうち，ヘッドはリスクの対処方法を防止・制御（risk control），財務・費用支出（risk financing）に大別している。すなわち，リスクに対する回避，除去を行うか，またはリスクに対する準備，転嫁を行うかである。

リスクマネジメントとは，リスクに対する具体的な対処の仕方，対策，政策，管理，戦略などを意味することになる。その目的は企業の維持発展や持続的成長を阻む経営危機，倒産危機からの防衛または回避の科学的管理である。それは適正な利益と適正な費用の均衡の上に成り立つ。

企業の経営管理は，リスクマネジメントとしてとらえられなければならない。体系的手法たるマネジメントサイクル（management cycle）に組み込まれ，全社的なシステムとして構築されることが求められており，会社法，日本版サーベンス・オクスリー法対応は全社的リスクマネジメント（統合リスクマネジメント）が基本システムであり，リスクマネジメント手法としてISO（International Organization for Standardization，国際標準化機構），HACCP（hazard analysis critical control point，危害分析管理点監視），業務のマニュアル化が機能するべきであり，リスクマネジメントの観点から内部統制も考える必要があろう。既に述べたリスク確定のための方法が内部統制を構築する上で不可欠なのである。

一方，経営上のあらゆる法的リスクを予見し，その要因を整理し，対処法を見出すことにより，最終目的としてのリスクを未然に回避することが重要となる。各局面に従って法律の活用基準を変え，リスクに対する対処方法も変える。紛争処理を主眼とする臨床法務では，法律は裁判基準を第一義とする。一方，紛争回避を目的とする予防法務では，法律は裁判を避けるための判断基準として捉えられ，意思決定のために規範化される。さらに，戦略法務では法律は企業の意思決定のための基準として，経営戦略ないし意思決定へ参画し，法律を

基準として判断される。

8-4 企業と法─「法と経営学」の分析枠組み─

8-4-1 経営と法律の領域

経営は企業に関する積極要素であるのに対して，法律は企業に関する消極要素ともいえよう。経営の視点からは利益，法律の視点からは費用が意識される。従来は利益を意識するあまり，費用を節約する傾向があった。しかし，社会的責任を果たすために費用をかけることは，企業経営にとって長期的には利益となることを認識しなければならない。経営の目指す利益と法律の目指す公正・衡平をどのように実現すべきか，を検討しなければならない。経営，法律には各々の判断基準とその表裏の関係としての責任が存在する。利害関係者に関する法律問題は図表2のような関係法と対応することになる。

8-4-2 経営と法律の分析視点

私たちは企業の経営行動を多角的視野から分析していくことを求められる。企業は市場原理に基づく利益（私益）追求を行うべく，経営の機能が要請される一方，それは広く市民の利益（公益）維持に抵触しない最低限の枠組みに抑

図表2　主な利害関係者と関係法

利害関係者	関係法	対象事例
株主・投資家	商法，金融商品取引法	株主代表訴訟，利益供与罪
取締役	民法，商法，会社法，刑法	善管注意義務，忠実義務　取締役の汚職罪，特別背任罪
従業員	労働法	セクシャルハラスメント　安全配慮義務違反
取引業者	独占禁止法	不公正取引
下請会社	下請代金支払遅延防止法	下請代金遅延
競争会社	知的財産法，独占禁止法，不正競争防止法	談合罪
消費者	景表法，製造物責任法，消費者契約法，特定商取引法	誇大広告，欠陥商品，不当契約
国／地方公共団体	斡旋利得処罰法	贈賄罪
地域社会／外国取引	外為法，関税法，不正競争防止法	不正輸出

えられるべく，法律の機能が必要とされる。本研究は，以上の事実を踏まえて，経営と法律の分析視点に立脚し，企業という組織に対して，経営は促進機能，法律は抑制機能を中心的役割として捉えるものとする。しかし，この機能はときには逆転して働く場合もあり得る。すなわち，経営，法律ともに促進機能と抑制機能の両面があるのである。促進，抑制の対象となるものは利益，特に公益と私益であろう。経営の視点からは利益，法律の視点からは費用が意識される。従来は利益を意識するあまり，費用を節約する傾向にあった。しかし，社会的責任を果たすために費用をかけることは企業経営にとり長期的利益となることを認識しなければならない。また，経営と法律の機能は，企業が不正や犯罪によって打撃を受けることを未然に防ぐことにも貢献する。

経営および法律の目指す利益，特に公益（社会・業界全体の不特定多数の利益で，全ての利害関係者の利益）と私益（自己の特定の利益で，株主の利益）の追求とその均衡を検討することになる。私益の類似概念に共益（相互互助を踏まえて，限定された構成員のみの利益）も存在するが，ここでは私益を公益の排反概念「非公益」として捉え，共益を私益に含めるものとする。

8-4-3 公益と私益の追求とその均衡

公益と私益の原点にある「公と私」は"public"と"private"と共に対(つい)概念である。しかし，publicやprivateの概念自体に価値判断，善悪の倫理的な意味は含まれないのに対して，「公」は「正しい，偏りのない」意味を，「私」は「邪な，偏りのある」意味をもち，「公と私」は本来，価値判断を含むものといえる。

公益は私益を実現させた上で達成し得るし，私益は公益を実現する範囲において容認される。すなわち，公益と私益は相互媒介性をもって実現しあうのである。従って，公益と私益は単純な対立概念とはいえない。

特に，公益はしかるべき過程のなかで社会や組織の構成員のコンセンサス（合意，同意）を得て実現するものであろう。ただし，構成員のコンセンサスを得ること自体に時間を要する上に，非常に難しいものでもある。

今，利益を重視することを＋，重視しないことを－で表すとき，公益，私益の組合せである（公益，私益）は，次のⅠからⅣまでの4つに分類される。

図表3　公益と私益の分類

	（公益，私益）	公益，私益の評価
I	（＋，＋）	公益，私益とも重視する。
II	（－，＋）	公益を重視せずに，私益を重視する。
III	（－，－）	公益，私益とも重視しない。
IV	（＋，－）	公益を重視し，私益を重視しない。

　組織（企業）がII，個人（内部告発者）がIまたはIVの立場にあるとき，両者の乖離は最大となる。経営のみに従うと，私益を優先し，公益との均衡を崩してしまう結果となる。その場合は，法律に従って費用を払い，公益を優先するように転換しなければならない。組織においても，個人においても，公益は必ず満たされねばならないが，私益に反する企業も存続できない。この公益と私益を均衡させることは経営と法律の目指す均衡の1つである。私益を優先して公益を犠牲にしている場合は，費用を当該企業（組織）が負担し，逆に，公益を優先して私益を犠牲にしている場合は，費用を社会が負担して公益と私益の均衡を回復しなければならない。

　例えば，株主代表訴訟では大和銀行事件，内部告発者保護では雪印食品事件，特許訴訟では青色発光ダイオード事件，粉飾決算ではカネボウ事件やライブドア事件，食の安全・安心では，様々な食品偽装事件が，それぞれ立法化や法律の改正に与えた影響は大きい。

　本章では，例えば「法と経済学」にみられるような，法学の概念を経済学の概念で代替するということを想定していない。個々の学問領域を基礎に，企業社会における実態と制度の相克と調和を，経営と法律，「法と経営学」という複眼的な視座で見ることに注目したいのである。これを実証する方法としては，例えば訴訟が提起される前後や経営者交代の前後の企業業績を比較するなど，経営資源の具体的な変化を定量，定性の両面での分析が可能である。法律が経営に影響を与え，経営が法律に影響を与える現象に焦点を当てていくことになる。

　なお，公益と私益の一体性について，日本の近代資本主義の父と呼ばれ，

500を超える株式会社を設立した渋沢栄一（1840～1931）は，資本主義社会の正当性を信じ，資本主義社会の道理を追求した結果，資本主義をいかに制御するかの真摯な模索を行った。渋沢は70歳台になって，自らの経済思想の収斂を試みている。それは「公利公益の哲学」「道徳経済合一主義の思想」である。渋沢は，資本は利潤の追求を目的とするものの，私的な利益は公益の追求の結果でなければならないと考えた。公益となるような私欲でなければ本当の私利とは言えない，とする渋沢の主張は，日本の近代から現代に至るまで，不変の真理として高く評価されよう。

8-4-4　国内法と国際法

　今日，社会のグローバル化の進展に伴い，企業には様々な問題が生じ，その取り組みが模索されている。国内法と国際法の視点からは以下が挙げられる。(1)国際法自体が変容する中で，準拠法（その事項に適用・規定される法）が国内法か否か，国内法と国際法との交錯の状況を明らかにすること。今日の国際社会においては，国家間条約を通して国際社会の共通利益を実現するだけでなく，「国際公益」の実現をめざす法制度化が追求されている。(2)国内法と国際法が交錯する状況で，新たな事象やグローバル化との結びつきを明らかにすること。(3)人権と主権，安全と人権，自由貿易と環境など，グローバル化のもたらす諸価値と諸原理の相克に注目すること。(4)我が国の司法，研究，教育・人材養成の各場面における課題を明らかにすること。

　グローバル化が進展に伴い，国内法の新規制定・改正において法的な安定性と透明性を確保するために国際的な適用範囲を明確にする必要があろう。企業や個人に関連する検討すべき法律としては，保証契約，消費者契約法，労働基準法・労働組合法などの労働法規，利息制限法・特定融資枠契約に関する法律など，出資の受入れ，金利規制に関する諸規定などが考えられる。

8-4-5　経営と法律の対象事例

　最後に経営と法律について，対象となる事例をいくつか紹介する。

(1)　株主代表訴訟と取締役の責任

　株主代表訴訟の制度は，1950年商法改正に際して，株主地位の強化策の一環

として，米国の法制度にならって採用された。本来，取締役の責任を追及するのは会社であるが，会社がそれを怠っている場合に，株主が会社に代わって責任を追及することを認めたものである。

　従来の株主代表訴訟に相当する規定は，会社法では，「責任追及等の訴え」に係る規定として定められている。すなわち，6カ月（これを下回る期間を定款で定めた場合にあっては，その期間）前から引き続き株式をもつ株主（その権利を行使することができない単元未満株主を除く）は，株式会社に対し，書面その他の法務省令で定める方法により，発起人，その他役員等もしくは清算人の責任を追及する訴え（責任追及等の訴え）の提起を請求することができる（会社法847Ⅰ）。ただし，責任追及等の訴えがこの株主もしくは第三者の不正な利益を図り，または株式会社に損害を加えることを目的とする場合にも株主の請求を認めない（同法847Ⅰただし書）。

　取締役（役員等）が，その任務を怠ったときは，会社に対し，これによって生じた損害を賠償する責任を負わなければならない（同法423Ⅰ）。これに関し，取締役が競業避止義務（同法356Ⅰ）に違反して取引をしたときは，この取引によって取締役，執行役または第三者が得た利益の額は，前記損害の額と推定される（同法423Ⅱ）。また，利益相反取引（同法356Ⅲ）によって会社に損害が生じたときは，これに関連する取締役または執行役は，その任務を怠ったものと推定される（同法423Ⅲ，違法配当462Ⅱ，利益供与120Ⅳ）。該当者は自己が任務を怠っていなかったことを立証しなければならない。

　なお，損害賠償責任は，原則として，総株主の同意がなければ，免除することができないが（同法424），この役員等が職務を行うについて善意でかつ重大な過失がないときは，賠償の責任を負う額から所定の最低責任限度額を控除した額を限度として，株主総会の決議によって免除することができる（同法425）。

　役員等がその職務を行うについて悪意または重大な過失があったときは，この役員等は，これによって第三者に生じた損害を賠償する責任を負う（同法429Ⅰ）。また，取締役および執行役が株式，新株予約権，社債もしくは新株予約権付社債を引き受ける者の募集をする際に通知しなければならない重要な事項についての虚偽の通知，もしくはこの募集のための株式会社の事業，その他の事項に関する説明に用いた資料についての虚偽の記載もしくは記録をした場

合等，その者が当該行為をするに際し，注意を怠らなかったことを証明したときは，この限りではない（同法429Ⅱ）。

(2) 内部告発者保護

内部告発者を保護する法律は米国，英国などでは既に制定されている。内部告発者を保護する目的は，広く公衆に危険を知らせる警告，警鐘を鳴らすことである。米国では内部告発者保護法（Whistlblower Protection Act, 1989），サーベンス・オクスリー法（Sarbanes-Oxley Act, 2002），英国では公益開示法（Public Interest Disclosure Act：PIDA, 1998）などが存在する。いずれも告発対象行為，正当な告発の要件などを明記している。公益に資するような告発者を保護する制度が導入されれば，組織の不正が正される点で有益である反面，告発者が密告者として社会的に制裁を受ける危険性も懸念される。そこで我が国では2006年，公益通報者保護法が施行され，企業等の法令違反行為を通報した内部告発者（労働者）が解雇等の不利益な取扱いを受けずに保護されることとなった。また，行政の説明責任を明らかにした「行政機関の保有する情報の公開に関する法律」（情報公開法，1999年），個人情報を用いる事業者の漏洩等に告知義務違反の罰則を課した個人情報保護法（2005年）も注目される。

(3) 知的財産権制度と特許訴訟

知的財産権（知的所有権ともいう）とは，人間の幅広い知的創造活動について，その創作者に権利保護を与えるものである。具体的に，人間の知的創造活動の成果として，独創的なアイデアである「発明」や「考案」，独自のデザインである「意匠」，音楽・小説・絵画などの「著作物」などがあり，それぞれが特許法，実用新案法，意匠法，著作権法によって保護されている。

一方，営業上の標識としては，事業活動を行うときに使われる名前である「商号」，自己の商品やサービスを示すために用いられる「商標」（いわゆるブランドともいう）などがあり，それぞれ商法，商標法によって保護されている。なお，特許権，実用新案権，意匠権，商標権はあわせて工業所有権という。

また，これらの知的財産の中でも，バイオテクノロジー，エレクトロニクス・情報通信などいわゆるハイテク分野での技術開発は盛んであり，例えばコンピュータ・プログラム（著作権法）や，半導体集積回路（半導体チップ保護法）など，新たに保護されるに至った分野もある。さらに，製造技術や顧客リ

図表4　主な特許訴訟における貢献度・請求金額・認容金額

判決年月日	裁判所	原告(当時身分)被告	貢献度 原告／被告	請求金額	認容金額	裁判状況
1983.12.23	東京地裁	取締役 日本金属加工	10／90	①1620万 ②910万	①170万 ②160万	確定
1983.09.28	東京地裁	取締役 東扇コンクリート工業	5／95	1137万	841万	確定
1992.09.30	東京地裁	取締役 カネシン	65／35	3089万	1292万	確定
1994.04.28	大阪地裁	所長 象印マホービン	20／80	1億5000万	640万	確定
1993.03.04	大阪地裁	部長待遇室長 ゴーセン	40／60	1648万	157万	
1994.05.27	大阪高裁	〃	〃	1635万	166万	確定
1995.01.20	大阪高裁	〃	〃	〃	(棄却)	
1999.04.16	東京地裁	研究者 オリンパス光学	5／95	2億	228万	
2001.05.22	東京高裁	〃	〃	5000万	〃	
2003.04.22	東京高裁	〃	〃	〃	〃	確定
2002.11.29	東京地裁	研究者 日立製作所	20／80	①9億 ②7060万	①3474万 ②15万	
2004.01.29	東京高裁	〃	〃	2億5000万	1億2810万	確定
2004.01.29	最高裁					上告棄却
2003.08.29	東京地裁	研究者 日立金属	10／90	8974万	1128万	確定
2004.04.27	東京高裁				1239万	確定
2004.01.30	東京地裁	研究者 日亜化学工業	50／50	200億	200億	
2005.01.11	東京高裁				8億4391万	確定
2004.02.24	東京地裁	研究者 味の素	5／95	20億	1億8935万	
2004.11.19	東京高裁				1億5000万	確定

注)『特許判例百選・第三版』『判例時報』『判例タイムズ』及び新聞記事等をもとに作成, 2005年時点。

ストなどの営業秘密の不正な取得・使用行為, 模倣商品の製造・販売, 商品の品質・内容の虚偽表示や著名な他人のブランドのただ乗りという事業活動における不正な競争行為を規制している不正競争防止法もある。

　近年では, 知的所有権の保護を強化することが, 各国の企業, 国家にとって競争力を高めるために有力であるとの認識が国際的に高まっている。わが国でも2003年, 内閣に知的財産戦略本部が設置され, 年次で更新される知的財産推進計画をふまえて, 知的財産の創造・保護・活用が様々な分野で推進されてい

る。国連の専門機関である世界知的所有権機関（WIPO）や，知的所有権の貿易関連側面（WTO・TRIPS）協定など，様々な国際会議や条約で，各国の知的財産権の保護制度を統一するための活動が行われている。他人による同じ発明が複数ある場合，その何れに特許を与えるかを決定する原則として，先願主義（先に出願した者に特許を付与する主義である。米国以外が採用している。もちろん，日本の特許法もこれを採用している。）。先発明主義（先に発明した者に特許を付与する主義である。）の2つがあり，後者は米国のみが採用している。一般に発明は発明者の特別の能力や努力により生まれるため，特許による保護やそれによって生ずる利益は全て発明者に帰属するのが原則とされる。しかし，企業の従業員等の発明が，その企業の業務遂行と技術的に関連があり，発明の過程がその従業員の職務に含まれる職務発明については，企業は資金・設備などの投資により発明を誘導・補助している事情があり，発明をすることが従業員の任務であるという特別の条件のもとでなされているため，企業と従業員との各役割，貢献度などを比較衡量し，更には産業の発達という公益的な立場も考慮して，特許法には特別の規定が用意されている（特許法35）。裁判所は職務発明の「相当の対価」はその発明により企業が受ける利益の額と，その発明に対して企業が貢献した程度とをそれぞれ算定し，これらを乗じて求める。その結果，算定基準は，以下のようになる。

「相当の対価」＝特許を使用した商品売上金額×他社の発明実施を禁止できた割合×実施料率×貢献度

特許に関わる紛争は，訴訟によらずに第三者による調停・仲裁等によっても解決は可能である。それは裁判外紛争処理（alternative dispute resolution：ADR）に該当する。判決などの裁判によらない紛争解決方法を指し，民事調停・家事調停，訴訟上の和解，仲裁および行政機関や民間機関による和解，斡旋などである。

なお，様々な訴訟事例を踏まえて，2005年に知的財産高等裁判所設置法に基づき，知的財産高等裁判所（知財高裁）が知的財産に関する事件を専門に取り扱う東京高等裁判所の「特別支部」として設立された。特に技術に関する民事控訴事件は東京高等裁判所の専属管轄に属し，知財高裁が全国の事件を全て取り扱うこととなった。

(4) 粉飾決算の定義と法律規定

　粉飾決算（window-dressing settlement）とは，会社の経営状況が赤字や債務超過等悪化しているにもかかわらず，売上を水増ししたり，経費を圧縮したりして不正な経理操作を行って黒字決算にすることをいう。

　粉飾決算をして銀行から不正に融資を受け，本来できない利益配当や役員への賞与の支給を行えば会社の財産の減少をもたらし，債権者へも影響する。さらに上場会社にあっては，投資家への偽りの開示となり証券市場での投資家を裏切ることもある。従って，粉飾決算は多大な弊害をもたらし会社経営者としては決して行ってはならない行為である。コンプライアンスの見地からも当然に許されない。

　一方，逆粉飾決算とは，実際は黒字決算にもかかわらず，赤字決算とするような場合であり，脱税が問題となる。粉飾決算に関わる責任には，以下の民事責任と刑事責任に分けられる。

① 民事責任

　役員等の株式会社に対する損害賠償（会社法423）および役員等の連帯責任（同法430），役員等の第三者に対する損害賠償責任（同法429Ⅱ），不実の報告書に関する関係者の責任（金融商品取引法24の4）

② 刑事責任

　会社財産を危うくする罪および違法配当罪（会社法963），取締役等の特別背任罪（同法960），不実の書類，公告・不正取引行為等の罪（金融商品取引法197）

　過去には粉飾決算事件に登場した企業には，日本長期信用銀行，フットワークエクスプレス，丸石自転車，カネボウ，ライブドアなどの名があげられる。2015年7月東芝による巨額の不正会計が発覚した。一方，公認会計士と企業監査の品質向上，不正会計処理を適正に監査できなかった監査法人の組織改革も急務となった。

(5) 食品偽装事件と消費者庁

　近年我が国では，食品偽装事件が後を絶たない。最近では，2016年1月，産廃業者ダイコーと食品業者みのりフーズが外食産業，流通業者から賞味期限切れのため廃棄を依頼された食品を不正に転売していたことが判明した。現在，

食品表示に関連する法律がいくつか存在する。ここでは4つの法律が対象となる。これらが示すことは，現行法および所管先が分かれており，一部の法領域に重複が見られること，法律間の連関性が必ずしも明確でないことである。

この食品偽装などの消費者被害，行政の縦割り・不作為が問題視されるようになったことが背景となり，法律が整備され，2009（平成21）年に内閣府に消費者庁ならびに消費者委員会が創設された。

消費者庁の役割は，消費者の権利擁護と自立支援である。消費者の権利を正しく行使し，社会を向上させる行動力をもった消費者の育成・啓発，消費者団体の支援と育成である。消費者庁は，一元的に情報を集約・調査・分析し，消費者行政の司令塔として，各省庁に対する勧告，措置の要求，各省庁所管を超える事案への対応のほか，消費者に身近な諸法律を所管する。一方，消費者委員会は，独立した職権を担い，重要事項について建議し，内閣総理大臣に対し勧告・報告要求を行うほか，関係行政機関に対して資料要求を行う。

図表5　食品表示に関連する現行法と違反者

法律名	所管先	目的	主な表示項目	違反への措置	参照条文	違反者・判明時期
不正競争防止法	経済産業省	不正競争の防止	消費者を誤認させる表示禁止	指示，業者公表，改善命令 50万円以下罰金	第2条	ミートホープ 2007.6 船場吉兆 2007.10
不当景品類及び不当表示防止法（景品表示法）	公正取引委員会	公正な競争確保，消費者利益の保護	食肉の場合，名称，原産国名，内容量など	消費者を誤認させる表示禁止 排除命令，懲役，罰金	第4条	ミートホープ 2007.6 比内鶏 2007.10
食品衛生法	厚生労働省	飲食による衛生上の危害の防止	名称，添加物，品質保持期限	営業停止・禁止 6ヶ月以下懲役 300万円以下罰金	第19条	赤福 2007.10
農林物資の規格化及び品質表示の適正化に関する法律（JAS法）	農林水産省	消費者の商品選択への寄与	加工食品は賞味期限，保存方法，内容量	3年以下懲役 300万円以下罰金	第19条の13	石屋製菓 2007.8 比内鶏 2007.10

(6) コーポレート・ガバナンス・コード

2012年に会社法が改正された，主に会社の機関設計（委員会設置や社外取締役の増員など）や多重代表訴訟という利害調整を図る部分る部分に焦点が当てられた。法律は制度であり，その意味で当該改正には「守り」の側面が強い。

一方，企業経営の実態を考えると，今後，内部留保を蓄積するより，企業のM&A（合併・買収）や新規設備投資など「攻め」の経営，収益を株主への配当や従業員の賃上げに回すようにして企業が稼ぐ力を高め，日本経済の成長エンジンとなることが標榜された。

そこで，我が国は2013年より準備をすすめ，「日本再興戦略（Japan is Back）」によって，成長戦略の1つ「日本産業再興プラン」の具体的施策であるコーポレート・ガバナンスの強化する上での規範，「コーポレート・ガバナンス・コード」（CG）を制定した。「コード」とは規則を意味するが，細則の規定集ではなく原則を示したものである。

CGコードの具体的な構成は，5点の基本原則，⑴株主の権利・平等性の確保，⑵株主以外のステークホルダーとの適切な協働，⑶適切な情報開示と透明性の確保，⑷取締役会等の責務，⑸株主の対話，からなる。CGコードの特徴は，第1に法的な拘束力こそないものの，ルール（細則主義）ではなくプリンシプル（原則主義）を基準とするアプローチを採用すること，第2に適用方法が"comply or explain"（原則を実施する，さもなければその理由を説明する）であること，の2点である。各原則の適用の仕方は個々の会社が自らの置かれた状況に応じて工夫し，適切に解釈することが想定されている。

東京証券取引所1部と2部に上場する企業を対象に，社外取締役を2人以上置き，社外の意見を反映しやすくする。次に，グローバルに事業展開する大企業には，自主的に取締役会を構成する3分の1以上を社外取締役とするよう促す。その結果，客観的に経営者の企業価値向上に向けて努力し，経営者のマインドの変革と自由度の高い経営が期待される。

(7) 民法改正の経緯と概要

グローバル化の進展に伴う市民生活や経済環境の変化という実態に対して，法制度の整備は後追いになりやすい。例えば，現行民法の財産法（特に債権法）の分野では改正がほとんど行われなかった。そこで，約120年ぶりの民法

大改正が行われることとなった。

　2017（平成29）年度の改正趣旨としては，(1)時代に対応すること並びに国際的な取引ルールとの整合性をもたせること，(2)国民一般に分かりやすいものとすること並びに難解であった用語を平易化することである。現段階における民法（債権関係）の改正，特に企業法務における主要な事項としては以下の通りである。

(a) 時効期間の統一
(b) 事業目的の借り入れ等についての個人保証の制限
(c) 法定利率の固定制から変動制への変更
(d) 敷金および原状回復義務
(e) 約款の規定設定
(f) 売買における瑕疵担保責任の明確化，意思能力を伴わない法律行為の無効化

8-5　おわりに－企業と法－

　グローバル化が進展する中で，近年の企業不祥事は，単に消費者や投資家に対して被害・損害を与えるだけではなく，被害発覚後の刑事罰等によって企業自身に対しても多大な損害を生じさせる。企業の不祥事の多くは，企業社会における実態と制度の相克と調和，言い換えると経営と法律に起因する問題であり，企業と法が不可分の関係にあることが理解されよう。それだけに，社会や経済，経営の実態に即した法体系の見直し，改正は常に急務となる。企業を経営と法律の複眼的な視点によって具体的に分析することが重要である。

参考文献■

亀井利明（2009）『リスクマネジメント総論』同文舘出版
川口博也（2000）『基礎アメリカ特許法』発明協会
神田秀樹（2014）『会社法　第16版』弘文堂
木村靖夫（2000）『ビジネスモデル特許と企業戦略』丸善
公益研究センター（2013）『東日本大震災後の公益法人・NPO・公益学　公益叢書第一輯』文眞堂

郷原信郎（2006）『企業法とコンプライアンス　"法令遵守"から"社会的要請への適応へ"』東洋経済新報社
小林英明（2003）『会社を不祥事から守る法律知識』PHP研究所
米虫節夫，衣川いずみ，金秀哲（2012）『やさしいISO22000食品安全マネジメントシステム入門』日本規格協会
境　新一（2005）『法と経営学序説──企業のリスクマネジメント研究』文眞堂
境　新一（2015）『現代企業論──経営と法律の視点　第5版』文眞堂
櫻田嘉章・道垣内正人（2012）『ロースクール国際私法・国際民事手続法　第3版』有斐閣
宍戸善一・常木　淳（2004）『法と経済学：企業関連法のミクロ経済学的考察』有斐閣
渋沢栄一・守屋　淳（2010）『現代語訳　論語と算盤』ちくま新書
高　巖編（2004）『CSR──企業価値をどう高めるか』日本経済新聞社
水谷雅一（1995）『経営倫理学の実践と課題』白桃書房
三戸　公（1976）『公と私』未来社
宮坂純一（1999）『ビジネス倫理学の展開』晃洋書房
森・濱田松本法律事務所（2015）『変わるコーポレートガバナンス　コード・監査等委員会・グループ内部統制』日本経済新聞出版社
森岡孝二（2000）『粉飾決算』岩波書店（岩波ブックレット）
六本佳平（1991）『法社会学入門』有斐閣
R.D.クーター・T.S.ユーレン，太田勝造訳（1997）『法と経済学　新版』商事法務研究会
P.F.ドラッカー，上田惇生訳（1999）『新訳　現代の経営　上・下』ダイヤモンド社
トレッドウェイ委員会組織委員会編，鳥羽至英・八田進二訳（1996）『内部統制の統合的枠組み　理論編』白桃書房
Head, G. L., (1978) *The Risk Management Process*, New York, Risk Management Society Publishing.
Jenni, O., (1952) *Die Frage des Risikos in der Betriebswirtschaftslehre*, Bern Akitengesellschaft,.
Marshall, L. C., (1921) The University of Chicago Press. (1989) *The Oxford English Dictionary*, 2nd ed., Clarendon Press, Oxford English Press.
『判例時報』判例時報社，各号
『判例百選』『ジュリスト』有斐閣，各号

9

企業と組織
―組織の性格と役割―

■組織は人間の思考の産物，社会的制度の一種である。
■企業は組織として行動する。
■組織の構造・形態は効率性を達成するための仕組みである。
■企業の戦略の実行と市場による淘汰によって，組織は進化するが，経営理念の組織の存続のために果たす役割は大きい。

9-1　はじめに―人間の思考の産物としての組織―

　私たちの社会・経済生活の多くは，組織と呼ばれているものに大きく依存している。区役所，大学，専門学校，病院，等々，いくらでもその具体例を挙げることができる。この中でも企業は，私たちにとって最も重要な組織の1つである。

　しかし，組織がどのようなものかを説明することは，決して簡単ではない。組織は，役所や企業のホームページでのガイドや組織図でその概要を知ることはできても，水・空気，机やコップ，携帯電話のように，直接手に触れることはできない。しかし，私たちは，区役所という組織に転入届を出し，病院で診察してもらい，企業（食品会社）が作った製品（カップラーメン）を企業（コンビニ）で買う。もちろん生計を維持するために，組織のメンバー（従業員）になって給与を得ることもできる。つまり私たちは，金銭や商品・サービスの

交換といった活動を通して、組織と直接・間接的に触れることで、組織を具体的な実体として感じるようになる。

確かに組織は、人間によって作り出されたものであるが、机や携帯電話のような物理的存在ではない。あくまでそれは、法律、教育制度、交通規則、冠婚葬祭のルールといった社会的存在の一種と考えられる。そして、一般にそれらは社会的制度といわれているものである。

9-2 組織は制度の一種である

社会的制度とは、どのようなものなのであろうか。どのように成立し、維持・運営されているのだろうか。それについては、学説的には、大きく分けて2つの見方がある。第1番目が、制度は自然に（自生的に）生成し、存続すると考えるものであり、それに対し第2番目のものは、制度はあくまで、ある意図のもとで計画され、作成・維持されるとするものである。これらの見方に対し、前者を自生的秩序の制度、後者をデザインによる制度と呼ぶ研究者もいる。しかし、このように制度の出自は理論的には明解に二分法で定義できるが、現実の制度は、多かれ少なかれ両方の要素を持っている[1]。

例えば、もっとも単純な制度である右側・左側交通の交通ルールを考えてみよう。日本やイギリスでは左側通行なのに、ヨーロッパ大陸やアメリカ・中国といった国々では右側通行になっている。右側も左側もどちらの制度が効率的とは言えないのに、どうしてこんな事態になっているのだろうか。

これについては、諸説があるものの、最も有力な説としては、そのルーツを中世以降の馬や馬車の通行ルールに辿るものである。この説によれば、イギリスでは地方・地方でそれぞれのルールがあったが、ある地方の左側のルールが、何百年かの試行錯誤の末にマジョリティとなり、それが標準としてイギリス全土に広がったとする。それに対してヨーロッパ大陸では、左・右が混在していたが、ナポレオンの治世がヨーロッパの多くの諸国に広がった際、ナポレオンが命令によって右側通行にさせたためといわれている。そこで、イギリスは自生的秩序、ヨーロッパはデザインによるとされるのである。しかし、ここで重要なことは、一旦制度として決定してしまうと、それを変更するコストが極め

て高いため、制度自体が固定化するということである[2]。

　企業組織も市場も、制度の一種である。「組織論」や「組織の経済学」の標準的な教科書の中では、企業組織は経営者が行使するオーソリティを通して生成・運営され、すべてデザインによって調整されるとされ、これに対し、市場は、価格メカニズムを用いるため、自生的秩序によって調整される、と説明される。この主張は基本的には正しいが、いかにもステレオタイプといえよう。なぜならば、現実の市場や現実の企業組織に目をやれば、調整のメカニズムは実質的には、市場と組織、両方の性格を持っているからである。

　例えば、市場でも複数のプレーヤー（企業）が互いに共謀して価格や生産量、販売量を決定していることも事実である。これは、組織的な調整といってよいだろう。これについては、「違法なカルテルを形成した容疑で複数の企業が独占禁止法違反で告発された」といった事件の報道に接することで、具体的に知ることができる。

　また、企業（組織）も、単に経営者の命令の下で収益目的のために動く機械的な制度ではない。企業は環境や市場と複雑に関わるとともに、企業の中にも市場といえるものが存在する。例えば、長期雇用や内部昇進制度を前提とした内部労働市場や、振替価格を用いた事業部間の商品取引の内部市場といった、企業内（組織内）市場が存在しているのである。これらの企業内市場の存在は、「経営者の命令というメカニズムだけで企業は運営される」という固定概念に、強い疑問のメッセージを与えると考えられる。

9-3　企業は組織として行動する

　企業は、原料、部品のようなインプットを市場から取り入れ、それらを企業内部の変換プロセスを通じて、製品・サービスというアウトプットに変え、再び市場に出すという働きをしている。それは、あたかもインプットをアウトプットに変える魔法の箱のように見えるかもしれない。企業は、このインプット→変換→アウトプットのメカニズムをいかに効率的に達成するかをめざしたもので、自己で消費することをめざしていない。そのため、企業の中で行われる活動は、基本的に家計のような自給自足の経済ではない[3]。

それでは，変換プロセスが実施される企業とは，どのような存在として捉えられるのであろうか。経済学の標準的な教科書（特に新古典派経済学に立つ）では，企業は，原則的には完全合理性を有する企業家といわれる1人によって，単一の目的達成のために運営される，単一の統一された存在とみなされる。そのため，企業は，あたかも生産関数として（利潤の極大化といった目的関数をもった）捉えられるのである。

　しかし，経営学では，企業は組織という社会的制度として，複数の人々の調整されたアクティビティ（活動）のシステムとみなされる。より具体的には，経営者のオーソリティの下で，それぞれの参加者によって提供され，生産される資金，財，サービス，情報といった多種多様なものの調整されたシステムとされる。この場合，新古典派経済学の仮定とは異なり，組織のメンバーは経営者も含め，完全合理性を持っておらず，あくまで限られた合理性の下で意思決定・行為するとされる。

　実際，現実の企業組織では，各メンバーは，彼らの前に与えられた問題を解決するにあたって，状況に対応できる全ての選択肢を考えつくことはできない。さらに，何かを選択した場合でも，そのことがどのような結果を引き起こすのかについても確実な答えを持っていない。まさに，経営学者のハーバート・サイモンのいうように，組織の参加者は「合理的であることを意図するが，その合理性は限られている」[4]のである。

　このように，組織のオーソリティを中心にした調整メカニズムは，市場での価格による調整とは大きく異なる。それでは，この調整メカニズムを生み出している組織の持つ基本的性格とは，いかなるものなのであろうか。

　一般に，組織の中でもその成り立ちの違いから，性格・機能という点で異な

図表1

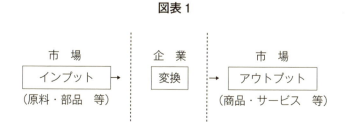

った2つの組織があるとされる。一方は，仲間集団，派閥のように自然発生的・自生的な性格をもったもので，非公式的組織と呼ばれているものであり，他方は，協働のためのシステムとして公式的にデザインされ，成立したものが公式組織と呼ばれているものである。非公式組織は，まさに先に述べた自生的秩序の制度の典型といえるもので，従業員のモチベーションや経営者によるリーダーシップを解明するには，非常に重要な対象である。しかしこの章では，経営者による組織の形成，維持という側面，並びに組織における経済的側面といった点に説明の関心を置くため，基本的に公式組織を中心に説明を加えたい。

公式組織の性格については，多くの研究者によって実に多様な定義がなされているが，その中には，以下のような共通の概念が存在していると思われる。それは，組織を複数の人々，もしくはアクティビティからなる「社会的システム」と見ること，さらに組織が「特定の目的」を持っており，それを効率的に達成するためにいろいろな参加者の行うアクティビティを「調整するメカニズム」が存在する，というものである。

この定義は，多くの研究者が同意するものと考えられるが，特に，チェスター・バーナードやハーバート・サイモンといった現代組織論の研究者の主張と大筋で一致するものである。ここで，彼らの主張に沿った形で，現代における組織メカニズムの役割，意義を考慮しながら，組織の性格とは何かについて簡単に説明してみよう。

バーナードは1939年に刊行された『経営者の役割』の中で，組織の要素として，①目的，②貢献意欲，③コミュニケーションの3つを挙げている。以下，これに沿って組織概念を明らかにしてみよう[5]。

① 組織の目的は，その効率的達成のために，経営者によって部下に対して，より高次のものから低次なものへと委譲される。その場合，上位の経営者の目的を達成するための手段が，下位の経営者にとっての目的となるという形態をとる。これは同時に，上位の経営者から下位の経営者へは，責任と権限の委譲がなされる。そのため企業の組織構造は，目的と手段のネットワークである階層構造（ハイアラーキー）の形をとることになる。

② 貢献意欲は，組織の維持にとって欠かせないものであり，いかに組織の参加者を組織にとどめるかに関わっている。この観点からは，組織が参加

者に与える金銭的・非金銭的インセンティブ付与の大きさと，それに対し彼らから得られる貢献との均衡が重要で，この均衡が達せられた時にはじめて，組織が存続することができるというものである。ここでの問題は，参加者のモチベーションを得るため，組織はどれほどのインセンティブを与えなければならないのか，ということになる。

③　組織内のコミュニケーションは，主に上司から部下へ向かって行われるが，それはあくまで経営者に与えられたオーソリティの存在によって担保される。しかし，そのオーソリティは，いつでも機能するわけではなく，あくまで，部下がオーソリティとして受け入れる範囲に限られる。

以上のことから，組織の性格を定義してみると，次のようになると考えられる。つまり，組織は，目的の達成のために参加者の貢献をシステミックに利用するため，階層構造という形態をとる。その際，参加者の諸アクティビティを調整するためのメカニズムとして，参加者にとって受容可能な範囲でのオーソリティが用いられる。経営者の役割について言及すれば，従業員，株主，顧客等の参加者のモチベーションを維持しつつ，収益性やマーケット・シェアの増大といった組織の目的の達成を果たすことにあるといえる。

9-4　組織の構造・形態は，効率性の達成のための仕組みである

組織は，複数の人々の活動が，共通の目的の達成のために，効率的に調整されるシステムとして構成される。そのための仕組みとしてこれまで，様々な組織形態が考案・実施されてきた。この中でも，もっとも基本的な形態が，①ライン（直系）組織，②ファンクショナル（機能別）組織，③ライン・アンド・スタッフ組織である。

①　ライン（直系）組織とは，軍隊組織にその源を発するものであるが，一般に階層構造をとる企業の組織の基本となる形であるといってもよい。この形態は，「1人の部下は1人の上司によってしか命令を受けない」という「命令一元化の原則」に則したものであり，組織メンバーの責任と権限を明確にさせ，組織の統一的行動を容易にさせるという長所がある。しかし，この形態を推し進めると，組織の階層化が進むことで，横断的なコミ

ュニケーションが困難になり，組織の硬直化が進み，ひいては企業の効率的運営に支障をきたすという短所がある。

② ファンクショナル（機能別）組織は，以上のようなライン組織の欠点を是正するため，テーラー等によって考案されたものであり，「職能はできる限り同じ種類の仕事に分割して，各メンバーが単一の活動に従事するように配分しなければならない」という「専門化の原則」に則った組織形態である。これにより，各メンバーは，職務遂行するに必要な専門的知識と熟練を習得でき，分業の効果が活かされ，経営効率を高めることが可能になるという利点がある。しかし，この組織形態は，先の「命令の一元化の原則」に抵触するものであり，複数の上司の命令による命令系統の混乱やメンバー間の対立を生むことになるという短所もある。しかし，ファンクショナル組織は，個々の管理者レベルというよりも，部門別編成に見られるような高い階層レベルでの専門化ではその有効性が認識されている。

③ ライン・アンド・スタッフ組織は，ラインの管理者に助言を与えるために，従来のライン組織にスタッフ，もしくはスタッフ部門を付け加えたものである。この形態は，上記の2つの組織構造が，それぞれ「命令一元化の原則」と「専門化の原則」を強調することから出てくる問題点を和らげ，同時に両者の長所を生かすことを意図しており，プロシャ軍の参謀本部長であったフォン・モルトケによって考案されたものとされている。

企業は，水平的・垂直的な統合を繰り返し，大規模化するようになると，以上のような3つの基本形に加えて新しい形態を採用するようになった。特に，1920年～30年代になると，企業は多角化を進め，多くのビッグ・ビジネスが誕生するにいたった。それらの企業は，多くの異なる環境・市場・顧客を相手に迅速な意思決定を行うことが必要になり，GE，GM，デュポン，わが国でも松下電産（現在のパナソニック）といった企業は，事業部制という組織形態を採用した。事業部制組織とは，従来からある個々の機能別組織を事業部とし，それらに利益責任を与える代わりに大幅に権限を委譲し，あらためて本社がそれらを統括するというもので，多角化した組織を集中的に経営することを目指した形態である。

1960年代以降，企業は急速に多様化する企業環境に対応するために，種々の

組織形態を考案し，実施した。それらの中の代表的形態に，プロジェクト組織がある。それは，特定のプロジェクトに対処するため既存の（事業部）組織の枠組みを超えた協力が必要なときに，各部門から必要な人材をピックアップし一時的にチームを作り，協力して共通のテーマに取り組み，テーマが終了したらチームを解散しメンバーはもとの部署に戻るというものである。またこの制度をより恒常的にしようとするものが，マトリックス組織と呼ばれているものである。この場合，組織の第1の原則である命令一元化の原則は，破られることになる。

1990年代になると情報技術や通信技術の発展が企業経営にもたらされるようになった。いわゆるICT化やモジュール化が進んだ。それによって企業の組織形態も大規模化というよりは，より市場を意識した事業の専門化，並びに他企業との連携を重視するものと変化した。その流れの中では，インターネットを媒介とした企業間のネットワーク組織というものや，ネットワーク上だけに存在するバーチャル組織といったものも出現している。

9-5　組織と市場はどうかかわる

企業とは，市場からインプットを得て，その後市場にアウトプットを提供する制度と述べた。企業の経営者は，市場の状況と自らが保有する能力を考慮した上で，必要とする活動を自らの組織の中で行うのか，他の企業（市場）に任せるのかを決める。その結果として，企業と市場の境界が決定される。企業がこれまで市場の側（インプット，もしくはアウトプット）にあった活動を自らの組織内で行う―垂直的統合―場合には，企業にとって組織の境界は広がり，その反対の場合には組織の境界は縮小することになる[6]。

そのような意思決定が行われる理由としては，ノーベル賞を受賞したコースや取引コスト経済学を発展させたウィリアムソンによれば，他の取引相手（特に企業）と市場で取引する際にかかるコスト，つまり取引コストというものが存在するからだという。取引コストは，取引相手を探し，契約までにかかるコストと同時に，取引相手からの契約の不履行・脅しといった機会主義的な行為をされることでかかる費用も含められる。この市場での取引コストが，自分の

組織を用いて活動を行う際にかかるコスト（内部調整コスト）よりも高ければ、自分の組織を使う（内製化）するし、その反対ならばその取引を市場で行う（アウトソーシング、外注化）するとされる。

また、このことについてラングロアは、企業が組織（内部化）を選択する他の理由として、取引相手が市場取引の可能なケイパビリティを持っていない場合に、彼らにやり方を指図したり教えたりするコストを指摘する。彼は、このコストをダイナミック取引コストと呼び、このコストが高い場合には、企業は組織を利用すると主張する—その1例として、フォード社はその理由から、初期の時期から部品のほとんどを自社で生産した—。

ラングロアは、図表2のような、見えざる手から、見える手へ、消え行く手へと3つの時期にわたる取引形態の変遷プロセスを紹介している[7]。この図表2の独立変数（横軸）は、人口、所得、取引の障壁の高さといった市場の密度（Thickness of markets）であり、縦軸は、生産技術の複雑性、連続性、財の通量の程度に起因する、取引自体を成立させるために必要とされるコストの高さ、もしくはその必要性の緊急度を示す「バファーリングの緊急性（Urgency of buffering）」である。図の中央部分の右肩上がりの直線は、代替的な資源配分の調整メカニズムである企業と市場の境界を示すとされ、その直線より上方の部分は、垂直的統合や経営者を通じたバファーリングの方がよりコストが少

図表2

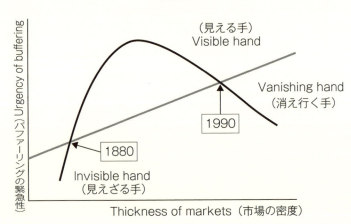

なく，直線の下側では，市場を通じたバファーリングが，好ましいことを示すという。直線が右肩上がりなのは，単に，市場の密度が濃くなるにつれ，製品フローの不確実性をバファーする市場の能力が増加することを反映しているとし，これによって放物線状の曲線（上に凸のコブ型の曲線）が，「見えざる手」，「見える手」に続く，「消え行く手」仮説を示すと主張するのである。つまり，この仮説は，市場がより発達するにつれ，バファーリングの緊急度は上昇するが，その後は下降することになる，つまり経営者による調整は高まるが，その後低くなるという傾向を主張しているのである。

　ラングロアは，この図を用いて百数十年にわたる市場と組織との関係を示す。つまり，1880年代まではローカル市場を中心とする市場取引優位の時代（＝アダム・スミスの「見えざる手」）であり，1880年代から1990年代は，GMやGE，フォードのような垂直的に統合したビッグ・ビジネス全盛の時代（チャンドラーの「見える手」）であり，1990年代から現在は，ITや通信技術の発展によってもたらされた「経営者による調整」から，「市場による調整」への回帰（ラングロアの「消え行く手」）の時代に変化していることを主張するのである。

9-6　組織は，市場による淘汰と戦略によって進化する

　組織の進化は，市場・環境による淘汰が引き起こすというダーウィニズムのメカニズムで行われる。しかしその淘汰のメカニズムの中にも，組織の戦略を考慮することで，ラマルク的な要素――獲得された知識が複製され，またそれによって進化の方向性が決定されるといった――を考えることもできる。

　組織（企業）の進化は，究極的には市場等の外的環境による偶然的な自然淘汰（選択）によると考えられる。しかし，現実の組織は，ただ外的淘汰メカニズムという，偶然性の要因による進化によって決定されているわけではない。そこには，戦略によって先導される内的な淘汰メカニズムが存在し，組織進化の方向づけをしていると考えることができる[8]。このような観点は図表3のように，企業内部で戦略が，企業のケイパビリティを通じて，組織構造をコントロールするという内的メカニズムを想定することで可能になる。これは，「戦略が構造を決定する」「組織は戦略の後に成立する」というチャンドラー主義

図表3　戦略から見た企業の進化モデル

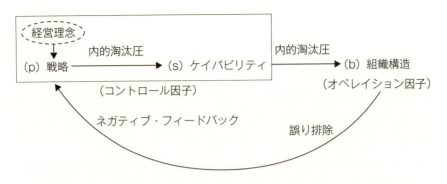

の戦略論の主張と一致するものである。

　このメカニズムは，以下のように言い換えられる。つまり，ある産業の企業は，環境（市場）からの圧力を受け，特定の理念・目標を模索するうちに，その目標を予知させ，また定着することが可能な特定の (p) 戦略をもつように助長させられる。次に，そのことによって企業では，その特定の (p) 戦略を遂行するための活動をコントロールするルーティン，もしくは複数のルーティンを調整する高次のルーティンである特定の (s) ケイパビリティの獲得が助長されることになり，最後に，これらの (s) ケイパビリティにふさわしい (b) 構造が採用されるようになる，というメカニズムである。

　もちろん，以上の内的淘汰メカニズムは循環的であり，特定の (b) 構造の採用は，それにあった (s) ケイパビリティの獲得を促進させ，これが当該の (p) 戦略をより強固にさせるという，ポジティブ・フィードバックを起こさせると考えられる。まさにこれが，定向性を強めさせる原因となる。

　しかし，ここで重要なことは，企業の最終的な淘汰は，外的淘汰によるネガティブ・フィードバックなのである。いかに特定企業内で，また特定産業内で強いポジティブ・フィードバックの結果，特定の制度や構造が強固になったとしても，外的淘汰によって脆くもそれが崩れる例を，われわれは多く知っている。例えば，ヘンリー・フォードによる「安くてよい車を作る」というコスト・リーダーシップ戦略と，それに則した部品の一貫内部生産（溶鉱炉を保持するほどの垂直的統合）という強固なケイパビリティ，ならびに組織構造が，

消費者マインドの変化によって，GMの差別化戦略に敗れ去ったという，1930年代のフォード社の事例である。

　また同じようなことが，わが国企業における日本的な取引慣行，日本的経営についてもいえる。日本企業は，高度成長期以来，売上高，マーケット・シェア重視の成長戦略と内部資源・人材を用いたケイパビリティの下，メイン・バンク制や系列生産・取引といった内部一貫した諸活動を行ってきた。これらの活動も20世紀後半以降のグローバル経済の進展の中で次第に競争力を失くしていった。それにもかかわらず，それらの諸制度・組織はすぐにはなくなることはなかった。なぜならば，日本的経営の戦略→ケイパビリティ→組織構造の内部淘汰圧（＝ポジティブ・フィードバック）はすこぶる大きく，強い慣性が働いていたためである。各企業の経営者がこの状況を打破させようとしても，あまりに戦略の変更費用が高すぎて手が出なかったのである。

　まさに，組織の進化の最終決定者は市場・環境による外部淘汰圧であるが，進化の方向付けをするのは内的淘汰圧であり，その中でも戦略が，重要な役割を果たすのである。

9-7　おわりに──組織における経営理念の役割──

　組織は社会的制度の一種であり，人間の作り上げた思考の産物である。一旦でき上がってしまうと，それは独り歩きするもので，たとえ設立者であっても，それを自由に動かすことは難しい。企業も，新古典派経済学における仮定のような統一的存在として１人の企業家によるものでなく，あくまで多くの人々によって動かされる社会的制度としての組織として行動する。

　組織はいろいろな形態をとるが，それぞれの形態は，組織が与えられた状況で効率性を達成するための合理的な仕組みと見ることができる。また，組織と市場は深く関わっており，ある場合両者は相反する（代替的）関係であったり，他の場合は補い合う（補完的）関係であったりする。

　組織は，市場・環境による外的淘汰とともに，戦略→ケイパビリティ→組織構造という内的淘汰メカニズムによっても進化する。この場合，前者は進化を決定づけ，後者は進化の進む方向を示す働きをする。企業組織を巡る環境・市

場は時に大きく変化する。その場合，組織は存続のために自らの行動の変更を余儀なくされるかもしれない。そして企業の経営者は，現行のケイパビリティや組織構造を考慮し，戦略の変更を目指すことになる。

しかし，このことは非常に困難な作業である。というのは，経営者は，環境の不確実性だけでなく，自らの合理性の限界のために市場・環境の状況を正確には把握できない。さらに，組織の構造やケイパビリティの持つ慣性が強いため，前述のように戦略を変更するコスト（チェンジング・コスト）がとてつもなく高くなるからである。

このような状況において重要となるのが，経営理念，哲学，ビジネス・ビジョンといったものの果たす役割である。それらは抽象的ではあるが，企業，組織が進むべき方向性をサジェストするものであり，ラスト・リゾートとして経営者が最終的に意思決定の頼りとするものなのである。具体例としては，スリー・エム社の個人の創造性と技術開発を奨励する「15％ルール」や，京セラの企業家精神と組織の流動化を強調する「アメーバ経営」が挙げられるであろう。

企業は，投資や取引コストの増大，埋没投資の恐怖といったものから，経常的に，強い慣性と経路依存性に悩まされている。そのため，戦略を見直すには，それよりももっと高次の原則を援用することが必要になる。経営理念・哲学といったものは，ほとんどすべての企業が潜在的・顕在的に有するものであるが，経営者が意思決定に迷う際には，暗黙のうちに，取るべき指針を指し示す役割を果たす。その意味で経営理念・哲学は，企業・組織にとっての自己批判能力（自己淘汰）の源になるものである。

注■────────────
(1) 自生的秩序については，S・クレスゲ/L・ウェナー編．嶋津格訳『ハイエク，ハイエクを語る』を参照。
(2) この点については，ヤングの著作，Young, P.（1996）'Economic Convention,' *Journal of Economic Perspective*, を参照。
(3) もちろんこの場合，町の商店街にある肉屋さんや八百屋さんのような家族・個人経営の生業といわれるものは例外である。
(4) サイモン『経営行動』第2版への序文（Simon, H.A.（1957）*Administrative Behavior*, p. xxiv）
(5) バーナード『経営者の役割』（Barnard, C.（1939）*The Functions of the Executive*）

第7章を特に参照。
(6) この企業の境界に関する主張は，新制度派経済学と呼ばれるグループで盛んに行われている。主な研究者には，ウィリアムソン，デムセッツ，ハート，ラングロア，ロバーツ等がいる。
(7) Langlois, R. (2003) 'The Vanishing Hand : The Changing Dynamics of Industrial Economics,' *Industrial and Corporate Change, 12 April* pp.351-385.
(8) この観点は，ダーウィニズムは偶然性，ラマルキズムは熟慮による進化という一般的認識に替え，ダーウィニズムにも熟慮の余地があることを示すものである。詳しくは，渡部直樹（2008）『生物，ならびに制度，科学的進化について』三田商学研究を参照。

参考文献■
サイモン（松田武彦・高柳　暁・二村敏子訳）（1989）『経営行動』ダイヤモンド社
バーナード（山本安次郎・田杉　競・飯野春樹訳）（1968）『新訳経営者の役割』ダイヤモンド社
ダウマ＝シュルーダー（岡田和彦・渡部直樹　他訳）（1994）『組織の経済学入門』文眞堂
ネルソン＝ウィンター（後藤　晃　他訳）（2007）『経済変動の進化理論』慶應大学出版会

10

企業と戦略
―開かれた組織の経営戦略―

■企業の戦略は，経営者が，自らの哲学と理念を根源に，多様なステークホルダーに対して，事業を通じて社会的に貢献する活動を再構築することである。
■伝統的な戦略論の展開と，代表的な戦略論，近年における戦略論の議論を整理する。
■現代企業の戦略課題を整理し，企業の社会的責任（CSR），ステークホルダー・マネジメント，人的資源管理とのかかわりで，社会的戦略の重要性を指摘する。
■持続可能な企業の戦略は，社会的戦略と組織変革によって実現する。開かれた組織の戦略の根源には，経営哲学ないし経営理念が位置づけられている。

10-1　経営目的と経営戦略

10-1-1　経営戦略の機能

　企業は社会の公器であり，経営目的は事業を通じて社会に貢献することである。パナソニックは，松下幸之助の考えを基軸とする経営理念を不変のものとし，創業以来あらゆる活動の根幹としてきた[1]。
　企業は，経済的機能を遂行するために，利害者集団の利害の影響を大きく受け，その要求に応えていくことが求められる。しかし，企業が直接影響を受けるのは，株主，銀行，取引先，顧客，従業員などの利害者集団だけにとどまらない。間接的に影響を与える地域住民や，環境保護団体，NPO，NGO，メディア，政府・行政，国際社会など多様な利害者集団も含め，広い範囲でステー

クホルダーをとらえて戦略を実現する必要性に迫られている。その背景には，IT技術の急速な進展，地球環境にかかわる関心の高まり，さらに経営のグローバル化があげられる。したがって，企業の活動は，経済的機能の達成に加えて，今まで以上に，社会的責任（Corporate Social Responsibility：CSR）が問われるようになってきている。

このように，企業は，社会の公器として，経済性と社会性の両方を追求しつづけなければならない局面にあるといえよう。そのためには，経営戦略の根源に，経営目的である経営哲学と経営理念が位置づけられ，多様なステークホルダーに対して，経営戦略の方向性を決めるビジョンと，実現に向けたミッションを明確にすることである。そして，ビジョンとミッションの実現段階において，戦略化と組織化を統合させるのが経営戦略の機能である（図表1）。

図表1　経営戦略の機能

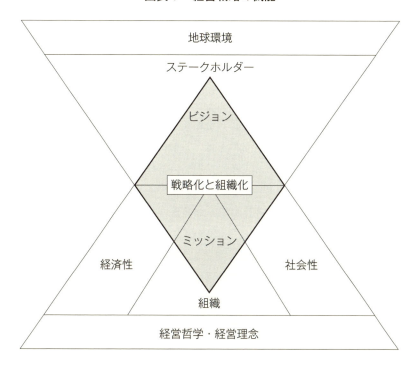

10-1-2　経営戦略の定義

経営戦略の定義は次の4つの視点から，それぞれのキーワードとの関係でとらえることが重要になろう。

第1は，外部環境に関するキーワードとして「市場」，「競争」であり，企業が他社と異なった行動を選択し，独自の価値あるポジション（地位）をつくることである。

第2は，企業の存在を示す時間と空間に関するキーワードとして「方向性」，「目標」であり，市場の中の組織としての活動の長期的な基本設計図である。

第3は，組織化（organizing）に関するキーワードとして「資源」，「ケイパビリティ」，「制度」であり，競争優位の資源やケイパビリティ（知識や経験，およびそれらをうまくいかす能力）の利用方法を決定し，制度としての存続に必要な目標を合理的に決定するということである。

第4は，戦略化（strategizing）に関するキーワードとして「活動」，「実行」であり，企業がさまざまな市場におけるアクティビティ（活動，機能，ないしプロセスなど）をコーディネート（調整）することによって価値を創造する方法である。

このように，経営戦略の定義は，多元的にとらえられる。

10-1-3　経営戦略と経営理念

経営戦略の概念を明確にするため，戦略策定を規定する経営目的との関係で把握する必要がある。この経営目的とは，一般に経営哲学ないし経営（企業）理念として表現される[2]。なお，経営哲学ないし経営（企業）理念の定義について，大平（2002）は次の4つに要約している。

第1に，「創案者ないし経営者が創った考え・思想」であること。第2に，「その内容としては創案者ないし経営者がもつ精神，価値観，信念，指導原理・方針を示すもの」であること。第3に，「同時にそれらが企業の価値観や指導原理・方針そして行動基準」でもあること。第4に，「こうした経営哲学ないし経営（企業）理念は時代によって改定ないし変化するもの」である。4つに要約される経営哲学ないし経営（企業）理念を，ここでは，一般的に用いられている用語として経営理念ととらえることにする。

経営理念は，組織の存在意義や使命を普遍的なかたちで表した基本的な価値観であり，経営活動の基本的なよりどころとしての考え方である。創業者ならびに経営者トップの経営哲学や信念を反映したものであり，一般的に多くの企業では，ビジョン，ミッション，ウェイ，経営方針，経営目標，社是，社訓，会社綱領など，様々な名称が付けられて表される。これらの経営理念を根源に，一貫性をもってドメインが策定される必要がある。

ドメイン（domain）は元来，領土，範囲，領域，生育圏などの意味を指すものであるが，企業が行う事業活動の展開領域のことである。ドメインの定義は，企業が現在と将来を通じて社会的使命や社会的価値の実現を表明する基本的な手段である。さらに，経営理念とドメインによって，経営方針が示され具体的な経営目標が設定される。あるべき姿としての経営目標が明文化されたら，そこで初めて経営戦略の策定が行われることになる。

なお，ビジョンとミッションいう言葉も，経営理念と同様に使われることが多い。細かく整理すると，経営戦略の策定に関して方向性を決めるのがビジョンであり，そのビジョンを実現するため，経営戦略の実行に関して使命と役割を規定するのがミッションである。

かねてより経営戦略は，企業の存続にとって長期的なビジョンを描くことと理解され，ビジョンを実現するための経営資源の配分を決定することに重点を置いて議論されてきた。したがって，議論の焦点は，競争優位の源泉・構築・持続に当てられる。しかし，現代の企業の経営戦略に求められていることは，「事業を通じて社会的に貢献する」という存在目的そのものを再定義することにある。それは，経営者が，自らの哲学と理念を根源にして，経営戦略を再構築することといえよう[3]。

10-2 戦略論の展開

10-2-1 伝統的な戦略論

経営戦略論の誕生は，チャンドラー（1962）の経営史的研究に求めることができる。アンドリュース（1965）やアンゾフ（1965）の戦略論，PPM（プロダクト・ポートフォリオ・マネジメント），それに続く一連の初期の戦略論は，

外部環境と企業内部について分析を進め、戦略を構築する伝統的な戦略論といわれる。PPMは、アメリカの大手コンサルティング会社であるBCG（ボストン・コンサルティング・グループ）が、多角化した企業が全社的な視点から戦略的な資源を配分する分析ツールとしてつくり出したものである。

PPMは、2つの経験則である「経験曲線」と「プロダクト・ライフ・サイクル」の考え方をもとに、「相対的マーケットシェア」と「市場成長率」の高低から、企業単位の製品を4つに分類（花形、金のなる木、問題児、負け犬）したものである（図表2）。

経験曲線とは、1企業における当該製品の累積生産量が2倍になると、製品の開発、資本、販売などの諸々のコストを含めた製品単位当たりのコストが20％から30％低減するという経験則である。また、プロダクト・ライフ・サイクルとは、製品が市場に投入され、市場で認知され成長、成熟、衰退に至るまでの製品の寿命に着目し、時間の経過にともなって、製品がそれぞれの段階で直面する状態と、キャッシュ・フロー（資金の流れ）の状態を説明したモデルである。

図表2　プロダクト・ポートフォリオ

出所）土屋守章責任編集『現代の企業戦略』有斐閣、1973年。

伝統的な戦略論の考え方では，戦略の計画とその実行が明確に分離され，別々に機能するものと認識されていた。ここでは，経営者の戦略形成における役割が非常に大きいものとなる。環境が安定的であれば，このように分析的な戦略形成と実行はある側面において合理的である。しかし，不連続な変化を含み不確実性も非常に高い環境下では，環境と構築された戦略との間に不適合を生じさせ，企業は機能不全に陥ってしまう。

10-2-2　代表的な戦略論のアプローチ

(1)　ポジショニング・アプローチ

ポーター（1980；1985）は，全社的な企業戦略と事業ごとの競争戦略との関係に焦点を当て，自社を産業の業界内でのポジショニング（位置取り）の問題であり，ポジショニングの仕方は，競争優位を獲得できるかどうか左右するとした。ポジショニング・アプローチでは，産業レベルの収益性が個々の企業の収益性に反映するという因果経路が強調される。業界構造分析により業界の競争状態を決める基本的な5つの競争要因（①新規参入の脅威，②既存競争業者間の敵対関係の激しさ，③代替製品の脅威，④買い手の交渉力，⑤売り手の交渉力）の把握のもと（図表3），コスト・リーダーシップ戦略，差別化戦略，集中戦略と呼ばれる3つの基本戦略を提示した（図表4）。

さらにポーターは，競争優位がどのように実現されていくかという問題に対して，価値連鎖という概念を用いて説明をした（図表5）。価値連鎖は，価値創造プロセスの流れを示すもので，主活動とそれを支える支援活動から成り立っている。そこで，競争優位は価値連鎖を構成する個々の活動からだけではなく，活動間の連結を通じて生み出される可能性が高いとされている。しかし，こうした考え方に対して，なぜ業界内に他社より優れた業績をあげることのできる企業が存在するのかという疑問が投げかけられてきた。

図表3　5つの競争要因

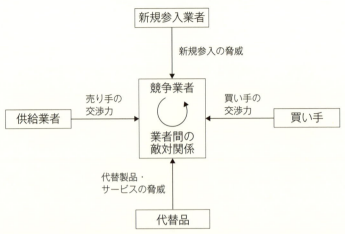

出所）Porter, M. E. (1980) *Competitive strategy,* Free Press, New York.（土岐坤・中辻萬治・服部照夫訳『競争の戦略』ダイヤモンド社，1982年）。

図表4　3つの基本戦略

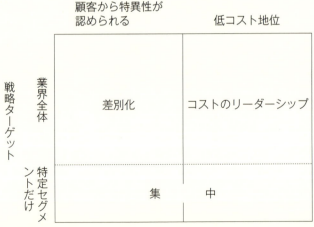

出所）Porter, M. E. (1980) *Competitive strategy,* Free Press, New York.（土岐坤・中辻萬治・服部照夫訳『競争の戦略』ダイヤモンド社，1982年）。

図表5　価値連鎖

支援活動	全般的管理（インフラストラクチュア）					マージン
	人事・労務管理					
	技術開発					
	調達活動					
主要活動	購買物流	製造	出荷物流	マーケティング・販売	サービス	

出所）Porter, M. E.（1985）*Competitive advantage*. New York : Free Press.（土岐坤・中辻萬治訳『競争優位の戦略』ダイヤモンド社，1985年）。

(2) 資源ベース・アプローチ

　企業の競争優位の源泉を企業外部の構造的要因に求めるポジショニング・アプローチから転じて，企業組織の内部特性に焦点を当てた資源ベース・アプローチ，能力ベース・アプローチと呼ばれる理論が1つの潮流を形成するに至った。企業組織における特異で模倣困難な資源の蓄積を強調するのが資源ベース・アプローチである。

　資源ベース・アプローチは，ワーナーフェルト（1984），およびバーニー（1986；1996；2002）らによって展開されてきた。このアプローチは，事業や製品にもとづいた競争戦略よりはむしろ全社的な戦略の策定と実行を重視し，その企業の特異な経営資源の開発や蓄積を通じて競争優位を確立すべきだと主張する。

　バーニー（1996）は，4つの特徴をもった経営資源が持続的競争優位に寄与すると論じた。すなわち，①経済価値があり，②希少であり，③模倣困難である，という資源を有し，④かつそれを活用できる組織を有している企業，が持続的競争優位を獲得できるというものである。それが問われる構成要素として

公式の命令・報告系統，マネジメント・コントロール・システム，報酬体系などをあげている。

(3) 能力ベース・アプローチ

能力ベース・アプローチは，競争優位の源泉を企業内部の要因にあるとみる点では資源ベース・アプローチと意見を同じくするものである。資源ベース・アプローチでは説明が不十分であった資源の開発や更新を念頭に置き，それを可能にするものとして組織のプロセスに注目するダイナミックなアプローチである。能力ベース・アプローチは，既存の経営資源を活用する，あるいは新たな経営資源を開発する，といった組織の能力を持続的競争優位の源泉として着目し，そのような組織能力をいかに向上させるかについて議論するものである。グラント（1991）は，経営資源を統合し，調整する力を組織能力と呼んでいる。しかし，組織能力は，論者によって，コア・コンピタンス，ケイパビリティなど，その呼び方は多岐にわたっている。

能力ベース・アプローチの特徴の1つは，企業が蓄積している経営資源のストックという側面と，経営資源を有効に活用するという側面を概念的に区別することにある。また，もう1つの特徴は，トップやミドルだけでなく，組織メンバー間の組織学習によって，ダイナミックに組織能力が更新されていくと考えられている点である。

(4) ゲーム・アプローチ

環境要因の変化を予測し，予測した内容に基づいて準備することにある。経営戦略論の分野でゲーム理論を活用して競争と協調の問題を取り扱ったのが，ネイルバフとブランデンバーガー（1997）である。

ポジショニング・アプローチと資源ベース・アプローチは，組織内外の要因を静態的に分析する傾向にあるが，ゲーム・アプローチは組織外部の要因をより動態的に分析している。より動態的な視点に基づいて分析するゲーム・アプローチの視点は，組織能力や資源の蓄積・活用プロセスに注目する能力ベース・アプローチと同様である。基本的には，ポジショニング・アプローチとゲーム・アプローチは組織外部の要因に注目する点では共通している。それだけではなく，シグナル[4]の活用や交渉力を高める行動によって自社の取り分を増やそうとする点や，視覚的かつ客観的に自社のおかれた状況を把握しようとす

る点などは両アプローチに共通するものである。このように，ゲーム・アプローチと他のアプローチは互いに否定する関係にあるのではなく，補完的な関係にあるといえる。

10-2-3　近年における戦略論の議論
(1) ブルー・オーシャン戦略

キムとモボルニュ（2005）は，競争のない市場を創造することによって，競争を無意味化してしまうというブルー・オーシャン戦略を提示した。つまり，競争のない未知の市場のことである。競争が激しい市場はレッド・オーシャンと呼んでいる。ブルー・オーシャン戦略の土台をなしているのが，バリュー・イノベーションである。バリュー・イノベーションとは，競争企業を打ち負かそうとするのではなく，むしろ，買い手や自社にとっての価値を大幅に高め，競争のない未知の市場空間を開拓することによって，競争を無意味にすることである。

(2) 進化経済学と戦略

進化経済学は，ウィンター（2005）によれば，物事の仕方や規模がちがう「さまざま」な企業が互いに収益性や存続の見込みに影響しあう，という市場競争の動学的なプロセスを明らかにしようとする。そして，ネルソンとウィンター（1982）は，「ルーティン」という重要な概念をつくりだした。ルーティンは，物事の仕方，あるいは予測できる規則的な行動パターンのことである。また，ティースとウィンター（1984）は，企業の遺伝子にたとえられるルーティンは，時間を通じて蓄積されたケイパビリティの一部としてとらえられるとしている。

藤本（2003）は，進化論的な発想を企業組織の進化論としてその基本ロジックを応用している。生物においては「遺伝子」と「世代間継承のメカニズム」であり，それらに該当するのが企業組織においては，「組織能力」や「組織ルーティン」（慣行やルール）にほかならないとする。進化論は生物であれ企業組織であれ，連続性と安定性を保証するメカニズムを説明し，その上で，企業の活動におけるシステムの変化やメカニズムを説明する。企業の生産製造活動を中心に，現場から発する実証的な戦略論の展開である。

(3) 戦略評価とバランスト・スコアカード

バランスト・スコアカード（Balanced Scorecard：BSC）は，カプランとノートン（1992）が構想を示した，比較的新しいマネジメントの手法である。当初は業績評価のための手法として考案されたが，現在では戦略を具体的な実行活動に展開するための戦略的マネジメントの手法として考えられている。BSCは，財務の視点，顧客の視点，内部業務プロセスの視点，学習と成長の視点という4つの視点に戦略（またはビジョン）を展開し，個々の視点ごとに戦略目標（重要成功要因），先行指標，結果指標，目標値などを設定する。

財務の視点は，4つの視点の中で最終的な目的であり，最も上位の視点と考えることができる。顧客の視点は，具体的な指標として，顧客満足度，顧客定着率，新規顧客開拓率などで図られる。内部業務プロセスの視点は，事業活動の主活動である研究開発から購買物流，生産，出荷物流，販売・マーケティング，サービスと，そのつながりの流れを改善し，向上するための指標である。学習と成長の視点は，これらの優先順位の高いプロセスや活動を支援するために必要なコンピタンス，ノウハウ，テクノロジーおよび組織風土を定義づけるものである。

(4) 戦略のキュビズム

菊澤（2008）は，人間を取り巻く世界が多元化していることを，ポパー[5]によって展開された多元的世界観に基づき企業の生き残り戦略の必要性を論じている。それは，物理的世界，心理的世界，知性的世界に対応する戦略アプローチである。従来の戦略論は，多様に見えるが，いずれも物理的世界を対象とする直接アプローチ戦略にすぎず，力と力をぶつけ合う一面的な戦略であると説明している。このような一元的戦略論に基づいて企業が行動すれば，心理的世界や知性的世界に大きな変化が起こったとき，企業は変化に対応できず淘汰されてしまうと主張する。

心理的世界を対象とする不条理な現象は，プロスペクト理論[6]や行動経済学[7]によって明らかになる。そして，人間の知性によって把握されうる知性的世界を展開し，これらの見えないコストの存在を無視して，いかに優れた製品を開発しても大衆を魅了することはできないことを明らかにしている。そこで，物理的世界への直接アプローチ，心理的世界への間接アプローチ，知的世界への

間接アプローチのバランスト・スコアカード（BSC）化を展開し，それを「戦略のキュビズム」と呼んでいる。

10-3　現代企業の戦略課題

10-3-1　企業（組織）間の関係戦略

　一般的に外部資源を活用する戦略的手段には，アウトソーシング，買収，戦略的提携という3つの手段がある。アウトソーシングは効率を目的とした外部資源活用を目指す戦略であり，買収はアウトソーシングに比べれば，効率よりも，新たな価値を生み出すことを目的とした戦略と考えられる。また，戦略的提携は，アウトソーシングや買収と比較した場合，新たな技術・製品の開発を目的とする。そのため，コストやリスクを共有しながら，必要に応じて迅速にパートナー企業のもつ資源を活用できる可能性の高い戦略と考えることができる。

　しかし，戦略的提携を円滑に進めるためには，パートナー企業間が，提携の締結の際に詳細な契約，ルールを定めたうえで，企業（組織）間での学習を促進するような取り組み，質の高いコミュニケーションによる信頼関係の構築などが課題となる。そのため，課題解決の根源となるのは，パートナー企業間の共通目的である理念の共有が重要であろう。

10-3-2　グローバル組織と戦略

　一般に，国際化（internationalization）が国内から海外へと活動舞台を拡大・進出することを指すのに対し，グローバル化（globalization）は世界規模で経済経営活動の相互依存化が進んだ状態を意味する。企業が海外に進出し，市場を拡大する過程においてもっとも重要な課題は，次の3点に整理される。

　第1は，企業内外の人間の問題である。自然環境，法律や規制，商慣習，生活習慣，ものの考え方，宗教など，イデオロギーや倫理観，価値観の異なるなかで，経営戦略の策定と実行の課題は多岐にわたることである。

　第2は，グローバル事業展開におけるさまざまなリスクの予測とその対応の問題である。バーニー（2002）によれば，戦略策定プロセスにおいて考慮すべ

きカントリー・リスク要因を，①政治的・経済的環境，②国内経済状況，③対外経済関係に整理している。

　第3は，グローバル型組織形態の選択とその運営の問題である。バーレットとゴーシャル（1999）によれば，親会社・子会社の関係は4つのパターン[8]に分けられ，それぞれの型には，組織機構，管理方法，経営方針について特徴がある。

　これら，日本のグローバル企業は，現地へのスムーズな権限委譲や，暗黙知に伝承されてきた経営哲学，価値観，実務遂行上の手法を明文化した，経営理念の共有と浸透を基盤に経営活動を推進している。

10-3-3　戦略形成プロセスと戦略実行プロセス

　企業は戦略を策定し，それを実行するための組織をつくる必要がある。戦略の策定から実行までを組織に結びつけ，戦略と適合した組織をいかにつくるかという戦略経営の視点が重要な意味をもつ（石井・奥村・加護野・野中,1996）。ティース（1984）は，企業の戦略は，外部や競争関係における環境変化を，戦略形成プロセスの分析だけでなく，戦略実行プロセスのダイナミックス（時間をつうじた変化）の問題として扱わねばならないと指摘している。

　ミンツバーグ（1998）は，分析的な伝統的戦略論の考え方に疑問を投げかけ，ダイナミックな戦略形成プロセスに注目した研究を行っている。戦略を「意図された戦略」と「実現された戦略」の2つに分類したうえで，あらかじめ意図された戦略がつねに実現された戦略なのであろうか，という問題意識を提示している。そこで，戦略形成には，2つのプロセスがあると提示している（図表6）。

　第1は，戦略形成の計画プロセス（計画的戦略）である。それは長期的な目標や計画を策定し実行されることを目指すプロセスであり，環境変化が比較的安定的であれば効果的である。しかし，ここでの課題は，組織メンバーをいかにコントロールするかという点である。

　第2は，戦略形成の創発プロセス（創発的戦略）である。環境変化によって変更が加えられ，それらを誤りとして排除せず，学習し実現に向かうプロセスである。戦略形成は，経営者だけで行うものではなく，組織のあらゆる階層の

図表6　戦略の形態

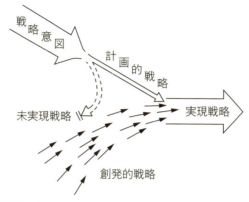

出所）Mintzberg,H.（1987）The strategy concept I : Five ps for strategy.In Carrol,G.R.,and D.Vogel（eds）*Organizational approaches to strategy*, Cambridge,Ballinger Publishing.

人々が学習行動などを通じて参画しうるため，組織内のさまざまな場所で起こりうることになるのである。しかし，ここでの課題は，あまりに創発プロセスに偏重しすぎた場合，組織メンバーは秩序を無視して勝手な行動をとってしまうかもしれないという点である。

これらの課題に対しては，環境変化によって計画プロセスと創発プロセスの相互補完をしながらその比重を変えていくことであろう。つまり，組織の柔軟性や学習行動が発揮されると同時に，計画とコントロールの特性もあわせもつことが必要になる。その主体となるのが経営者[9]である。

10-3-4　企業の社会的戦略

企業の戦略の焦点は競争優位，経営資源，組織能力に当てられてきたが，現代の企業において，多様なステークホルダーの価値を創造する社会的戦略の形成と実現を急がねばならない。そこで，3つの視点から社会的戦略のイノベーションを具体化していくことであろう。第1は，社会的責任（CSR）と戦略である。第2は，ステークホルダー・マネジメントと戦略である。第3は，人的資源管理と戦略である。

(1) 社会的責任（CSR）と戦略

　企業はステークホルダーの多様な期待や要求に対して，倫理的な基準で対応するべきかが求められている。企業の社会的責任（CSR）の取り組みは，これらの要請に対して，企業は広く社会やステークホルダーに経営理念の一部として，倫理規範や行動基準などを明文化し開示を急いできた。その象徴として，環境憲章やCSRレポートなどの報告書がある。また，財務的な指標のみならず，非財務的指標も含めた企業評価である。例えば，市場における企業の評判（レピュテーション）を図る企業評判指数（Corporate Reputation Quotient）などがある。アメリカでは経済誌を中心に，日本でも経済誌や新聞社などが，CSRを踏まえた企業評価を試みている[10]。

　また，CSRを踏まえた企業評価は，コーポレート・ガバナンス[11]（corporate governance）として位置づけられる。コーポレート・ガバナンスは経営戦略よりも上位にある概念であり，企業の目的そのものの決定にかかわるものである。

(2) ステークホルダー・マネジメントと戦略

　ステークホルダーが企業に対してパワーを持つのは，ステークホルダーの持つ資源や能力が企業にとって重要であり，しかもこうした資源や能力を当該ステークホルダー以外から調達することが難しい場合である。ステークホルダーの多様な要求に対し社内の体制をいかにつくりあげていくのかということが，ステークホルダー・マネジメント[12]である。このステークホルダー・マネジメント活動を，設計し再構築する活動として，ステークホルダー・エンゲージメントと呼ばれる活動が注目を集めるようになってきている。

　このように，企業は経営者を中心に，ステークホルダーの要求に応える組織体制を設計し，日常的に説明責任を果たさねばならない。この基盤に据えられるのが，経営理念を体系化した倫理規範や行動基準であろう。そして，事業活動の結果としてCSRレポートなどの報告書が活用されている。

(3) 人的資源管理と戦略

　不連続な環境変化において計画的な戦略策定には限界が生じ，新たな製品やサービスの開発には，現場の組織メンバーの活動によって，組織能力に大きな差が生み出されることが明らかになってきた。経営者が提示したビジョンを組

織メンバーが主体的に理解し，多様な視点で創発的な活動が生み出されることが求められるのである。できるだけ多くの良いアイデアが提案されなければ，組織変革は滞ってしまう。それを避けるためには，組織メンバーが主体的に，戦略の遂行だけではなく立案のプロセスにも参画できるような組織形態や組織制度などの環境を整える必要があろう。

　全社的なイノベーションのプロセスでは，直接的にそのプロセスにかかわる従業員，顧客，供給業者がそれぞれ重要な役割を担うことになる。組織メンバーにおいては働きがいのある雇用関係や労働環境の創造，顧客においては生命の尊厳と生活における価値の創造，供給業者においては協働と信頼の創造である。

10-4　持続可能な企業の戦略

10-4-1　企業の社会的戦略と組織変革

　企業が戦略を形成し実行するプロセスでは，経済性の追求と社会性の実現の両立が求められる。バーナード（1938）やドラッカー（1967）がすでに指摘しているように，組織の評価基軸は，有効性，効率性，能率，道徳性の視点から，社会的戦略を構想する必要があると理解できよう。

　企業を取り巻く環境は，グローバルな市場環境だけでなく，地球環境やステークホルダーを含めた範囲として議論され，しかも多様化するなかで不連続に変化している。これらの環境変化への適応のために，企業は経営目的を根源にした社会的戦略を策定することによって，組織変革を構想しそれを実現しなければならないのである。そのためには，大月（2007）が主張するように，変革対象を戦略的に練り上げ，その実施を図る戦略化（strategizing）のロジックが必要である。

10-4-2　戦略化（strategizing）と組織化（organizing）

　組織変革の場面で阻害要因となるのは何かと問えば，過去の成功体験の塊としての組織ルーティンであると考えられている。しかし一方，組織ルーティンは，その特徴として，反復的な「実行プログラム」であるとともに組織行動の

信頼性を形成するものであることが指摘されている。進化経済学の観点から組織ルーティンは，重要な遺伝子要因であるとみなされ，資源ベースの観点からは，ダイナミック・ケイパビリティを構成するものであるとされている。また，変化する状況に対する組織の適応力向上に資する組織化を方向づける文法であるという主張もある。このように，組織のルーティン化が進めば進むほど，組織行動の予測と調整が容易になるほか，安定性がより実現されるばかりでなく，無意識の合理的行動，そして暗黙知を含む知識の融合にも影響するのである。

大月（2007）によれば，組織ルーティンは，一般に，組織に安定性と慣性力をもたらすものと解釈されてきたが，ルーティンの安定度を高めれば高めるほど，変化が求められるという現象が生じてくる。そのため，ルーティンは変化をもたらす柔軟性と適応の源でもあるといえる。これが，組織ルーティンのパラドックスであり，この呪縛から脱却するにはルーティン化を高めながら，柔軟性も高められる組織体制の構築が必要であることを指摘している。そのために，組織変革を構想しそれを実現するには，変革対象を戦略的に練り上げ，その実現を図る必要がある。

組織変革の実現に向けた変革の戦略化（strategizing）が重要になり，それを実現するためには，開かれた組織形態や体制の構築が求められる。戦略を実行する組織化（organizing）のプロセスにおいては，対象を多様なステークホルダーも含めてとらえることが重要である。具体的には，ステークホルダーが生み出す価値と行動の変化に着目する必要があり，それらの変化の分析単位は，現場の活動プロセスそのものである組織ルーティンの変化に着目することであろう。

10-4-3 持続可能な企業の戦略と経営哲学

パナソニックは，1918年の創業以来，「世界中のみなさまのくらしの向上と社会の発展に貢献する」という経営理念をすべての活動の指針として，事業を進めてきた。創業90周年を迎えた2008年，今後のさらなる飛躍を目指し，社名をパナソニック株式会社に変更し，ブランドについても，国内・海外ともすべてPanasonicに統一した。

2001年度から3ヵ年の中期経営計画「創生21計画」のなかで，当時の中村邦

夫社長は,「破壊と創造」という言葉を使い,「創業者の経営理念以外はすべて変えていい」と,改革の決意を表明した。事業部制の解体をはじめ,家電流通の見直し,早期退職制度の実施,グループ会社の完全子会社化,事業ドメインの再編などの改革を矢継ぎ早に推し進めてきた。松下幸之助が1932年5月5日に発表した「松下電器の真使命」である経営理念を基盤に,日に新たな経営戦略を打ち出し,ダイナミックな組織変革を実行してきた。

　2007年,大坪文雄社長は新たな中期計画「GP3計画」(「グローバル・プログレス」,「グローバル・プロフィット」,「グローバル・パナソニック」の達成を目標)を発表した。また,環境経営の加速を約束する「エコアイディア宣言」を発表し,「地球温暖化防止対策の加速」と「環境経営のグローバル推進」という重点課題にグループをあげて取り組んできた。その実現に向けて,2008年には松下幸之助氏旧邸を研修所に移築し理念を学ぶ場にしている。そして2010年,創業100周年を迎える2018年のあるべき姿を,エレクトロニクスNo.1の「環境革新企業」とする「創業100周年ビジョン」を表明した。これらの活動を推進する組織形態として,2010年8月に「トランスフォーメーションプロジェクト」をスタートさせ,16あるドメイン(事業領域)を9つに集約する大枠を示した。2012年1月に新組織に移行することで,旧松下電器産業,旧松下電工,旧三洋電機の3社がシナジー(相乗効果)を生み出す体制を整備した。

　2012年,津賀一宏社長が就任し,本社のスリム化など組織改革に着手した。2013年には,9ドメイン(事業領域)体制を4カンパニーに集約し,新たな事業部制を導入した。国内外で生産ラインの自動化など組織横断的な取り組みで,コスト削減を進めると同時に意思決定のスピードも上げた。2015年の事業方針では,成長の柱と位置づける自動車や住宅関連事業で,機動的なM&A(合併・買収)や大型の工場建設ができるようにした。組織マネジメントでは,責任者であることをはっきりさせ,権限も明確にすると同時に,中央集権型経営から,現場が強さをみせる分権型へ移行させた。これらの活動の実現に向けて,ダイバーシティ・マネジメントの組織形態を整備してきた。2001年に「女性かがやき本部」,2004年に「女性躍進本部」,2006年に「多様性推進本部」として性別だけでなく年齢・国籍にまで枠を広げた取り組みを行っている。これらの

持続可能な戦略は，松下幸之助の経営哲学が根源となっている。

10-4-4 開かれた組織の戦略

　企業の戦略は，企業間提携，グローバル戦略，企業の社会的戦略，ステークホルダーへのマネジメント，さらに組織メンバーに対する人的資源管理に関わる組織形態や人事制度においても，経営者の哲学ないし理念が，経営戦略の根源に位置づけられることが重要である。そのうえで，企業は，戦略化と組織化のプロセスにおいても，常に経営哲学と経営理念を根源に組織変革を実現するのである。パナソニックに見られるように，企業の戦略とは，経営理念と経営哲学を具現化する社会的戦略の構築を行うことである。その実行の場面では，勤勉によって戦略化と組織化を行い，組織ルーティンの形成と変化によって持続可能な経営を実現する。その結果，企業は，広くステークホルダーや社会に開かれた組織の戦略として存在意義を持つのである。

注
(1) 「シリーズ経営哲学対談3　江口克彦氏と経営哲学を語る」『経営哲学　第4巻1号』経営哲学学会，2007年．pp.17-27。
(2) 経営哲学ないし経営（企業）理念の研究については，経営哲学学会編（2003）『経営哲学とは何か』文眞堂，および経営哲学学会編（2008）『経営哲学の実践』文眞堂に詳しい。
(3) 大平（2008）は，「経営哲学を考える—その形成とカタチ」（経営哲学学会編『経営哲学』第5巻1号，文眞堂，2008年,pp.7-18）においては，松下幸之助と稲盛和夫の経営哲学の形成の影響要因と形成のカタチを分析している。経営哲学の継承の問題は経営戦略の実践面において，経営哲学研究に課せられた課題であることを指摘している。
(4) シグナルとは，企業の意図や目標等を直接的ないし間接的に示す行動を指し，「真実のシグナル」と「見せかけのシグナル（はったり）」の2つがある。
(5) 科学哲学者カール・ライムント・ポパーは，人間を取り巻く世界を3つに分け，多元的実在論を主張した。世界1は，椅子，机，身体などの物理的世界であり，世界2は，人間の心理，心的状態の世界であり，世界3は，知識，理論内容，権利，情報など，人間の知性で把握できる世界である。
(6) プロスペクト理論とは，限定合理的な人間にとって，心理的価値（満足）の大きさよりも，心理的価値（不満足）の方が大きい（損失回避）ことを説明した理論である。そして，利益が増加すればするほど，それに対応して心理的価値（満

⑺ 2002年にノーベル経済学賞を受賞したダニエル・カーネマン，行動心理学者エイモス・トヴェルスキー，シカゴ大学経営大学院教授のリチャード・H・セイラーたちは，より効率的な製品が売れず，人々が既存の製品に留まるといった不条理な現象の発生理由を解明した。
⑻ 4つのパターンとは，①マルチナショナル型組織，②インターナショナル型組織，③グローバル型組織，④トランスナショナル型組織である。
⑼ ペンローズ（1959）は，環境を認識する主体者が企業家機能をもった経営者であると位置づけている（Penrose,1959.末松訳,1962.p.43）。
⑽ 東洋経済新報社が2005年以降刊行している『CSR企業総覧』では，企業の取り組みの具体的な経営実態が示されている。財務的指標のみならず，ガバナンス，雇用人材活用，消費者・取引先対応，社会・地域・国際貢献，環境に関する非財務的指標が公開されている。
⑾ ガバナンスの基本的な機能は，利害関係の調整，適切な経営者の選択，経営者の誘導と牽制である。
⑿ ステークホルダー・エンゲージメントとは，企業がステークホルダーと建設的な対話を行い，そこでの議論や提案を受けて，経営活動に反映させていくことである。

参考文献

Barney, J.B.（2002）*Gaining and sustaining competitive advantage*（2nd ed），Upper Saddle River,NJ:Prentice-Hall.（岡田正大訳『企業戦略論』上中下巻ダイヤモンド社，2003年）

藤本隆宏（2003）『能力構築競争』中公新書

Grant,R.M.（1991）The resource-based theory of competitive advantage. Implications for strategy formulation, *California Management Review*,Vol.33,No.3:114-135.

伊丹敬之・加護野忠男（2003）『経営学入門 第3版』日本経済新聞社

石井淳蔵・奥村昭博・加護野忠男・野中郁次郎（1996）『経営戦略論』有斐閣

経営哲学学会編（2003）『経営哲学とは何か』文眞堂

経営哲学学会編（2008）『経営哲学の実践』文眞堂

経営哲学学会（2007）『経営哲学 第4巻1号』

経営哲学学会（2008）『経営哲学 第5巻1号』

菊澤研宗（2008）『戦略学─立体的戦略の原理』ダイヤモンド社

Mintzberg,H., Ahlstrand,B., Lampel,J.（1998）*Strategy safari*:A guided tour through the wilds of strategic management,New York: Free Press.（斎藤嘉則監訳（1999）『戦略サファリ 戦略マネジメント・ガイドブック』東洋経済新報社）

Nelson,R.R. and Winter,S.G.（1982）*An evolutionary theory of economic change*,

Cambridge,MA.The Belknap Press of Harvard University Press.（後藤晃・角南篤・田中辰雄訳（2007）『経済変動の進化理論』慶應義塾大学出版会）
大平浩二（2002）「経営哲学の経営原理」『経営学原理　第2版』（小椋康宏編）学文社
大月博司（2005）『組織変革のパラドックス（改訂版）』同文舘出版
大月博司（2007）『組織変革をめぐる戦略化の諸問題』経営戦略研究5号
Penrose,E.T.（1959）*The theory of the growth of the firm.* Oxford University Press.（末松玄六訳（1962）『会社成長の理論　第二版』ダイヤモンド社）
十川廣國編著（2006）『経営学イノベーション2　経営戦略論』中央経済社
谷本寛治（2006）『CSR—企業と社会を考える—』NTT出版
Teece,D.J and Winter,S.G.（1984）The limits of neoclassical theory in managerial education, *American Economic Review,* 74:116-121.
山倉健嗣（2002）「企業と社会」稲葉元吉編著『現代経営学講座3　社会の中の企業』八千代出版
吉村典久（2003）「経営戦略とコーポレート・ガバナンス」『現代経営学講座6　企業の戦略』（加護野忠男編著）八千代出版

11

企業と市場
―CSR（企業の社会的責任）―

11-1　CSR概念

11-1-1　企業と外部環境

　企業は我々人間同様，孤立して存在することは難しく，社会の一機関として他者と関係を持ちながら経営活動を行っている。そのため企業は，自らを取り巻く他者（外部環境）とのコミュニケーション如何で，その存在が意味づけられる。外部環境とは個人，グループ，組織，自治体，自然など多様であり，企業にとってのステークホルダーである。企業は，多様なステークホルダーに対し，均一化した対応をとることはできないし，しない。企業はステークホルダー毎に関与の方法や度合い，要するコストを変えるが，その判断基準は何だろうか。実は，その判断基準に「責任」という概念が関与してくる。
　企業の社会的責任の英訳はCorporate Social Responsibilityであり，わが国では略して「CSR」と呼称されている。ここからは「CSR」と記述しよう。

11-1-2　CSRの因数分解

　CSRは論者や識者の置かれた環境や立ち位置でその認識が異なるため，定義は一律ではない。よってCSRの一般的な概念の提示も容易ではない。そこで，CSRを企業（corporate）と社会（social），責任（responsibility）の３つに因

数分解をして考えてみよう。

　まず企業。企業とは生産経済組織であり，株式会社も個人企業も，大企業も中小企業も，すべての企業がその主体である。企業は存続することが使命であり，そのために利潤最大化を目的としている。

　次に社会。企業が責任を負う外部環境（ステークホルダー）は，株主，従業員，消費者，取引先，地域・国際，環境などに分類される。細かく分類すれば，株主は法人や個人，もしくは所有株式数や株式所有の目的により区分される。従業員も正規雇用，非正規雇用，派遣，期限付きなど雇用形態は千差万別である。消費者も主体企業の扱う財・サービスがB to Bであれば法人組織であるが，B to Cであれば個人消費者が多くなる。取引先も川上，川中，川下と事業に関係する企業はもちろん，銀行やマスコミなども含まれる。地域・国際は国内・国外の両方であり，納税先の国や自治体はもちろん，企業の事業所や工場がある地域，販売先の地域，直接は関係しないが何がしかの影響を相互に与え合う地域などがある。環境とは主に自然環境のことであり，これも国内・国外を含む。

　最後に責任。こうしたステークホルダーに対する責任を理解するために，親の子どもに対する責任を例にして考えてみよう。一般的に親は，子どもを育てるために食費や教育費，生活費，服飾費を負担すると同時に，躾をし，遊び方や学び方を教える。子どもの学校行事等があれば時間を作って参加する。このように親は，子どもを授かった後，一人前に育てるために，必要な費用（お金）を支払い，活動をすることで責任を果たしている。留意すべきは，責任の程度が人によって異なることである。責任だといって度が過ぎれば過干渉や甘やかしになる。反対に放置すれば育児放棄である。責任の程度の差は，主体の価値観や責任の対象に対する関与度合により異なってくる。こうした程度の差があることも含んだ上で，CSRにおける責任とは，費用を支払う対象に適切に活動を行い，適切に支払いを遂行することを意味している。

　以上よりCSRの因数分解の解をまとめるならば，企業とは利潤の最大化を目的とする生産経済組織，社会とは企業を取り巻くステークホルダーの総和，責任とは，企業がステークホルダーに費用を支払い活動をすることと言えよう。

11-1-3　コーポレート・ガバナンス

　CSRを論じる際に併存する概念がコーポレート・ガバナンスである。コーポレート・ガバナンスについては他章でも説明があるので本章での詳述は避けるが，端的に言えば企業目的を達成することができるようステークホルダー間で監視することを意味する。狭義には経営者に対する株主の監視であるが，広義では，それ以外の従業員や地域が経営についてチェックすることも含まれている。

　監視やチェックなど厳しい言葉を使ったが，コーポレート・ガバナンスとは，企業がステークホルダーに対し責任を担っているか否かを相互に確認することで，正しい経営行動（責任をとること）を促進することを意味する。よってCSRにとってコーポレート・ガバナンスの議論は必要なのである。

11-2　CSRの史的展開

11-2-1　米国におけるCSR

　わが国では，特に2000年代は経営学だけではなく，学際的にCSR研究が盛んになり，企業もこぞってCSRに関する部署を設置し始めた。そうした我が国のCSRに対する意識の高揚は，米国の影響が大きい。まずは米国におけるCSRの流れを確認したい[1]。

　米国においてCSR議論が活発化する契機となったのは，1950年代とされている。当時は消費者問題や公害等の環境問題の発生により，企業の社会性が意識され始めた時期であり，企業という組織単位ではなく，経営者という個人が経営判断に社会の価値観を加味することが望ましいとされていた[2]。

　1960年代から1970年代にかけての米国は，企業活動により生まれた公害問題や，マイノリティの権利擁護，消費者意識の向上が社会的背景として存在した。当時は社会性を含んだ企業経営をすべしとする積極的なCSR論者と，企業の社会における立ち位置を理解しつつも，社会性の面で存在感を強くすることは企業の権力を甚大にし新たな社会問題を生むとして，積極的なCSRを危惧する論者もいた。特に株主に対する責任を負うことが一番のCSRだと主張したミルトン・フリードマン（Friedman,M）は，CSR否定論者として扱われた[3]。

1990年代にはCSRの多様な解釈が生じた。企業の不正行為を罰する等の社会制度が整備されたことも影響し，企業が自らの責任に積極的に対応することを国際社会の様々な機関や組織が求めた時期である。

2000年に入ってからは，CSRを経営戦略に包含する研究も盛んになった。特にポーター&クラマー（Porter, M.E., and Kramer, M.R.）はフィランソロピーやCSRを戦略性の面で分析し，企業が社会性と経済性の両方を追求することで競争優位を獲得できると述べた[4]。

11-2-2　日本におけるCSR

以上を踏まえ，日本におけるCSR研究やCSR概念の認知の流れを確認しよう。

そもそも日本には古くから社会性を重んじる商売魂が存在した。なかでも近江商人の「三方よし」を基軸にした経営哲学は有名である。三方よしとは，「売り手よし，買い手よし，世間よし」のことであり，主体企業の経済性が「売り手よし」，ステークホルダーの消費者に対しての誠実さが「買い手よし」，不特定多数の社会という意味でのステークホルダーに対する配慮が「世間よし」であり，まさにCSRなのである。

現在のCSR概念は，第二次世界大戦後の経済動向が大きな影響を与えている。わが国で戦後最初にCSR概念が言及されたのは1949年である[5]。その後，高度経済成長時代の負の象徴としての公害問題が顕在化する1970年代より，CSRを推進する立場でCSR研究が盛んになる[6]。

また1985年のプラザ合意による為替変動は，日本のメーカー企業の海外生産地化を推進した。特に米国に進出した大手企業は，現地でフィランソロピー概念に触れ，それを日本の本社にも導入した。したがって1990年代のCSR研究は社会貢献の色合いが濃くなり，貢献と責任の相違や位置づけなど，CSRの内容を分類する議論が盛んになった[7]。その後バブル経済が崩壊すると，それまで国際的に賞賛されていた日本的経営が機能しなくなった。例えば日本企業を支えていた株式の持ち合いによる，株式会社制度のひずみが露呈した。それらに対する企業の責任が強く問われたのが2000年以降である。2003年がCSR元年と言われる所以はそこにある。

11-2-3　時代により変遷するCSR

　その後企業は，バブル経済崩壊の傷を負いながら経営再建すると同時に，CSR活動に着手し始めた。その背景には，企業は社会の一員として何がしかの責任を取るべきであるという社会的価値観が強まったことにある。社会の価値観は，買い手である顧客の価値観であるため大企業を中心に，我が社の責任とは何かについて社内で活発に議論された。次節で詳細に述べるが，具体的には企業はステークホルダーに対する責任について考え，実行し，情報発信を開始したのである。

　ところが2000年代後半には米国で勃発したリーマンショックの余波を受け状況は一変する。まずは経済性を担保することが企業の最重要課題となり，社会性に特化したCSRについての議論は息を潜めた。そうはいえ企業の存続が何よりのCSRであり，事業活動そのものにCSRが自然に取り込まれるようになった。翌年の2011年には我が国では東日本大震災が発生し，企業も人もとにかく震災地に何がしかのサポートを申し出た。善意と配慮から生じたCSRである。

　以上，CSRの変化を確認したが，時代の変遷とともにCSRの必要性や捉え方に変化があることが理解できる。現在は，多様な課題があるとはいえ豊かで成熟した社会である。その中で企業は，CSRを特別なものと捉えず，自社の事業を正しく全うすることがCSRであると認識し経営活動を行っている。いまだに社会性に反する企業不祥事が表出するが，そうした企業は社会により制裁を受ける。社会性と経済性の両立は，今や同時に追求するものであり，同時に存続できるものである。

11-3　CSRの方法

11-3-1　責任の分類

　CSRの定義が画一的でないのは，法人の責任の解釈が多様であること，外部環境の変化により社会における企業の役割や社会からの期待内容が異なってくること，の二点の理由がある。財・サービスを市場に提供し利潤を獲得することが存続の条件である企業としては，需要サイドの消費者の価値観をないがしろにできない。それどころか非常に重要である。なぜならば消費者は個人では

あるが社会であり，企業のステークホルダーだからである。

前述したように企業によって重要とされるステークホルダーは異なるが，各企業が各ステークホルダーに対し，どのように責任を持つかが問われている。CSRにおける責任を分類すれば，法的責任，経済的責任，制度的責任，倫理的責任，貢献的責任があげられる。

11-3-2　法的責任と経済的責任の優先順位

CSRにおいて，法的責任と経済的責任のどちらを第一義に捉えるかが1970年代から2000年代にかけて活発に議論された。キャロル（Carroll,A.B.）[8]は1930年以降のCSR概念の変遷を検討した結果，諸見解を9種に整理し，その上でそれらを集約し包摂する枠組みとして「企業社会業績のモデル」を提唱した。キャロルはCSRモデルの3次元を，基礎的定義，内包されるべき項目，対応の哲学に分類し，基礎的定義には，経済的，法的，倫理的，裁量的の4つを掲げ，経済的責任を第一で最初の責任としている。

国内外のCSR研究の動向を詳細に分析した森本（1994）[9]は「諸説検討後の修正3次元CSRモデル」を表したが，キャロルと異なり経済的責任に優先させて法的責任を第一義に位置づけている。なぜならば企業は，能動的・主体的に最低限遵守すべき社会規範としての法を実践することでCSRとしての自発性を見出しえると考えたからである。

基本に立ち返れば企業の目的は経済的利潤の追求であり，獲得した利潤を将来に投資し企業を存続させることが最優先のCSRである。この点で考えれば経済的責任が第一義である。しかし，やみくもに利潤を追求するのでは別の社会問題が生じ，企業自らの存続が危ぶまれるリスクもある。よって企業は，民意の結晶である法律を遵守した上で，ルールの範囲内で経済活動を展開することが求められる。つまり企業には経済的責任を遂行する前提として法的責任の全うがあると言えよう。

11-3-3　社会的制度としての企業

社会の一機能として企業がいかにあるべきかを問うのが制度的責任である。人対人のコミュニケーションでも同様であるが，法令等を遵守すれば，それ以

外は何をしても何を発言しても良いというものではない。他者に対する配慮や節度，団体生活における秩序，リーダーカンパニーとしての規範などが必要とされる。それが倫理的責任である。加えて法的責任や経済的責任を遂行し，利潤を得てなお余裕のある企業が，社会のために何かプレゼントをするという社会貢献もCSRに含まれている。

11-3-4 株主に対する責任

　ステークホルダーは，株主，従業員，取引先，地域・国際，環境が代表的な区分であるが，株主とそれ以外のステークホルダーとは別次元で考える必要がある。株式会社制度では株主は資本を提供した企業の所有者であり，代表取締役などの経営者（層）は株主に委託されて経営を請け負っているエージェントである。つまり，株主に対する企業の責任は，プリンシパルである株主に委託されたエージェントとしての経営者の責任を示すものである。

　株主とは個人株主，機関株主，創業者株主，従業員株主制度を活用した株主，投資することで生計を立てる株主（この場合は数社の株主を兼ねることが多い），可処分所得で株を有する株主と多種多様であるが，CSRを議論する場合は，株主の顔を思い浮かべるのではなく，機能として株主を把握すると理解が容易である。

　株主に対するCSRは，企業価値の向上を意味する。企業価値の定義も難解であるが，大まかに捉えれば，株価，配当金，企業の評判などで表すことができる。日本企業は第二次世界大戦後，財閥解体がなされながらも，株式の持ち合いにより経済成長を実現させた。その結果，日本企業にとって株主は仲間であり，株主に対して責任を果たすという認識が希薄であった。バブル経済崩壊後，各企業は資金繰りのため株式の放出を余儀なくされ，市場に出回った株式は外国人投資家など「持ち合い」とは全く関係のない投資家により所有された。そうした投資家は，企業価値の向上を意図して株式を獲得しているため，「モノ言う株主」として企業経営に口を出すことになった。これらの一連の流れにより，株主に対する責任が1990年代より問われているのである。現在では企業経営における株主総会の重要性は高まり，株主－経営者間で（狭義の）コーポレート・ガバナンスが遂行される傾向にある。

11-3-5　株主以外のステークホルダーに対する責任

　他方で，株主以外のステークホルダーに対する責任は企業の社会に対する姿勢を問うものである。責任の項目は，ISO26000が網羅しているので確認してみたい。ISO26000とは企業に限らず組織の「社会的責任」に関する第三者認証を目的としない国際ガイダンス規格である(10)。同規格では「7つの中核主題及び課題」として，「組織統治」，「人権」，「労働慣行」，「環境」，「公正な事業慣行」，「消費者課題」，「コミュニティへの参画及びコミュニティの発展」をあげている。

　「人権」とはステークホルダー全体の個人の人権を尊重することが基本であると述べられている。「労働慣行」には採用，昇進，懲戒，苦情対応，異動，配置転換，雇用の終了，訓練，技能開発，健康，安全，産業衛生，労働条件などに影響を及ぼすあらゆる方針，慣行が対象であり，望ましい行動及び期待が述べられている。「環境」では環境責任，予防的アプローチ，環境リスクマネ

図表1　7つの中核課題

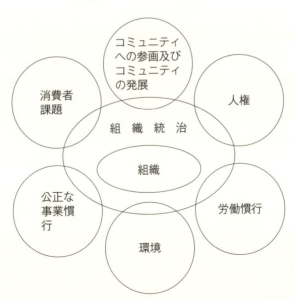

出所）財団法人日本規格協会『日本語訳ISO26000：2010社会的責任に関する手引き』日本規格協会，2011年，81頁

ジメント，汚染者負担について考慮することに言及されている。「公正な事業慣行」の対象はパートナー，供給業者，請負業者，顧客，競合他社などであり，倫理的に正しい行動の必要性が述べられている。「消費者課題」については，「公正な事業慣行」でも言及しているが，それは商業的な購入を目的とした消費者であり，「消費者課題」では主に私的な目的で購入する消費者を対象にしている。「コミュニティへの参画及びコミュニティの発展」では組織の活動場所をコミュニティとし，コミュニティの発展への寄与が持続可能な発展に不可欠であるとしている。「組織統治」は以上の項目とは種類を異にし，他項目の責任を遂行するために必要なコーポレート・ガバナンスの必要性を述べている。

11-4 市場とCSR

11-4-1 資本主義社会制度と市場交換

　企業がステークホルダーに対し責任を持つことの意義を考えてみよう。もちろん社会に貢献したい，迷惑をかけている面を他の部分で補完したい，良いことをして好かれたい（嫌われたくない），といった感情が企業にもあることは否めない。しかし，企業が責任を負う＝費用を支払い活動をすることは理論的に必然性を説明できる。そこで本節では，市場の側面よりCSRの必要性を説くこととする。

　そのために，まずは資本主義社会制度について確認したい。資本主義社会とは，私有財産制度に基づく社会であり，必要なものを他人の所有物と交換し手に入れる交換経済社会である。必要なものとは，形あるものだけではなく，目に見えないもの（サービス等）も含まれる。歴史を遡れば過去には物々交換であったが，貨幣の出現により市場交換が可能になった。

　消費者は欲しい商品やサービスを，適切だと思われる価格で手に入れる。よって，企業は，欲しいと思う消費者のために商品やサービスを提供する。このように資本主義社会制度による市場交換は自分本位ではない。交換は，交換相手の欲求を満たすものが対象となる。ここに資本主義社会の大きなポイントがある。つまり，私有財産の交換が基軸となる資本主義社会は，交換相手が幸せになることを想定して設計された制度である（はずである）。企業が，消費者

の欲している商品やサービスを，市場を介して提供し，代金をもらって，（必要経費を差し引いて）付加価値分の利潤を得る。その利潤を活用して，将来の消費者が欲しい商品やサービスを開発する。この連鎖が企業や社会を存続させ，私たちの生活に潤いをもたらすのである[11]。

11-4-2　社会の豊かさと企業の利潤

　私たちの生活の潤いとは，何であろうか。本書では，私たちの生活の潤いを社会全体の利益と表現する。社会全体の利益には多様な要素があり，個々人により利益の解釈も異なる。そうした多様な価値観を承知したうえで，本書は企業経営に関する議論であることより，経済的な豊かさに限定して考えてみよう。社会全体の利益，すなわち経済的な豊かさの獲得は，社会の，換言すれば，私たち皆の総合的な目的である。社会が経済的な豊かさを達成するための手段は企業の経営活動による利潤の実現である。企業の利潤を最大化するための手段は，ステークホルダーすなわち社会との利害調整である。つまり，社会と企業の目的と手段は，上位と下位とに位置し，相互に連鎖している。

　企業が利潤を獲得し「儲ける」ことは正当な行為である。なぜならば，前述したように企業の利潤は，相手（社会）が欲するものを作ることで得ることができるからである。企業は自らの事業活動で得た収入で従業員を雇用し，研究開発等を行い，相手の欲する新たなものを作り続ける。そうした継続が次の利潤を生み，ゴーイングコンサーンを確かなものにする。利潤は，企業の商品やサービスの価値が，社会に認められた証拠であり，企業にとっても社会にとっても将来の期待の星なのである。これが社会の目的を達成するための手段が，企業の経営活動による利潤の実現であることの証左である。

11-4-3　利潤と費用の関係

　利潤と費用の関係を「時間の概念」を含めて示すならば，その形はいたってシンプルであり，利潤は収入から費用を差し引いた残余となる。

　　　利潤＝収入－費用

　右辺の費用とはお金の支払いや労力，時間といった犠牲であり，右辺の収入

はそうした犠牲を払うことによって得られる対価である。費用は，株主以外のステークホルダーに支払われるものであり，例えば従業員への給与，仕入れた材料などへの支払い，事務所の賃借料や電気，水道代などの管理費の支払い，加えて経営者（経営管理者層）への報酬，税金なども含まれる。左辺の利潤とは，収入からそうした費用をすべて支払った後の残余となる。

この式は実際に動いたお金を年毎に扱う会計のそれとは異なり「時間の概念」を含んだ式である。つまり右辺で支払った費用が収入として，また利潤として反映されるのは将来である。例えば従業員に給与を支払うが，その従業員の仕事の成果が企業の収入として形になるのは，その給与を支払った時ではなく将来である。研究開発されたものが商品化され，店に陳列され，消費者が手に取って購買するまでに要する時間も，この式には含まれている。企業は短期，中期，長期と将来を区分けしながら，将来の利潤のための費用を支払っているのである。

11-4-4　CSRの社会的意義

左辺の利潤は，投資家が資本を提供する企業を選択するシグナルであり，左辺の値で金融資本市場の資源配分が決定することになる。金融資本の最適配分のためには利潤の値が適切であることが必須である。左辺を正しい値にするためには，右辺の費用が適切にステークホルダーに支払われることが前提となる。ここにCSRの1つ目の意義がある。

現実には，企業がステークホルダーに対し支払うべき費用を支払わないまま，市場交換がなされることがある。これを経済学では市場の失敗という。市場の失敗とは具体的には，企業による法令違反，情報の意図的隠蔽や虚偽情報の発信，企業活動により生じる環境破壊，社会制度の不備等である。これらは，本来であれば企業が負担すべき費用を企業が支払っていないことにより生じる。市場の失敗は，右辺の費用を企業が支払っていないことを示すものである。

とはいえ，こうした場合でも市場交換は行われる。不完全な市場交換は，第三者の負担する費用により補われて，市場の均衡は保たれることになる。つまり，企業が負担すべきであるのに負担していない費用を，他の誰かが負担しているのである。これを経済学の概念では社会的費用と呼ぶ。社会的費用は発生

源や負担者を特定することが難しい費用であるとされる。環境汚染に対する費用もその一つであるが、人的なものでは、労働災害や職業病、性差による雇用の違い、若年者労働、失業などにより、どこかで社会的費用が発生している。資源の遊休や独占、配給や輸送の面における浪費等も社会的費用である。

社会的費用は時代の変化、社会の価値観の変化により負担者とされる主体が異なる。以前は社会が負担して当然であった費用（例えば企業が作った商品の使用後の処理など）が、現在では製造者責任を明確にした制度（リサイクル法など）により企業が負担している。このように過去に社会的費用であったものや、放置しておけば社会的費用になるものを企業が費用化することがCSRである。本来費用を支払うべき主体が、必要な費用を正しく支払うことを明文化し社会的価値として形成してきたのがCSRであり、ここに2つ目の意義がある。

11-4-5　戦略的CSR

CSRの解釈は多種多様であることは冒頭に述べたが、CSRは経費がかかるとか、社会貢献のみを意味するものであるなどの誤解が頻繁になされる。CSRを社会的費用の費用化であると解釈すれば、企業は今後社会が必要とする財やサービスを予測し、研究開発を行い、他社に先んじて市場に提供することで、先行者利潤を獲得できる。

企業が利潤追求を目的とするのは、自らの存続を担保するためである。よって費用は必ず収入としてリターンされなくてはならない。企業は将来の収入を獲得するために、投資として社会的費用を費用化する。これが戦略的CSR[12]と呼ばれるものである。戦略的CSRは企業が競争優位を得るための事業活動であり、そこで得られた利潤は正当な対価である。

11-5　これから求められるCSR──社会的課題のビジネス化

2003年がCSR元年と呼ばれ、2000年代はどの企業もCSR化対策に追われた。その後社会環境、経済環境の変化により社会全体のCSRに対する興味・関心は、若干息を潜めたように感じる。しかしCSRは外部環境の変化で特段に注力する、あるいは突然に中止するものではない。CSR概念は、社会の中に存在する企業

が，社会の一員としてどのような経営行動をとるべきかを考える指針を与えてくれる。

現在の成熟した社会では，一昔前の大量生産・大量消費は必要ではない。企業が収益性のあるビジネスを行うには，消費者の多様化した需要にきめ細かく対応するか，新たな市場を見つけ出すしかない。新たな市場のヒントは社会の需要の中にある。社会の需要は社会の課題の中にある。すなわち，現在の社会的な課題を解決することをビジネスとして創造すれば，企業自らの経済性と，社会の豊かさとしての社会性の両方を満たすことができる。

現在は企業の経済性と社会性の両立は当然の所与とされている。CSRは社会の中の企業の存在に正当性をもたらしてくれるとともに，新たな経営行動の方向性も示唆する概念的ツールなのである。

注■
(1) 粟屋（2012）
(2) Bowen, H.R.（1953）
(3) CSR研究においてFriedman, MはCSR否定論者として位置づけられてきたが，2000年に入ってからは，否定論ではなく，経済性の追求により企業の社会的責任を全うできるとする方法論の一つであるとされている。
(4) Porter, M.E., and Kramer, M.R.（2006）また彼らはCSV概念（2011）も提唱している。
(5) 山城（1949）は，「経営自体は生産活動を社会的な責任として営み，そのため自主独立体たるべき権利と能力を許されなければならぬ。」と述べた。
(6) 高田（1974），櫻井（1976），対木（1979）等が中心である。
(7) 森本（1994）は，CSRモデルの縦軸に責任の範疇，横軸に期待の源泉，奥行きに実践の姿勢を設定した。責任の範疇を法的責任，経済的責任，制度的責任，社会貢献の4つに分類している。
(8) Carroll, A.B.（1979）pp.450-496. Carrollの説については森本（1994）が詳しい。
(9) 森本（1994）
(10) ISO26000/SRは社会的責任の7原則として，説明責任，透明性，倫理的な行動，ステークホルダーの利害の尊重，法の支配の尊重，国際行動規範の尊重，人権の尊重をあげている。
(11) 資本主義社会制度については亀川（2006）を参照のこと。
(12) 谷本（2013）は，CSRへの対応を経営戦略に組み込み，社会的・環境的な課題にイノベーティブに対応することが，市場での優位性を得，競争力に繋げることができると述べる。

参考文献

Bowen, H.R.（1953）*Social Responsibilities of the Businessman*, HARPER & BROTHERS

Carroll, A.B.（1979）"A Three-Dimensional Conceptual Model of Corporate Social Performance", *Academy of Management Review*, Vol.4, pp.496-503

Friedman, M（1962）*Capitalism and Freedom*, The University of Chicago Press.（村井章子訳（2008）『資本主義と自由』日経BP社）

Porter, M.E., and Kramer, M.R.（2006）"Strategy and Society: The Link Between Competitive Advantage and Corporate Social Responsibility", pp.78-92.（村井　裕訳　『DIAMONDハーバード・ビジネス・レビュー，January, 2008』ダイヤモンド社　pp.36-52）

粟屋仁美（2012）『CSRと市場―市場機能におけるCSRの意義―』立教大学出版会

亀川雅人（2006）『資本と知識と経営者―虚構から現実へ―』創成社

櫻井克彦（1976）『現代企業の社会的責任』千倉書房

髙田　馨（1974）『経営者の社会的責任』千倉書房

谷本寛治（2013）『責任ある競争力』NTT出版

対木隆英（1979）『社会的責任と企業構造』千倉書房

森本三男（1994）『企業社会責任の経営学的研究』白桃書房

山城　章（1949）「経営の社会的責任」『経営評論』Vol.4, No.11大蔵出版, pp.8-13

財団法人日本規格協会（2011）『日本語訳ISO26000―2010社会的責任に関する手引き―』

12

企業と環境
―持続可能な社会のために―

■これまでの企業活動は環境破壊の下に成り立っていた。
■これからの企業は持続可能な社会のために環境に配慮した経営に転換する必要がある。
■そのためには生産の在り方，製品の在り方をはじめ，企業活動のあらゆる局面を見つめ直さなければならない。
■企業が本当にグリーンになるには，経営者の哲学にかかっている。

12-1　はじめに

　「持続可能性（Sustainability）」という言葉が，これからの企業経営を考える上での重要なコンセプトとなっている。我々人間にとってかけがえのない地球環境を破壊し収奪してきたこれまでの経営は，自然環境と共生し持続的に存続できるような経営に転換していく他ないことは自明の理である。「持続可能性」というコンセプトは，経済成長の中で豊かさを追求してきた社会が，本当の意味で豊かな社会に移行していくために不可欠のものである。そして企業はそのための重要な担い手であり，その責任を果たさなければならない存在であろう。

　本章では，持続可能な社会における企業の在り方を考察していくのだが，企業活動がこれまでに環境に与えてきたインパクトを考えるとき，またそれを戒

めとして未来に生かしていくためには、過去を振り返っておく必要がある。そこで前半では、日本における企業経営と環境問題の歴史的な経緯を概観していく。そこでは企業が自然環境と人間に対してどのような姿勢で接してきたかを見ることができる。後半では、持続可能な社会のために、企業が経営の在り方を環境に配慮したものに転換していく必要があることを述べていく。そこでは特に、廃棄物問題と資源・エネルギー問題を中心に、持続可能な社会における企業経営の在り方を考えていく。

12-2　企業活動と環境破壊の歴史

12-2-1　産業公害の原点と戦争

　日本において、企業活動による大規模な環境破壊が顕著になったのは明治の時代に入ってからであろう[1]。明治維新以後、日本は列強からの遅れを取り戻すべく急速に産業の近代化を推し進めていったが、生産量を拡大するにつれて公害の原点といわれるような問題が発生した。足尾鉱毒問題はその典型であり、田中正造の反対運動とも合わせてよく知られている。足尾銅山から排出された鉱毒水は、渡良瀬川下流域において深刻な被害を引き起こし、また製錬所からの亜硫酸ガスなどによる煙害は、足尾周辺の山を広範囲にわたって荒廃させた。被害にあった住民は激しい抗議行動を起こし、政府も銅山に対して鉱毒防止策を講じるよう命じている。銅山側もそれに従い、銅山経営が危ぶまれる程の大規模な公害防止工事を実施している。

　この時期、足尾銅山の他にも住友の別子銅山や、日立鉱山においても周辺に深刻な公害が発生している。当時の企業にとって自然環境に対する意識は低く、その対応は基本的には周辺地域の被害者への補償や、農漁業被害の防止などが主なものであった。要するに操業を続行するためには被害住民の理解を得る必要があったわけである。その公害防止にしても、当時の技術水準の低さから対策が功を奏するまでには相当の期間を要している。

　当時、殖産興業と富国強兵という国家的スローガンのもと、鉱工業の発展は国家の繁栄におおいに貢献した。しかしその急速な工業化の影の側面として、計り知れない損失をもたらしたことを忘れてはならないだろう。一例を挙げれ

ば，足尾ではいまだに煙害によって無残な姿になった山々が広範囲にわたって残っており，現在も植林活動が続けられている。ひとたび破壊された自然を取り戻すことがいかに困難なことかを物語るものである[2]。

　この後，日本は明治期から第二次世界大戦まで，幾度もの戦争を経験することになる。第二次世界大戦では日本の国土も初めて戦場になった。戦争はそれ自体が甚大な環境破壊である。核爆弾の被害はその最たるものであるが，人間を殺害するための兵器はその多くが自然環境も著しく破壊するものである。さらに，勝つことを至上命題とする戦時下では，当然のことながら自然環境や人間への配慮は後回しにされる。それゆえ日本が戦争を繰り返す間，日本の各地域では「お国のため」という大義名分の下，産業公害や労働災害が放置されてきたことを忘れてはならないだろう。これは未来にも通じることであり，持続可能な社会のためには「戦争は絶対にしない」ということが第一の条件とされるべきであろう。

12-2-2　産業公害の深刻化

　1950年代に入り，日本経済が戦争による大打撃から立ち直り，成長軌道に乗り始めると，四大公害に代表されるような公害問題が日本の各地で発生した。1955年に富山県神通川流域でのイタイイタイ病が学会等で発表され，1956年には熊本県水俣市で水俣病患者の発生が報告されている。その後，新潟県の阿賀野川流域でも水俣病と同様の症状の患者が発見され，新潟水俣病として公表されている。また，三重県四日市市のコンビナートが完成した1959年以降，ぜんそく患者の多発した四日市ぜんそくが発生している。もちろんこれらに留まらず，当時の日本は「公害列島」と揶揄されるほど，全国の至る所で大小様々な公害が発生していた。戦後の経済復興は確かに重要な課題であったが，人間の健康と自然環境にもたらした被害の悲惨さは決して目をつぶることのできるものではなかった。公害を起こした企業の責任を追及する訴訟が各地で起こされ，被害者以外にも多くの人々がその闘争に加わったこともあり，公害問題は深刻な社会問題として大きな注目を浴びた。加害企業の対応は被害者に対して決して誠実なものではなかったために多くの場合裁判は難航したが，訴訟はいずれも原告側の主張が認められている。こうした公害問題は，政府および企業が戦

後の経済復興を急ぐあまり公害防止を考慮せず，自然環境と周辺住民の健康を犠牲にした結果として起きたものである。

ところで，これらと同様の公害は日本だけでなく海外でも発生している。例えば，水俣病の原因物質である水銀による汚染は，カナダ，中国などでも発生している。公害規制の緩い開発途上国では今後もこうした公害の起きる可能性が十分ある。現代の日本企業は過去の経験を生かし，公害の未然防止や解決という面で国際的な貢献ができる分野であり，その使命があるのではないかと考える。また，現代では公害は終わったものと思われがちだが，現在も被害者は生存しており，いまだに救済されないでいる人々もいる。さらに熊本の水俣病を起こしたチッソは50年を経た現在も，経済的な補償やイメージなど物心両面で公害の後遺症を引きずっている[3]。環境破壊は被害者だけでなく企業側にも多大なダメージを残すものであることを知らなければならない。

12-2-3 公害防止対策の進展と後退

公害への反対運動や世論の高まりに押され，政府は1960年代から70年代にかけて様々な公害防止対策を急速に進めている。法律については67年の公害対策基本法をはじめ数多くの法律を制定している。とりわけ1970年11月の臨時国会では集中的に公害防止関連の法案が討議されたことから「公害国会」と呼ばれ，14の法案（新規6，改正8）がすべて可決された。また翌71年には環境庁（当時）が発足し，通産省（当時）では公害排出物質の製造・使用中止の通達，厚生省（当時）では公害健康被害補償法の制定など，各省庁あげての公害対策が実施された。民間でも公害防止技術の開発や防止設備への積極的な取り組みがなされた。例えば，排煙脱硫装置や排水処理設備，エンジンの改良などであり，厳しい公害規制は企業の技術向上を促進した。これらの公害防止対策によって公害問題は大きく改善されていった。

上記のように，日本における公害防止対策は60年代から70年代初めにかけて急速に進展したものの，73年の第一次オイルショック以後，政府の公害行政は後退することになる。その背景には厳しい公害規制に対する産業界の抵抗があった。

例えば，政府は二酸化窒素の環境基準を1978年に緩和している[4]。二酸化窒

素の環境基準は，1973年には1時間値の1日平均値は0.02ppm以下とされていたが，1978年には0.04から0.06ppmの間かそれ以下というように大幅に緩和された。当時，事業所からの硫黄酸化物排出量は改善されていたが，窒素酸化物による汚染は依然高いレベルにあった。これは自動車保有台数の増加が排ガスの浄化技術の向上を上回っていたためである。要するに，この頃の企業にとって公害対策は企業活動の足かせ程度の認識であり，本当の意味で公害撲滅を心がけていたとは言い難い。

一方，オイルショックのために省エネを余儀なくされた産業界は，省資源，省エネの経営努力・技術開発によってこの難局を乗り切っている。この頃から経済成長率は伸びなくなるが，企業は積極的に省エネ技術に多額の設備投資を行っている。このこと自体は評価されるべきものだが，これは原油高騰という外的要因に突き動かされた対応であった。

12-2-4　地球環境問題の台頭

日本が公害対策に追われていた1960～70年代，世界的には地球環境問題への関心が急速に高まっていった。1972年にはストックホルムでの国連人間環境会議において「人間環境宣言」が発表され，地球環境の保護のためにあらゆる人々が共通の努力をしていくことが要請されている。また同年，世界各国の知識人による「ローマクラブ」が『成長の限界』という報告書を発表し，このままのペースで経済が成長し，何も対策が講じられなければ環境は著しく悪化するという強烈なメッセージを世界に発した[5]。これは人間環境宣言とともに，環境破壊を人類的問題として捉えることのきっかけとなった。これ以後，頻繁に国際会議や国際的な取り決めが行われるようになり，1992年にブラジルのリオデジャネイロで開催された「環境と開発に関する国連会議（UNCED）」は，地球環境問題が人類共通の課題として認識されたことをはっきりと示すことになった。

地球環境問題とは，地球温暖化（Global Warming），オゾン層破壊（Ozone-Layer Depletion），熱帯林減少（Tropical Forests in Decline），酸性雨（Acid Rain），海洋汚染（Marine Pollution）といった地球規模の環境破壊のことである。これらは海洋汚染のように汚染がグローバルになったものもあれば，地球

温暖化やオゾン層破壊のように人間活動の結果が地球の複雑なシステムを狂わせるといった性質のものもあり，実に様々である。

　ところで，地球環境問題と公害問題とではどのような点が異なるのであろうか。公害問題の特徴的な点は，加害者と被害者の関係が明確なことである。一方，地球環境問題の場合，その範囲は言葉の通り地球規模であり，そして加害者と被害者の関係はあいまいである。極論すると，誰もが加害者で誰もが被害者ということになる。例えば，いまや地球上のどこにいってもその大気，そして海水から有害な化学物質が検出される。それらは企業の作り出したものではあるが，消費者の利用したものでもある。しかし，注意しておかなければならないことは，地球環境問題とされているものの多くは，各地域の環境問題の積み重ねの結果であり，被害者も加害者も存在しないわけではない。地球規模ということで責任をあいまいにすることは避けなければならない。

　いずれにしても，環境問題は公害問題をその一部に含みつつ，地球環境問題というより大きな視点で論じられるものになっていった。一方，日本おける環境問題は長い期間，公害問題の域を出なかったため，地球環境問題が世界的に注目されるようになった当初も関心は比較的薄かった。しかし，環境マネジメントシステムの国際規格化や京都議定書の批准などから，ようやく公害対策にとどまらず，地球環境問題に意識が向き始めることになった。

　ところで近年，企業活動との関連で最も関心の高まっているのが地球温暖化である。これは温室効果ガスが増加することによって地球が暖められることで起きる問題であり，それによる気候変動で，自然災害，食料危機，砂漠化，海面上昇による国土の喪失など人類にとって多大な悪影響がもたらされることが指摘されている。原因となる温室効果ガスとは，化石燃料の使用によって発生する二酸化炭素や，メタン，代替フロンなどであり，その急激な増加は産業革命以後の企業活動や人間の生活によるものとされている。地球の気温が上昇しており，その原因が人為的なものであるという前提に立つならば，現在の人類は大変な岐路に立っているということを認識せざるを得ない。人類にとって母なる大地である地球を人間自らが狂わせ生存できなくしてしまうところまで来てしまったのであり，その危機を回避できるかどうかは，現在の人類にかかっているからである。

地球温暖化といったグローバルな問題に対しては，各国が協調して取り組む必要がある。その代表的なものが，気候変動枠組条約に基づくものであり，1994年に発効して以降，気候変動枠組条約締約国会議（COP）を中心に対策が進められている。京都議定書は1997年に京都で行われた第3回気候変動枠組条約締約国会議（COP 3）で採択された取り決めであり，そこでは第一約束期間（2008年〜2012年）の間に1990年比でどれほど削減するかという目標が各国に課され，日本には6％の削減目標が設定された。この目標達成のために，国をあげて削減の取り組みが行われた。ところが，2011年3月11日に発生した東日本大震災による原発事故のため，全国の原発が停止し，原発のエネルギーを火力発電にシフトせざるを得なくなった。そのため，日本の二酸化炭素排出量は予定より大幅に増加してしまった[6]。

　ところで，福島第一原発の事故は我々にとって様々な意味で大きな衝撃であった。原発というものが，一旦事故を起こしてしまうと，いかに人間の手に負えない恐怖の存在になるものか痛烈に思い知らされることになった。また，日本人の多くがそのような原発によって全エネルギーの約3分の1がまかなわれていたことを改めて認識することになったのである。さらに，その後の計画停電は，我々がいかに電気エネルギーに依存した生活をしていたのかを実感するきっかけになったし，これまでのライフスタイルを見つめ直すきっかけにもなった。原発事故を機に，再生可能エネルギーに注目が集まったのは望ましいことであるが，我々は今後エネルギーとライフスタイルの在り方そのものを見つめ直す必要があると考える。

　さて，日本の温室効果ガス排出量を見てみると，2013年度で14億800万t（CO_2換算）となっており，1990年比で10.8％の増加となっている。これを部門別に見ると，「産業部門（工場等）」が最も多く全体の34.8％を占めているが，排出量は着実に減少してきており，企業の生産工程における削減努力を見ることができる。これに対して大きく増加しているのは，「業務その他の部門（商業・サービス・事務所等）」と「家庭部門」である[7]。政府は2015年7月，2030年での温室効果ガス排出量を2013年比26％削減という目標を発表したが，これを実現するためには「産業部門」でのさらなる努力と，「業務その他の部門」および「家庭部門」での大幅な削減が必要となるであろう。

12-2-5　廃棄物問題

　戦後の経済成長以降，日本においては廃棄物問題が次第に社会問題化し始める。省資源のため，そしてとりわけ日本では処分場の不足から，リサイクルをはじめとする循環型社会への転換が求められるようになった。

　それまで廃棄物の処理は汚物掃除法（1900年）において定められており，その基本的な考え方は公衆衛生の観点であり，処理の責任は市町村にあった。その後，1954年に全面改定されて清掃法となるが，基本的な考え方は変わらず，自治体の負担はますます大きくなっていた。その後，日本社会は大量生産・大量消費による「使い捨て」を美徳ともするような社会に突入していき，増加する廃棄物に処理施設が対応できなくなっていった。このことから，1970年の公害国会において，それまでの清掃法が全面改定され，廃棄物の処理及び清掃に関する法律（廃棄物処理法）が制定された。これによって，一般廃棄物と産業廃棄物が区別されることになり，事業活動による廃棄物は排出事業者の責任によって処理されることが定められた。これ以後，廃棄物処理に関する法規制はますます厳しくなっていき，排出事業者の責任は重くなっていった。

　こうした状況の中で，産業廃棄物の不法投棄問題も顕在化するようになる。例えば香川県豊島では，1990年に強制捜査が入るまでの約10年もの間，しかも国立公園内で不法投棄が行われ，50万tもの廃棄物が不適正に処理され，島の自然環境や住民の健康に甚大な被害がもたらされた。それ以降も日本各地で大小様々の不法投棄が発覚している。しかも不法投棄が行われるのはたいていの場合，地方の人目につきにくい場所である。不法投棄に限らず廃棄物というものは，自然環境は豊かだが経済的な価値の低い所へ流れていく。そこには利益を生まない廃棄物にコストをかけるのは無駄だという考えが働いている。つまり豊かで便利な社会は，膨大な廃棄物を包み隠してくれる自然環境の犠牲の上で成り立っている。

　近年，排出物処理の負担は企業にとってますます重いものになっている。従来通りに廃棄物を排出する企業にとって，持続可能な社会は高コストな社会になったのである。しかし，これからの企業は廃棄物処理のコストを単に負担の増加と考えるのではなく，廃棄物の排出を極力少なくするような，循環型社会に適合した企業に転換していく必要があると考える。また廃棄物問題は，地球

環境問題と同様に企業だけでなく生活者も関与している問題であり，豊かで便利な社会の歪みとも言えよう。

　ここまで見てきたように，経済成長の歴史はそのまま環境破壊の歴史であった。時代を追うごとに社会全体の環境への意識は高まったが，自然環境と人間を犠牲にし，経済成長を優先してきた企業の姿勢は，本質的なところでは変わっていないように思われる。だがしかし，そのような中でも，持続可能な社会のために自発的に環境に配慮した経営を標榜する企業が現れてきていることも確かであり，希望の持てることである。今後このような企業が主流になっていくことが望まれる。

12-3　環境に配慮した企業経営を目指して

12-3-1　循環型社会の構築に向けて

　持続可能な社会のための企業経営は，環境に配慮した生産システムを構築し，環境に配慮した製品・サービスを提供する経営でなければならない。それは資源・エネルギー問題から考えた場合，循環型社会に適合した経営ということになる。そのような視点から，後半では持続可能な社会のための生産と製品の在り方を考えていく。

　まず，循環型社会の促進ということについて，日本政府は1990年代から廃棄物・リサイクル関連の法律を急速に充実させている。まず，一般廃棄物の中でも排出量の多い容器包装材のリサイクルが急務であったことから，97年には容器包装リサイクル法を一部先行して施行させている（その後2000年に完全施行）。そして政府は廃棄物およびリサイクル対策の重要性から，その総合的な対策を講じるために2000年に循環型社会形成推進基本法（以下「基本法」と記す）を制定し，これをもとに廃棄物処理法および再生資源利用促進法を改正した。それ以後，家電，食品，建設資材，自動車，パソコン，小型家電など個別物品のリサイクルに関する法律が次々に整備されている[8]。

　企業はこれらの法整備によってリサイクルへの対応を余儀なくされることになったのだが，企業の循環型社会への転換は進んでいるのであろうか。循環型

社会への転換を志向した基本法にはいくつかの重要なポイントがあるが[9]，ここでは処理の優先順位を明確にした点に注目しておきたい。これは循環型社会における廃棄物処理の基本的な考え方を示したものである。それは次の通りである。

　①発生抑制　②再使用　③再生利用　④熱回収　⑤適正処分

　まず，第一に挙げられているのが，「発生抑制」であり，文字通り廃棄物の排出量を削減することである。その上でなるべく「再使用」，すなわち洗浄するなどしてそのままの形状で使うことを考える。例えば，ビール瓶が模範的な事例として良く知られている。そして再使用できないものについては，可能な限り「再生利用」，すなわち何らかの処理を施して再資源化するわけである[10]。それは再使用の環境負荷が再生利用より低いからである。次の「熱回収」とは，廃棄物によっては焼却することで熱エネルギーを回収する方が合理的な場合に行われるもので，サーマルリサイクル（Thermal Recycle）とも呼ぶ。最後の「適正処分」は，どうしても埋め立てなければならないものは最終処分場で安全に処理するということである。

　ここで重要なのは「発生抑制」が優先順位の最初に挙げられていることであるが，日本における廃棄物の排出量はどのような状態にあるのだろうか。

　先に述べたように，廃棄物は廃棄物処理法によって，一般廃棄物と産業廃棄物に大別されている。産業廃棄物とは事業活動によって発生するもので，同法によって定められた20種類の廃棄物のことである[11]。一般廃棄物はこれら産業廃棄物以外の事業系一般廃棄物と生活系廃棄物をあわせたものであり，簡単にいえば，産業廃棄物以外のものである。

　さて，これらの排出量だが，まず一般廃棄物は2013年で約4,487万tとなっている。推移を見てみると，1970年代は4,000万t台前半であったのが，徐々に増加していき，ピーク時の2000年には5,483万tに達している。これ以降は順調に減少傾向にあるものの，70年代から比べるといまだ500万t程多くなっている。次に産業廃棄物であるが，2012年で約3億7,914万tとなっており，一般廃棄物と比較するとはるかに多く，実に約8倍にもなる。推移を見ると，1975年に約2億3,644万tであったのが，着々と増加し，1996年には4億tを超え，ほぼ横ばいか，微増の状況が続いていた。その後，2007年頃から減少に転じ，これまで

順調に減少してきている[12]。一般廃棄物，産業廃棄物ともに減少傾向にあるのは，国としての発生抑制の取り組みがある程度は実を結んでいると見ることができ，今後も着実に削減されていくことが望まれる。

リサイクルが社会的に浸透してきた結果，日本におけるリサイクル率は全般的に見て向上しているが，「リサイクルしているから問題ない」という「リサイクルありき」の考え方ではなく，前提として発生量を減らすことが重要である。従来のまま大量生産・大量消費を行い，大量廃棄が大量リサイクルに変わっただけでは，環境に配慮した経営とは言えないであろう。そのためには，企業側としては資源生産性を高めるなどの努力や製品・サービスの在り方を根本的に見直す必要があるし，同時に消費者側もライフスタイルを見直す必要がある。

持続可能な循環型社会を形成していくためには，従来の製品や生産の在り方は非持続的なものと認識し，それを持続可能な循環型社会に適合したものに変える必要がある。それは具体的にどのようなものになるのであろうか。次項以降で，環境に配慮した生産，そして環境に配慮した製品について見ていく。

12-3-2　環境に配慮した生産

環境に配慮した生産のために，ここでは簡単にインプットとしての資源投入の面と，アウトプットとしての廃棄物処理およびリサイクルの面に分けて見ていく。資源投入においては，環境に配慮した原料およびエネルギーを選択するとともに，それら資源の生産性を高めるよう努める必要がある。まず原料の調達にあたっては，品質や価格だけでなく，環境負荷のできるだけ少ないものを選択するということである。これを「グリーン調達」と呼んでいる。例えば，製紙会社が原料の木質資源を購入する際，それが熱帯雨林を不適切に伐採したものではないか，また持続的な森林経営による木材であるか，などを確認した上でより環境負荷の低いものを選ぶということである。エネルギーについては，化石燃料の使用を省エネ技術などによって削減するとともに，環境負荷の低い代替エネルギーを利用することが求められる。例えば，太陽光発電や風力発電がよく知られているが，最近はメタンガスや木質原料などバイオマスエネルギーの導入も進みつつある。

次に廃棄物処理およびリサイクルについてであるが、そこでは可能な限り廃棄物を削減するとともに、可能な限り再使用の可能性を検討し、そして再生利用を徹底的に進めるといった取り組みが求められる。これについては「ごみゼロ工場」という考え方が産業界で広がっている。これは３Ｒを徹底して実行するということであり、ごみゼロというよりは、むしろ再資源化率100％を目指すものと考えた方がよい。ビール業界では早い時期からこれを目指しており、例えばキリンビールでは1998年には全工場で再資源化率100％を達成している[13]。

以上のような活動は設備上の投資をはじめ相応のコストがかかるが、逆に環境配慮の視点から生産過程を見直すことによってコスト面のメリットになることもある。例えば、原料やエネルギーで無駄が省かれてコスト削減につながることもあるからである。

一方、ごみゼロ工場に関連して、「ゼロ・エミッション（Zero Emission）」というユニークなコンセプトがある[14]。エミッションとは排出物を意味するのだが、前出のごみゼロ工場とは全く異なるものである。自然生態系ではそもそも廃棄物というものは存在しない。なぜならあらゆる物質が無駄なく循環するからである。例えば、ある一時点で見れば廃棄物であっても、それはいずれ他の植物や生物に不可欠な養分となる。ゼロ・エミッションの発想は、この自然界の理想的なシステムを産業界に取り入れたものである。すなわち、ある産業の廃棄物が他の産業の原料となるならば、もはやそれは廃棄物ではないのである。このような「廃棄物の資源化」による産業間の連結が次々に、そして多方面に絡み合った産業社会が構築されるならば、資源は効率的に利用されるようになるであろう。もちろん今すぐにでも連結可能なものもあれば、そこに何らかの技術開発を要するものもあるだろう。これまで廃棄されていた資源が技術開発によって付加価値の高いものに変えることができれば、飛躍的に資源の生産性が高められ、しかも産業廃棄物も削減できることになるだろう。今後、環境技術の開発と新しい発想によって、これまでにない産業のクラスター化が進むことが期待できる。

環境に配慮した生産として考えなければならないことは、他にも化学物質の管理、廃棄物の適正処理、不法投棄の防止など多岐にわたる。ここでは主に省資源・省エネルギーの面から循環型社会に適合した生産の在り方を見てきた。

先進的な企業は生産の在り方を環境に配慮したものに着々と変化させつつあるが，公害問題の多くはこの生産工程を原因とした環境破壊であった。過去の反省を踏まえ，今後も不断の努力が望まれるところである。

12-3-3　環境に配慮した製品・サービス

環境に配慮した製品・サービスとはどのようなものをいうのであろうか。1つの視点としてグリーン購入ネットワーク（Green Purchasing Network：GPN）が環境配慮型製品のガイドラインとしてあげているものが参考になる[15]。GPNでは環境に配慮した消費活動を心がけるグリーンコンシューマー（Green Consumer）を支援するために[16]，製品のライフサイクル全体の環境負荷を考慮して購入することを推奨しており，そのための基本原則として次のようなものをあげている。ここではそれを利用して環境配慮型製品について述べておきたい。

① 環境汚染物質等の削減

　有害な物質の使用をなるべく削減したり，他の安全な物質に代替する取り組みをしていること。

② 省資源・省エネルギー

　製造段階だけでなく，流通，使用段階においてもなるべく使用量を少なくするような工夫がなされていること。

③ 天然資源の持続可能な利用

　天然資源が枯渇しないように持続可能な資源管理が行われており，製品がそうした管理された資源によって生産されたものであること。

④ 長期使用性

　資源を浪費しないよう，製品が長く使用されることが重要であり，そのために耐久性やメンテナンス体制などが考慮され，頻繁なモデルチェンジなどで安易な買い替えを誘わないようなものであること。

⑤ 再使用可能性

　なるべく再使用が可能なように製品が設計されており，回収され再使用されるシステムが確立していること。

⑥ リサイクル可能性

　各部品の材質表示や，容易に分解できるような設計といった取り組みがなされており，リサイクルシステムが確立していること。

⑦ 再生材料等の利用

　循環型社会を促進するために，リサイクル素材や再使用部品が使われており，また再生部品や中古部品による製品寿命延長などの工夫がなされていること。

⑧ 処理・処分の容易性

　有害物質の除去が容易であったり，最終処分場への負荷が低くなるよう配慮されていること。

　企業が製品・サービスを循環型社会に適合したものに変えていくためには，上記のような観点が考慮されるべきであろう。そして消費者がこうした原則に従って製品・サービスを選ぶようになれば，企業に対して環境に配慮した製品・サービスの開発を促すことになり，社会全体の環境負荷低減につながる。しかしながら，消費者にとって製品の内実を詳しく調べることは困難である。そこで環境に配慮された製品かどうかを第三者機関が認定し，それを表示することでグリーンな消費を支援する仕組みがある。それが「環境ラベル（Eco-label）」である[17]。製品に環境ラベルが表示されていることによって，消費者は環境に配慮した製品を選択しやすくなる。企業の側もグリーンコンシューマーのニーズに対応するために，また環境に配慮した製品のアピールのために環境ラベルを取得しようとする[18]。

　また，環境ブームともいえるような社会的雰囲気の中で「環境にやさしい」という聞こえの良い言葉が氾濫している面もあるが，最近ではそうしたイメージだけでなく，「LCA（Life Cycle Assessment）」のように製品の環境負荷を定量的に評価する手法が利用されるようになっている。LCAとは製品・サービスについて，製造・輸送・販売・使用・廃棄・リサイクルなどの各段階における環境負荷を定量的なデータによって明らかにする手法である。例えば，ある製品の二酸化炭素排出量が使用段階で最も多いことがわかれば，そこに技術開発を集中することでより効果的な環境負荷低減を実現しやすくなるし，以前の製品よりどれだけ削減できたかをあいまいな言葉ではなく数値で説明するこ

とができる[19]。

　ここまで主にグリーンコンシューマーの視点から環境に配慮した製品について述べてきた。しかし，環境に配慮した製品はそれが一部のグリーンコンシューマーに受け入れられるだけでは社会的な影響力を生み出すことはできないし，需要が見込めなければ企業も積極的なアプローチを取りにくくなる。その意味で，循環型社会のためには環境配慮型製品の市場規模が拡大する必要があるし，それには上記のような判断基準を満たしているだけでは不十分であろう。つまり，価格や品質，そしてコンセプトやデザインなどの面で従来の製品と同等あるいは上回る必要がある。例えば，ペットボトルのリサイクルによる衣料品も，それがリサイクル製品だから買うという消費者はむしろ少数であろう。リサイクル製品であっても通常の製品と同様に，消費者を引き付ける魅力がなければ購入にはつながらないのである。

　一方，企業はこれまで消費者のニーズを把握し，そのニーズを満たすものを作ってきたが，持続可能な社会のためには，企業は単に売れるから作るという発想ではなく，環境に配慮したライフスタイルを提案するような製品を提供していくことが求められるのではないだろうか。

　例えば，長い期間にわたり，また世代を超えて利用されるものを提供し，消費者の意識を変えていくということも環境配慮型製品といえよう。アウトドア用品を製造販売するスノーピークでは，使えば使うほど味が出て，愛着が生まれるということを製品コンセプトの1つとしている。そして，製品に責任を持つのはメーカーとして当然という理念から，あえて一切の保証書を付けず，製造上の欠陥であれば無料で修理・交換を行い，その他の場合は適正価格で修理するようにしている[20]。製品を大事にし，修理して長く使っていくというのは現代では古くて新しい考え方である。この発想は，持続可能な社会における「もの作りの哲学」を見つめ直すという意味でも重要である。

　製品を大切に長い間使うということでいえば，デザインも重要な要素である。例えば，デザイナーのナガオカケンメイは長く愛される良質なデザインの製品を「long life design」として現代に根付かせる事業を行っている。頻繁にモデルチェンジを繰り返すのではなく，飽きのこない美しいデザインを作り，維持していくということも環境に配慮した製品の在り方であり，そのような考え方

を社会に提案していくのも，持続可能な社会における企業の役割ではないかと考える。

12-4　おわりに

近年，環境問題への取り組みは企業にとって重要な戦略的要素の1つとなっている。「環境を売り物にしている」ともいえるわけだが，これを一概に悪いことと決めつけるべきではない。そのような取り組み方であっても，結果的に社会の環境負荷が低くなるならば，一面では望ましいことである。しかし，環境問題をアピールしながら，一方ではそれに矛盾する行動をとったり，環境配慮を隠れ蓑にして不誠実な行動をとるのは望ましいことではない。

「グリーンウォッシュ」という言葉がある。環境に配慮という意味の「グリーン」と，安価な塗料，つまりごまかしという意味の「ホワイトウォッシュ」をつなぎあわせた造語である。表向きだけ環境への取り組みをアピールして，内実の伴わない企業をグリーンウォッシュ企業と呼んだりもする。グリーンウォッシュ企業の存在は持続可能な社会への移行を妨げる要因となる可能性がある。例えば，このような企業の行動はグリーンコンシューマーに不信感を抱かせ，グリーン消費の意欲を萎えさせてしまうかもしれないからである。

本章の前半で見てきたように，企業はこれまで経済成長を優先し，環境対策を行うにしても，それは法規制などの外的な要因に突き動かされての行動であったといってよい。環境に配慮した生産システムの構築も，環境配慮型製品を生み出すことも，それがグリーンウォッシュかどうかを判断することは難しい。巧妙になった環境経営やCSR戦略によって，消費者をはじめほとんどの人は企業の内実を知るのは困難である。環境やCSRの視点から企業活動をチェックする国際的なガイドラインがますます厳しく整備されつつあるが，結局のところ，企業が本当にグリーンかどうかは経営者の哲学の問題であろう。持続可能な社会の重要な担い手は，心から環境を守ろうとする哲学を持った経営者であり，そのような哲学を根底にした企業が厳しい競争を勝ち抜いてこそ，新しい時代の経営哲学が創造されるのではないだろうか。

注

(1) 日本における環境問題の始点をどの時代に求めるかについて，一般的には足尾銅山が定説となっている。しかし飯島によれば，それ以前にも深刻な環境破壊の記録があることから，より古い時代に遡ることもできるとし，この点についての学問的な議論は未だ不十分であるとしている（飯島伸子『環境問題の社会史』有斐閣，2000年，p.45～49）。

(2) この他，煙害によって銅山近くの松木村が廃村に，そして下流の谷中村も鉱毒被害防止のための渡良瀬遊水池建設で廃村になっている。

(3) チッソ㈱は現在もホームページ上に「水俣病問題について」というページを設け，この問題に対する取り組みを紹介している。

(4) 二酸化窒素は代表的な大気汚染物質で，せきやたん，急性呼吸器疾患などの原因となり，光化学オキシダントの原因にもなる。主にボイラーや自動車の燃焼過程などから発生する。

(5) 参考文献を参照のこと。

(6) 京都議定書の第一約束期間では，先進国にのみ削減目標が設定された。例えば，EUは8％，ロシアは0％などとなっており，アメリカは7％の削減となっていたが，その後京都議定書から離脱している。また，京都議定書では数値目標を達成するための補助的手段として「京都メカニズム」が定められた。これは「クリーン開発メカニズム（CDM）」，「共同実施（JI）」，「排出量取引（ET）」の3つで，他国での温室効果ガス削減分を自国の削減分としてカウントできる仕組みである。その他，植林などによる二酸化炭素の吸収分を削減分としてカウントできる「森林吸収」が認められている。日本はこの京都メカニズムと森林吸収によってかろうじて目標を達成することができた。

なお，本稿執筆中は，第二約束期間（2013年～2020年）に入っており，この間，2020年以降の枠組みが議論されているところである。2020年以降については，すべての国に適用されるような温暖化防止の枠組が求められているが，各国の経済的な利害調整のため交渉は難航している。

(7) これらのデータについては環境省のHPを参照のこと。（http://www.env.go.jp/）

(8) リサイクル法の内容については環境省のホームページ（http://www.env.go.jp/recycle/recycling/）を参照されたい。

(9) 基本法のポイントとして，廃棄物のうち有用なものを「循環資源」と定義し，その循環的利用の促進を目指すこと，処理の優先順位を明確にしたこと，排出企業が廃棄段階まで責任を持つ「拡大生産者責任」の原則を確立したことがあげられる。

(10) 一般的に発生抑制を「リデュース」（Reduce），再使用を「リユース」（Reuse），再生利用を「リサイクル」（Recycle）と呼び，これらの頭文字をとって「3R」と呼んだりする。

(11) 廃棄物処理法では産業廃棄物として，①燃え殻，②汚泥，③廃油，④廃酸，⑤廃

アルカリ，⑥廃プラスチック，⑦ゴムくず，⑧金属くず，⑨ガラス・コンクリート・陶磁器くず，⑩鉱さい，⑪がれき類，⑫ばいじん，⑬紙くず，⑭木くず，⑮繊維くず，⑯動物系固形不要物，⑰動植物性残さ，⑱動物のふん尿，⑲動物の死体，⑳汚泥のコンクリート固形物など上記の産業廃棄物を処分するために処理したもの，が指定されている。なお⑬〜⑲は業種が該当する場合は産業廃棄物となり，それ以外は一般廃棄物とされる（例えば⑬はパルプ製造業，製紙業，出版業などの指定された業種から出る場合に産業廃棄物となる）。

(12) ここでの廃棄物関連データは『環境白書　循環型社会白書／生物多様性白書〈平成27年版〉』（環境省，平成27年5月）による。
(13) キリンビールのホームページを参照のこと（http://www.kirin.co.jp/）。なお，ビール業界ではリサイクルの取り組みが早くから進んでおり，他のビールメーカーも再資源化率100％を達成している。ただし，再資源化100％が可能かどうかは扱うものにもよるため，必ずしも100％を実現できていないから良くないとはいえない。
(14) 参考文献を参照のこと。
(15) グリーン購入ネットワーク（GPN）とは，グリーン購入を促進するために1996年に設立された団体で，企業・行政・消費者による緩やかなネットワークである（http://www.gpn.jp/）。
(16) グリーンコンシューマー（緑の消費者）とは，環境に配慮した消費行動をとる消費者のこと。自らが環境負荷の低い消費生活を実行するだけでなく，企業に環境に配慮した製品・サービスの提供を促し，消費者主導で循環型社会の形成を目指す活動である。
(17) ISOの規格では環境ラベルとして第三者認証型，自己宣言型，環境情報開示型の3つのタイプが提示されている。ここであげているのは第三者認証型である。日本でよく知られているのが（財）日本環境協会のエコマークである。
(18) 環境ラベルは必ずしも絶対的なものではない。なぜならある認定団体の基準が環境に配慮していることの唯一の基準ではないし，その審査も絶対的なものとは言い切れないからである。
(19) このデータは環境ラベルの環境情報開示型に利用できる。
(20) http://www.snowpeak.co.jp/

参考文献■

飯島伸子（2000）『環境問題の社会史』有斐閣
石渡正佳（2002）『産廃コネクション』WAVE出版
大川真郎（2001）『豊島産業廃棄物不法投棄事件』日本評論社
鈴木幸毅・所　伸之編著（2008）『環境経営学の扉』文眞堂
高橋由明・鈴木幸毅編著（2005）『環境問題の経営学』ミネルヴァ書房
所　伸之（2005）『進化する環境経営』税務経理協会

三戸　公（1994）『随伴的結果―管理の革命―』文眞堂
貫　隆夫・奥林康司・稲葉元吉編著（2003）『環境問題と経営学』中央経済社
Meadows, D.H., Meadows, D.L., Randers, J.and Behrens, W.W.Ⅲ. (1972) *The Limit to Growth : A Report for THE CLUB OF ROME's Project on the Predicament of Mankind*, New York : Universe Books.（大来佐武郎監訳（1972）『成長の限界：ローマクラブ「人類の危機」レポート』ダイヤモンド社）
Fritjof Capra and Gunter Pauli (1995) *Steering Business Toward Sustainability*, The United Nations University Press, Tokyo, New York, Paris.（赤池　学監訳（1996）『ゼロ・エミッション：持続可能な産業システムへの挑戦』ダイヤモンド社）
三橋規宏編（2000）『ごみゼロ工場への挑戦』日本プラントメンテナンス協会
盛岡　通編著（1998）『産業社会は廃棄物ゼロをめざす』森北出版株式会社
吉田文和（2004）『循環型社会』中公新書
経営哲学学会編（2008）『経営哲学の実践』文眞堂

13

企業と国際化
―企業の持続可能な国際化を目指して―

■企業の国際化の所有戦略には完全所有子会社形態と合弁会社形態がある。
■企業国際化の発展段階を本社経営者の経営視野に基づいて，本国志向型企業，現地志向型企業，地域志向型企業，世界志向型企業に分けられる。
■海外子会社の経営において，本国企業の経営管理方式を現地の事情に合わせ「適用・適応」させることは極めて重要である。
■文化的多様性のプラス効果を最大限に引き出すことは，多国籍企業の持続可能な発展を左右する重要な要素といえる。
■海外子会社の持続可能は発展のためには，現地化を推進する必要がある。

13-1　はじめに

　世界経済のボーダレス化が進むなか，企業の経営活動は世界的規模で活発に行われ，多くの企業は国境を越えて更なる利益を求めている。もはや現代の企業経営は国際経営といっても過言ではない状況である。企業のグローバル化の進展とともに，企業の持続可能な国際化を図るためには従来の本国志向型視点に立脚した経営は通用できなくなり，グローバルな視点で経営を行う必要性がある。
　企業には内部環境と外部環境の2つの側面が存在する。企業が海外に進出する際には，企業の内部環境と外部環境が共に変化する。国際経営と国内経営の大きな相違点は，このような企業が置かれている外部環境と内部環境の変化で

ある。国際経営において，内部環境では，企業で働く従業員は現地人であり，経営者，及び株主も現地人になることもある。企業が直面する外部環境においては，海外子会社は本国と異なる文化，社会システム，経済システム，歴史的背景などの複雑多岐な経営環境に置かれる。つまり，国際経営は国内経営と異なる様々な思考が必要である。

国際経営を進める企業主体は多国籍企業である。多国籍企業は事業活動の多様化にともなって，海外子会社の設立，その所有形態，海外子会社の経営管理の諸問題に直面する。本章では企業の持続可能な国際化を中心として，海外子会社の所有形態，海外子会社の経営管理に重要と思われる「適応・適用」モデル，異文化における国際経営に焦点を当てて取り上げる。

13-2 国際化における企業形態

13-2-1 企業国際化の所有形態

ダニング[Dunning, J.H. (1979)]は，産業組織論的アプローチ，取引費用の理論，そしてヘクシャー＝オーリン理論の三者を「折衷」した「折衷理論」を提唱した[1]。

ダニングの「折衷理論（Eclectic Theory）」によれば，国際経営の主体である多国籍企業は企業自身の優位性（Ownership-Specific Advantages），企業の内部化利益（Internalization Incentive Advantages），海外における立地優位性（Location-Specific Advantages）で海外直接投資を図るとしている。企業の海外直接投資，つまり，企業の海外進出にともなう海外子会社設立の究極の目標は，立地上の利益を求め，グローバル・ネットワークを駆使して経営資源の最適配分を行うことにより全社的利潤の最大化の獲得にある。

企業が海外に進出する際に，重要な意思決定の1つとして海外子会社の所有政策が挙げられる。これは，一般に企業の国際化の所有戦略（ownership strategy）あるいは所有政策（ownership policy）の問題とも呼ばれる。海外子会社の所有形態，海外子会社の組織構造，権限の配分などは本社の重要な戦略的問題であり，本社の経営目標を達成する際にも極めて重大な影響を与えるものである。

海外子会社の所有形態は，本社が追求する経営戦略の角度から企業の優位性である経営資源を検討し，さらに立地優位性を十分に反映して策定しなければならない。具体的に所有政策，または所有戦略を規定する要因は，主に次のようなものが挙げられる。
(1) 親会社自身の要因：親会社のグローバル経営戦略，及び親会社が所有する経営資源の競争優位性
(2) 親会社が置かれる環境：親会社所在国政府の政策，ライバル企業（同業他社）の経営行動，進出業種での適したパートナーの存在
(3) 受入国側の要因：受入国の社会的・文化的特性，各種規制政策

　海外子会社の所有形態の選択肢として，出資比率100％の完全所有子会社（wholly‐owned subsidiary）と現地側パートナーとの共同出資による合弁会社形態（Joint venture）が挙げられる。完全所有子会社とは，投資相手国の法律に基づき，親会社による全額出資の現地法人を設立し，全面的に経営権を掌握して事業活動を行うものである。合弁企業形態とは，投資相手国の法律に基づき，現地政府，政府関係機関，企業または個人，第三国の企業または個人が共同出資し，投資相手国に現地法人を設立して事業活動を行う企業形態である。海外子会社を親会社による完全所有子会社にするか，共同出資（特に現地資本）による合弁企業にするかという問題は，企業経営上所有戦略で企業が海外に進出する際の基本的な意思決定の1つである。合弁企業形態はさらに過半数所有，対等所有，少数所有に分類できる。

　海外子会社の所有形態によって親会社によるコントロールは異なってくる。出資比率が高ければ高いほど親会社による海外子会社のコントロールが容易になる。つまり，完全所有，過半数所有，対等所有，少数所有の順に親会社によるコントロールは難しい。しかし，現実には必ずしもそうとは限らない。出資比率100％の完全所有子会社もしくは過半数（出資比率50％以上）所有子会社においても親会社から独立させ，現地化を推進して現地経営に委譲する場合がある。また，少数所有子会社でも親会社が所有する生産技術，経営ノウハウ，企業家能力を含む経営資源の移転を積極的に図るなど子会社のコントロールを強化するケースも存在する。

　海外子会社を親会社が志向する戦略にコントロールしようとする場合は，海

外子会社のコントロールが容易である完全所有形態ないし過半数所有形態が望まれる。親会社の所有政策からみて，完全所有形態が選ばれる理由は次のとおりである。
(1) 親会社のグローバル戦略に基づき，経営理念，経営方針，経営戦略の徹底的な浸透
(2) 親会社による子会社のコントロール確保，統一的なマーケティング戦略の重視
(3) 投資利益の独占
(4) 親会社において機密性が高い分野で，技術・ノウハウ等の秘密分散，およびただ乗りを防ぐため

一方，合弁企業形態の選択には，以下の理由が挙げることができる。
(1) 現地政府の法律上の規制によって完全子会社の設立が制限される場合
(2) 現地市場に進出する時間を短縮し，投下資本のリスクを軽減し，経営資源の節約を図る場合
(3) 現地側パートナーの技術・経営ノウハウ，販売力，資金調達力，現地政府に対する交渉力など現地側の経営資源を充分に活かせる場合
(4) 進出国・進出分野において，親会社の競争優位性が不充分な場合

上述した理由の場合は，合弁企業形態が優先されるといわれる。総じて，共同出資により，投下資本の節約，リスク分散，相互の優位を活かしたシナジー効果を最大限に発揮させる場合は合弁企業形態を志向するケースが多い。合弁企業にとって持続可能な発展を図るためには，如何に合弁当事者の双方もしくは複数の共同出資者がその企業経営にあたって，常に相互補完的な協力体制を維持するかがポイントである。

これ以外にも，進出先国の出資比率規制[2]や単独投資（100％完全所有子会社）にはリスクが大きい産業・国に進出する場合，または文化的・経済的に類似性が比較的に少ない進出国に設立する子会社の場合は，一般的に合弁企業形態が選択される。現地側パートナーが所有する経営資源で本社の経営資源の不足を補い，短期間で進出を果たし，初期投資も少なく抑えられることが合弁企業形態の大きな長所である。

他方，合弁企業形態の場合には短所も少なくない。その主な短所とは，親会

社の経営理念・経営方針の浸透の困難，親会社の重要戦略に関する意思決定の対立による非効率化，などが挙げられる。そのため，親会社による重要意思決定権限の確保が容易でかつ安定・効率的な経営を行い，投資利益が独占できる完全所有または過半数所有が最もよく採用されている。しかし完全子会社形態は，現地ナショナリズムの喚起，本社単独による経営資源の投入など問題点も指摘されている。

　一般的に投資受入国は，完全所有子会社形態による進出よりも現地パートナーとの提携による合弁企業に好意的で，合弁企業形態を歓迎する特徴がある。特に，この特徴は発展途上国で顕著である。発展途上国においては，合弁企業の設立によって，自国産業の保護を図る。さらに先進的設備の導入を図り，技術・経営ノウハウ，企業家能力の移転を通じて近代企業管理の導入，現地人の育成を図ることができる。合弁企業を通じて，発展途上国は経済発展プロセスで直面する資本不足，外貨不足，経営管理・技術の遅れなどの諸問題が克服できる。また，合弁企業での現地人の学習・習得を通してこれらの技術・経営ノウハウが国内企業への波及（スピルオーバー）を図り，外資系企業への過度な依存を避けると同時に，現地企業の発展と産業レベル発展を図ることができる。

　このように海外子会社所有形態の選択は，様々な要因と深いかかわりがあり，それぞれ長所と短所を持っている。また，親会社の海外経営戦略の進展，及び投資相手国に対する知識・経験の蓄積につれて，海外子会社の所有政策に変化が生じることがある。海外進出初期段階では，海外事業に対する経営資源（特に投資相手国に対する知識・経験）が不足し，親会社自身の経営資源で充分な事業活動が期待できないなど，現地の経営資源に依存する必要性がある。その場合には，現地パートナーとの提携による合弁企業形態が志向される。しかし，海外事業に対する経営能力・資源の蓄積にともない，効率的な経営が追求されるようになったり，親会社の海外経営戦略重要性の増大にともない海外経営戦略能力の強化が進んだりすると親会社による子会社のコントロールの強化が求められる。このような変化に従って，進出初期段階の合弁企業形態から完全所有子会社または過半数所有子会社へ転じていく企業も少なくない。

13-2-2 「E-P-R-Gモデル」の企業国際化の発展段階

　企業の国際化，つまり国際経営の発展段階をH.V.パールミュッター（H.V. Perlmutter）とD.A.ヒーナン（D.A. Heenan）は，本社経営者が国際経営活動に対する経営視野という主観的・定性的基準に基づいて，次のような4つのタイプに分けている[3]。

　① 本国志向型（Ethnocentric）企業

　このパターンの企業は本国至上主義の経営を行い，本社による集権化（centralization）が極めて強いのが特徴である。海外市場は本国市場での活動を補完する場として捉えられ，国際経営にかかわる重要な意思決定は，すべて本社の経営陣が行う。海外子会社は裁量権を持たず，本社の意思決定を受け，その指示に従って行動する。海外子会社の主要ポジションには本社からの派遣社員で占められ，本国での経営方針，管理方式はそのまま海外子会社に適用される。このような姿勢は，海外子会社の経営を完全に本社の経営統制に収めるという考え方から出発したもので，海外生産子会社設立段階に一般的に見られる。

　② 現地志向型（Polycentric）企業

　海外子会社の経営自主性が高まり，子会社に多くの権限が委譲されるのが特徴である。このタイプの企業は「郷に入っては郷に従え」といった現地重視の経営戦略に基づき，積極的に優秀な現地人を重要ポストに登用し，日常業務に関する意思決定は基本的に海外子会社によって行われる。しかし，重要・戦略的意思決定事項である財務・研究開発（R&D）などは依然として本社が掌握している。また，現地人を本社経営陣への登用も考えにくい。

　③ 地域志向型（Regiocentric）企業

　地域志向型企業は，一国市場あるいは国単位を乗り越え，市場特性，経済・文化・地理などの類似性を持つ地域全体を1つの単位として視野に入れ，企業全体の経営効率及びシナジー効果を高めるのが特徴である。地域を基準として意思決定を行い，地域ごとに地域統括本社（regional headquarter）を設置し，域内子会社を地域統括本社が統括管理する。地域統括本社（北米地域統括本社，欧州地域統括本社，アジア地域統括本社，中国地域統括本社など）はほぼ本社から独立した組織で，地域統括本社に権限を集中させ，域内子会社の統括を行

う。地域内の現地子会社の相互依存性は強い。
　④　世界志向型（Geocentric）企業
　このパターンに属する企業は，各子会社の相互依存性が世界的に高まり，本社と子会社に有機的な組織構造が形成され，グローバル経営を目標とする。グローバル戦略の下で，グローバル・ネットワークを駆使し，人的資源管理，重要な政策決定に関する意見交換などは本社と子会社の間で行われ，本社・海外子会社間の協力・協調体制が重要となる。真の多国籍企業経営とも呼ばれる。
　パールミュッターらによる「E-P-R-Gモデル」は，企業の国際化の進捗度に沿った国際経営の発展段階を描いたものといえる（図表1参照）。「E-P-R-Gモデル」によれば，多国籍企業は企業の国際活動の進展，及び本社経営者の経営視野の変化にともない，本国志向→現地志向→地域志向，そして最後に

図表1　「E-P-R-Gモデル」の諸特徴

	本国志向型企業	現地志向型企業	地域志向型企業	世界志向型企業
意思決定	本社による強い集権化	基本的に現地子会社に集中。但し，財務・R&Dなど重要な意思決定は本社で行われる。	地域統括本社に集中	本社と海外子会社の協議で行われる。
マーケティング戦略	本国中心主義	現地中心主義	地域中心主義	グローバル主義世界市場を単一市場として捉える。
情報発信	本社から海外子会社へ	基本的に現地独自で	地域統括本社から域内子会社へ	本社と海外子会社で相互に発信
人材配置	海外子会社の重要なポストに本社人材を配置	現地子会社の重要なポストに現地人材を登用。但し，有能な現地人材の本社への登用はない。	域内子会社の重要なポストに同地域の人材を採用・配置。	本社と子会社間で人材交流が行われ，世界中から優秀な人材を登用
マネジメント	本国本社中心主義のマネジメント	現地重視のマネジメント	地域統合重視のマネジメント	グローバルなマネジメント

出所）Chakravarthy, B.S. & Perlmutter, H.V. "Strategic Planning for A Global Business," *Columbia Journal of World Business*, Summer 1985, pp.5～6より作成

高度に完成された世界志向企業の順で段階的に発展している。しかし，「E-P-R-Gモデル」は，理論的・概念的なものに過ぎず，必ずしもすべての企業が本国志向型企業（E）から世界志向型企業（G）へ直線的かつ段階的な発展段階を辿ると示唆するわけではない。

多国籍企業は事業活動のグローバル化において，グローバル・ネットワークを駆使し，人的資源・物的資源の経営資源の最適配分を行うことにより，最大限の利益を生み出すことである。つまり，意思決定において，本社と海外子会社は有機的に一体化を図り，積極的に双方向で人的資源交流を行い，各地域を統合し，世界的規模で資源配分の最適化を図ることである。総じて，企業の持続可能な国際化を図るためには，本社のトップ経営者は意思決定，経営戦略，経営行動を世界的視野で世界的志向に考えることが求められている。

13-3 「適用」と「適応」モデル

海外子会社の経営管理は内部環境と外部環境が変化することで，様々なコンフリクトが生じる。その多くのコンフリクトは進出先現地国の文化，価値観，習慣，風土の違いに起因している。特に，現地経営において労使関係や人事管理をめぐる問題がよく指摘されている。

経営管理には技術や技法という様々な要素があり，海外子会社の持続可能な経営のために，どのようなノウハウ・技法が有効であるかは国際経営の重要な研究テーマであろう。

もともと経営の基本原理ないし機能という点に着目すると，異なる国での経営といえども普遍的な法則や共通する仕組みで動いているといえる。その反面，経営管理は文化，及び社会風土に強く依存している。ドラッカーは，「経営管理は，価値，習慣，信念といった伝統，さらに政府や制度そのものに深く組み込まれており社会的機能を有する。また経営管理は，文化そのものに条件づけられているし条件づけられるはずである。」[4]と，指摘している。また，アベグレンによると，経営管理方式とは「その国の環境や国民についての多くの条件を前提として成り立っている。」[5]と，経営管理方式において国民性の相違や文化的要因を強調している。即ち，企業の経営管理は，企業が存立するその国の

社会環境に基盤を置き，その社会環境に強く依存しているのである。例えば，会社に対する日本人の高い帰属意識と会社に対する中国人の低い帰属意識は両国の文化の違いによって生じるものと考えられる。海外進出を図る企業の経営管理も本社が置かれているその国の文化的・社会的要素を内包しており，本社の経営管理は，本社が置かれている国の文化・社会に条件づけられた存在ともいえる。

　総じて，経営管理は，国々の社会的要因と文化的要因の基盤から成り立っているといえよう。従って，経営管理は必ずしも順調に移転するわけではない。言い換えれば，海外子会社の経営管理において，本社の経営管理が必ずしも適しているとはいえない。

　海外子会社の経営管理方式は，本国企業の経営管理方式を現地でそのまま行うことではなく，現地の事情に合わせ「適用・適応」させることが合理的である。いかなる先進的な経営管理方式でも現地で十分に機能しうる部分と機能しない部分が存在するといえる。機能しない部分は現地の事情に合わせて適応する必要がある部分である。一般的により多く採用される海外子会社の経営管理の基本パターンはこのような本社型と現地側を混合折衷した経営管理方式である。本社型経営管理を現地側事情への「適用・適応」することこそ海外子会社の企業経営が成功可能な要因であり，海外子会社を持続可能な発展に導くと考えられる。

　また，海外子会社で採択された経営管理は始終不変ではなく，現地側の経済発展段階，本社の経営戦略，社会変動によって常に動態的に変化・発展を遂げている。

　経営管理が文化や社会的土壌が異なる国々への移転に関する研究は多くの学者によって盛んに行われている。その中で，先駆者といえるのがクーンツ・オドンネル（Koontz & O'Donnell, 1964）の研究であろう。クーンツはアメリカ企業が保持する経営管理や製造技術などは科学的，国際的普遍性を持っている一方で，受入国の社会的・文化的要因により，順調に移転される部分と移転されにくい部分が存在することを明らかにした[6]。

　企業が海外に進出して，海外子会社を設立する際に，競争力を発揮するため程度の差があるとしても本社が所有している比較優位性をもつ経営・生産シス

テムを海外子会社に持ち込む必要がある。上述したように、海外進出を図る企業は歴史的、社会的、文化的環境条件が異なる海外に本社の経営・生産システムを移転する際に、様々な困難に直面することも充分に考えられる。その中でそのまま利用可能なものは「適用」させ、利用困難で現地環境に合わせる必要があれば「適応」させる。これが「適用・適応」モデルの大まかな内容である。海外子会社での摩擦のコストを最大限に抑えると同時に、合理的な経営を行うためには、本社型経営管理を現地側に「適用」・「適応」させた弾力的な経営管理への積極的な取組みを目指す必要がある。

　日本企業が海外に進出する際、日本型経営を現地側の事情に合わせ「適用・適応」することも多くの研究成果で明らかになっている。これらの研究成果によれば、日本型経営の様々な要素が海外の日系企業に「適用と適応」しながら移転されている。さらに、その「適用と適応」の内容は相手国によって随分異なっていることが明らかになっている。つまり、それらは相手国の社会システム、文化的・歴史的環境、経済発展段階、さらに産業ごとの特性に根強く関係している。

　次に、中国における日系企業の「適用・適応」モデルの事例を簡略に考察したい。日本企業の成長と競争力の強さを支えるものとして日本型経営の長所が取り上げられる。しかし、社会的システム・文化的背景が違う中国に日本型経営をそのまま持ち込んで失敗した例が少なくない。日本型経営の生産・品質管理は国際的普遍性が高く、順調に中国に移転されるという多くの研究調査があるのに対して、文化的・社会的環境と直接結びついている人事・労務関係の移転は難しく現地の事情に合わせ適応させる必要性があることも指摘されている。品質管理方法において、日本型品質管理手法の「工程中の品質作り込み」体制は中国で基本的に定着しているとともに、大きな成果を上げている。しかし、人事・労務管理においてはそのまま移転することは難しく、中国事情に適応させる企業が増えつつある。典型的なものとして、「5S活動」、「人事考課内容」、「賃金体系」等が挙げられよう。日本企業の「5S活動（整理、整頓、清掃、清潔、躾）」に対し、中国における日系企業は基本的に「6S活動」となっている。また、企業ごとに「6S活動」の内容も異なり、「習慣」を加える企業、「整備」を加える企業、「安全」を加える企業など多様である。つまり、中国

の事情に合わせ内容の追加や企業発展段階に応じた入れ替えが行われている。「人事考課内容」においては、考課その要素として「6S活動」に対する理解と実績、協調性・グループ意識（個人主義が強く、グループ意識が弱いため）などが取り入れられている。日本企業の自主的な「5S活動」に対し、中国における日系企業では「6S活動」実施状況に対する突然の査察が実施されることもある。「賃金体系」においては、中国では能力・実績主義が重視され、能力・実績が適正な評価を受け、その結果が速やかに昇進・給与に反映されることが強く望まれる。中国における日系企業では、日本企業の伝統的な人的資源を長期的に評価し、それに対応する緩やかな昇進・昇格システムから、能力・業績主義を速やかに反映する明確な報酬システムや昇進・昇格システムの構築が行われている。

13-4　異文化における企業経営

　海外子会社は、本社と異なる文化の所有者から構成され、本国と異なる文化環境に囲まれている。異文化背景は、国際経営において避けられない現実問題となっている。異文化にどのように対応すべきであるかは国際経営の重要な焦点でもある。多国籍企業は本国と異なる多くの異文化と接触する。また、異なる異文化の相互作用により、現地でのコンフリクトが必然的に起こると考えられる。コンフリクトを最小限に抑えるために、多国籍企業はこうした様々な文化的変数に組織的、体系的に適切に対応しなければならない。異文化による国際経営での影響を客観的に把握・理解し、さらに日常の経営に活かす必要性から、国際経営における異文化研究は極めて重要視されている。異文化への経営的対応を異文化マネジメントと呼ぶ。

13-4-1　異文化と国際経営

　国際経営の成否は、多国籍企業が所有している職務関連の専門知識（技術・経営のノウハウ等）並びに異文化的環境に対する知識と理解に大きくかかわってくる。本国の環境で成功したとしても、同様な専門知識を用いても異なる文化環境では必ずしも成功を収めるとはいえない。ヘイズ（Hays,R.D.,1974）と

タン（Tung,R.L.,1981）の調査研究によれば，国際経営の失敗は，職務関連の専門知識あるいは経営能力の欠如にあるというよりも，むしろ異文化に対する理解や適応能力の欠如から生じる方が圧倒的に多いと指摘している[7]。

　国際経営と国内経営の根本的な違いは，異文化に対する対応ともいえる。バーナウ（V.Barnouw）は文化を次のように指摘している。「文化とは，ある人間集団の生活様式，即ち，多かれ少なかれステレオタイプされたすべての学習行動パターンの形態であり，それは言語と模倣という手段を通じて，一世代から次世代へと受け継がれていくもの」[8]。「人間集団の生活様式」の違いにより人間の価値観，考え方，行動パターンが異なることは当然であろう。つまり，文化の違いによって，仕事に関する態度の違いが生じると考えられる。例えば，日本的経営の特徴の1つともいわれる長期的視点での経営は日本の社会システム，文化の反映とも考えられる。

　文化の違いにより，コミュニケーションスタイル，考え方，行動パターン，マネジメントスタイルの違いが生じる。その中でも，特に多国籍企業の経営効率と経営目標を達成するためには効果的コミュニケーションが根本的な前提条件である。国際経営活動において，本社と海外子会社の間，各子会社間，海外子会社内での本社の派遣社員と現地従業員の間にはコミュニケーションが不可欠である。異なるコミュニケーションスタイルによりコミュニケーション・ギャップが生じ，それにより指示，情報の交換・交流・共有が迅速・的確に伝達できないことは想像できる。つまり，文化とコミュニケーションは密接な関係にあるといえる。

　文化の違いによるコミュニケーションスタイルの違いをホール（E.T.Hall）は「コンテクスト」の概念を用いて解釈した[9]。ホールは，「コンテクスト」とは人間が相互にかかわり合う程度として指摘し，高コンテクストと低コンテクストに大別している。高コンテクストはメンバーの間で情報が事前に共有され，情報を伝達するための言語コミュニケーションは，非明示的で厳密でないコミュニケーションスタイルとなる。つまり，高コンテクストにおいて，コミュニケーションは簡潔，短時間，建前で可能になる。一方，低コンテクストは，情報はメンバー間で共有される前提が少なく，情報を伝達するために，明示的なコミュニケーションを用いて，自分の意図を明確に相手に伝える必要がある。

つまり，低コンテクストは内容を重んじる明確で厳密な言語表現に依存する[10]。日本は高コンテクストの典型で，アメリカ等は低コンテクストとして位置づけられる（図表２）。このような文化的コンテクストを充分に熟知しない限り，誤解や意思疎通の困難，経営の失敗に繋がる可能性が充分に考えられる。従って，国際経営において，コミュニケーション違いを理解し，認識することは極めて重要である。

　異文化組織において，文化的多様性によるコミュニケーション・ギャップなどのマイナスシナジーより文化的多様性から生まれる多様な視点と解釈，新しいアイディアや考え方，さらにイノベーションという側面を重要視する企業がますます増えている。

　文化的多様性をどのように統制・管理すれば優れたシナジー効果を生み出すのかについては，未だ理論的には構築されず，今後の課題であろう。しかし，すでに調査で文化的多様性から生じる独創性や優れた考え方が多く指摘されている。もちろん，多様な文化によって異なる価値観，考え方，意見が生じる。これにより，組織は意思疎通の困難，相互不信，組織の行動の不統一，連帯意識の欠如などマイナスの効果が生じるのも当然と思われる。しかし，このような文化的多様性が引き起こす問題を最小化し，プラス効果を最大化することは

図表２　「コンテクスト」の分類

低コンテクスト ↓	日本人 中国人 アラブ人 ギリシャ人 メキシコ人 スペイン人 イタリア人 イギリス人 フランス人 アメリカ人	↑ 高コンテクスト

出所）ゲーリー・フェラーロ著（江夏健一／太田正孝監訳 IBI 国際ビジネス研究センター訳（1992）『異文化マネジメント―国際ビジネスと文化人類学―』p.102 より作成

多国籍企業の持続可能な発展を左右する重要な要素といえる。

　特に，経済，企業のグローバル化が進むにつれて，異文化が如何に企業の組織文化に収斂，あるいは分散の影響を与えているのかという問題について，イギリスの経営学者—ジョン・チャイルド（Child, J.）は興味深い調査結果を引き出した。ジョン・チャイルドの綿密な調査結果によれば，マクロ・レベルからみると，世界のグローバル化に伴って，組織自体の構造や技術は収斂を図っているのに対して，ミクロ・レベルからみれば，組織内の構成員の行動は文化の違いによって分散していることが明らかになっている。つまり，企業のグローバル化にともなって，組織文化は次第に組織設計や構造においては類似性を持つようになっているが，組織内の構成員の行動は依然として固有な文化的要因によって左右されているのである[11]。

　図表3からもわかるように，文化的多様性によるプラス効果は大いに存在する。文化的多様性のプラス効果として，創造性，柔軟性，問題解決のスキルの増大，特定国の従業員，顧客に対する効率的な仕事能力の向上などが挙げられる。文化的多様性を有効な経営資源として活用することで国際経営の成功を収めることは充分考えられる。

　文化的多様性による多方面的な問題解決方法，優れたアイディア，斬新な代替案を大いに生み出し，活用するためには，組織のメンバーが異文化の重要性を理解し合い，組織全体として相互理解と協力の精神を企業文化として構築・浸透しなければならない。つまり，組織全体として異文化シナジー創造に向けて協力・調整する精神と体制は極めて重要である。また，異文化シナジーのマイナス部分を克服でき，創造に至る方向へ引導できる強い意志と明確なビジョンを持つトップ・マネジメント或いはグローバルマネジャーの存在も不可欠である[12]。

図表3　文化的多様性のプラス影響とマイナス影響

プラス効果	マイナス効果
異文化シナジーのプラス効果： マルチカルチャー主義から組織が得る利益	文化的多様性のマイナス効果： マルチカルチャー主義が引き起こす組織的コスト
意味の拡大 　多様な視点 　新しいアイディアに対してよりオープン 　多様な解釈 選択肢の拡大 　創造性の増大 　柔軟性の増大 　問題解決スキルの増大	多様性は 　曖昧さ 　複雑さ 　混乱を増大する 意味の統一が困難になる 　コミュニケーション・ミス 　1つの合意に達する困難性 組織の統一が困難になる 　具体的行動への合意が困難
特定の文化に関するメリット： 特定の国や文化と仕事をする場合の利益	特定の文化に関するデメリット： 特定の国や文化と仕事をする場合のコスト
外国人従業員に関するより良い理解 特定国の顧客とより効果的に仕事をする能力 特定国の顧客により効果的に販売する能力 外国の政治，社会，法律，経済，文化の環境に関する理解の増大	極端な一般化 　組織の政策 　組織の戦略 　組織の慣行 　組織の手続き 本国志向主義

出所）Adler, N. J., *International Dimensions of Organizational Behavior*.（江夏健一・桑名義晴監訳（1996）『異文化組織のマネジメント』セントラル・プレス　p.97）

13-4-2　現地化と現地人育成

　国際経営活動の進展にともない，海外子会社の経営は，現地のステークホルダー（利害関係者）の期待と要求に沿うことが求められる。つまり，企業の持続可能な国際化には現地に適した経営が必要である。そのためには，現地化問題の解決が迫られる。

　現地化問題には2つの側面，モノの現地化とヒトの現地化（経営現地化）が含まれる。モノの現地化とは，原材料，部品，機械設備の現地調達を示し，ヒトの現地化とは，現地人を現地子会社の重要なポストに積極的に採用・登用し，意思決定や管理の重要な担当を任せることである。特に，異文化における国際

経営において，ヒトの現地化は極めて重要である。ヒトの現地化を推進することで，現地人の動機づけと海外子会社の活性化が図れる。現地に溶け込んだ現地化の進展は，多国籍化の深化を印象付けると同時に経営の円滑化を図ることができる。現地側の経営資源を最大限に活用し，現地子会社の経営の効率を図るためには，経営現地化を推進する必要性は疑問の余地もない。

経営現地化が遅れている海外子会社では，現地人従業員の職務満足度やモラールが低く，優秀な現地人の採用と確保が難しくなるだろう。また，現地に密着したマーケティングや現地での業務手続きがうまくいかないことも充分に考えられる。

しかし，海外子会社の経営は本社から完全に独立するわけではなく，本社の経営戦略の一翼として位置づけられている。つまり，海外子会社の経営は，本社のグローバル経営戦略と現地への適応の枠組みが求められる。

現地人を現地子会社の重要なポストに登用させるためには，現地人の育成が必要であり，現地人の育成には長期的，体系的な教育・研修プログラム体制の構築が不可欠である。また，現地人に本社の企業文化，経営理念・方針，経営戦略を理解させることが大切である。

現地人に対する教育・研修プログラムは一般的に本社（あるいは地域本社）での研修と現地での研修に分けられる。本社での教育・研修内容には，本社の経営理念・方針，企業文化，経営管理システムが含まれ，これ以外に本社が置かれている本国の文化，慣習，社会の教育も大事であろう。日本企業であれば，日本の慣習，文化，社会の教育である。現地での研修は一般的な業務や管理の内容が含まれる。

経営現地化において，日本企業は欧米多国籍企業と比べ遅れているといわれている。日本企業は，一般に所有政策面では完全所有に断らず現地企業との合弁形態も多くみられ，異文化社会との融和面では評価されるものの，重要意思決定などの経営管理は日本人主導の体制であり，現地人の昇進は中間管理層までとどめることが少なくない。こうした背景には，日本社会，日本企業の構成員の関係が高コンテクストになっていることも１つの理由に挙げられる[13]。

条件を満たしていない未熟な経営現地化の下では，本社の経営理念・方針，経営戦略が実行されることはできず，逆に海外子会社の経営問題の複雑と混乱

を招くこともあり得る。海外子会社の経営現地化は本社の企業文化、経営理念・方針、経営戦略が充分に明確化及び浸透が図られた上で、現地側の独自性で対応を行うことが求められる。特に、海外子会社に本社の経営理念を浸透させることは極めて重要とみられる。経営理念は組織体としての企業全体の価値観であり、組織運営の指導原理でもある。経営理念の浸透により、意思決定基準の明確化、組織内コンフリクトの低減が図れると同時に、組織全体の一体感が形成される。松下電器（中国）有限公司人材育成センターでは、中国における松下グループ各企業の新任常任董事（新任取締役）の定期研修を実施し、松下の経営理念を徹底的に教育する。新任常任董事への松下の経営理念の浸透は、本国と現地組織との運営の円滑を図り、価値観の共有を促す。

近年日本企業は、経営現地化において、欧米企業に比べ遅れたとはいえ、大幅に改善されている。内なる国際化（本社の国際化）に向けて、国際的感覚と国際的なコミュニケーション能力を持つ海外の大学・大学院の卒業者を経営幹部に育成したり、日本の大学・大学院を卒業した留学生を積極的に採用・登用したりする日本企業も少なくない。

また、本社で優秀な中国留学生を採用し、一定の期間にて本社で育成、勤務させた後、現地の経営幹部候補者として派遣する企業も増えつつある。松下電器産業（現：パナソニック）、トヨタ自動車、NECなどがその好例である。日本本社で教育・研修を受け、さらに勤務することで、本社の企業文化、経営理念・方針、専門知識の習得ができる。また、彼らは日本での生活を通して日本の制度、慣習、文化も理解している。彼らを通じて経営ノウハウ・技術ノウハウの海外移転や交流を図ると同時に、現地従業員とのコミュニケーション・ギャップの改善においても大いに期待できる。

注■
(1) Dunning, J.H. (1979) "Explaining Changing Patterns of International Production:In Defense of the Eclectic Theory", *Oxford Bulletin of Economics and Statistics* Vol.41, pp.269-295.
(2) 例えば、中国の場合、自動車産業において、外国企業による100％完全所有企業の設立を認めず、出資比率50％以下に制限する。発展途上国は経済発展段階によって出資比率制限の産業・分野を定めている場合が多い。
(3) David A. Heenan, Howard V. Perlmutter, *Multinational Organizational*

Development, Addison-Wesley Publishing Company, 1979.（江夏健一・奥村皓一監修（1990）『グローバル組織開発』文眞堂）
(4) Drucker, P.F. *Management,* London,（2Aufl.）S.25,26.（邦訳（1974）『マネジメント（上）』ダイヤモンド社　p.31）
(5) J.C.アベグレン（占部都美訳）（1974）『日本の経営から何を学ぶのか』中央経済社　p.60
(6) Koontz,H.（1969）"A Model for Analyzing the University and Transferability of Management" *Academy of Management Journal,* Vol.12,No.4, pp.415-429.（松岡磐木他訳（1972）『経営管理の新展開―激動する環境の中で―』ダイヤモンド社　pp.87-105）
(7) Hays, R. D.（1974）"Expatriate Selection: Insuring Success and Avoiding Failure.," *Journal of International Business Studies,* 5，pp.25-37. Tung, R.L.（1981）"Selection and Training of Personnel for Overseas Assignments." *Columbia Journal of World Business,* Spring, pp.68～78. ゲーリー・フェラーロ著（江夏健一／太田正孝監訳　IBI国際ビジネス研究センター訳（1992）『異文化マネジメント―国際ビジネスと文化人類学―』同文舘出版 p.14）
(8) V. Barnouw, *Culture and Personality,* The Dorsey Press,Inc.1963,p.4.（江夏健一（1997）『多国籍企業論』八千代出版　p.86）
(9) Edward T. Hall（1989）*BEYOND CULTURE* N.Y.: Anchor Books, Doubleday.
(10) ゲーリー・フェラーロ著（江夏健一／太田正孝監訳　IBI国際ビジネス研究センター訳（1992）『異文化マネジメント―国際ビジネスと文化人類学―』同文舘出版　pp.100-103.参照）
(11) Child,J.（1981）"Culture, Contingency and Capitalism in the Cross-National Study of Organizations," in L. L. Cummings and B.M. Staw, eds., *Research in Organizational Behavior,* vol.3（JAI Press），pp.303-356. Adler, N. J.,（1991）*International Dimensions of Organizational Behavior*（江夏健一・桑名義晴監訳（1996）『異文化組織のマネジメント』セントラル・プレス pp.55-56）
(12) Adler, N. J.（1986）*International Dimensions of Organizational Behavior,* Kent Publishing Co.（江夏健一・桑名義晴監訳, IBI国際ビジネス研究センター訳（1996）『異文化組織のマネジメント』セントラル・プレス　pp.93-114）
(13) 島田克美（2001）『概説海外直接投資』（第二版）学文社　p.284

参考文献■

安室憲一編（1995）『多国籍企業文化』文眞堂
江夏健一・首藤信彦編（1997）『多国籍企業論』八千代出版
Adler, N. J., (1991) *International Dimensions of Organizational Behavior*（江夏健一・桑名義晴監訳（1996）『異文化組織のマネジメント』セントラル・プレス株式会社）

大阪市立大学商学部編（2006）『国際ビジネス』有斐閣
笠原伸一郎（1995）『グローバル企業の史的展開』中央経済社
ゲーリー・フェラーロ著（江夏健一／太田正孝監訳　IBI国際ビジネス研究センター訳）（1992）『異文化マネジメント―国際ビジネスと文化人類学―』同文舘出版
経営哲学学会編（2008）『経営哲学の実践』文眞堂
島田克美（2001）『概説海外直接投資』（第二版）学文社
董　光哲（2007）『経営資源の国際移転―日本型経営資源の中国への移転の研究―』文眞堂
原口俊道（1999）『経営管理と国際経営』同文舘出版
林　昇一（1995）『グローバル企業論』中央経済社
山崎　清・竹田志郎編（2002）『テキストブック国際経営』（新版）有斐閣
吉田文一（1999）『新国際経営』産能大学出版部

14

結びにかえて
―客観的な知識と開かれた社会へ向けて―

- ■これからの企業は，世界的な規模で複数のステークホルダーをはじめとするより広範囲の複雑で相互クロス的な社会経済関係の中で活動を行わざるを得ない。
- ■より確かな活動は，より確かな現実認識から生まれる。そのためには現実についての客観的知識を得るための正しい方法論を知る必要がある。
- ■より正しい経験知識は開かれた社会，思想が不可欠である。

14-1　様々な資本（市場）主義経済社会の到来

　20世紀の終わりごろから，ソビエト連邦の崩壊と中国の改革解放後の経済体制の変貌によって，世界の経済体制が大きく市場経済に移行した。その結果，世界規模で経済価値の統一化が図られ，企業は経済価値の追求にまい進することとなった。

　その結果の1つが金融危機を象徴するサブプライムローン問題や金融商品への投資ファンドによる"投機"である。この"投機"は，例えば原油やトウモロコシといった生活必需品や食料までをもターゲットとし，それを主食としている国々の人たちを困窮に陥れた。そして，そうした金融商品を世界中の金融機関が購入し，それが世界的かつ大規模な金融危機をもたらしている。一時デカップリング論（decoupling：非連動性）がいわれたが，アメリカのサブプライム問題や中国の証券市場の暴落によってそれが明らかな間違いであることが

露呈した。世界経済は，われわれの想像以上に複雑に絡み合い相互影響関係にあるのである。

個々の企業経営レベルで考えたときに，そのトップである経営者や私たちがこうした波に飲まれることなく，適切な判断を行わなければならない。そうした判断は，その企業だけに重要であるだけでなく，今や世界の経済・産業そして私たちの生活を含めた社会造りにとっても重要なインパクトを与えるのである。

今までの本書の各章のそれぞれの中で，企業経営の解説とともにその基層にある経営の思想や哲学についての示唆があったと思う。経済や企業経営が世界的規模で行われれば行われるほど，きちんとした経済と経営の哲学を持たなければならない。サブプライムローン問題の最中，アメリカのある証券会社のトップが，国の公的資金を注入するという事態の中でも自分の報酬約9億円を要求したことがあった。多くの社員や労働者を合理化した一方で，自らの利益のみを要求することが果たして健全な企業経営なのであろうか。今一度われわれは現在の資本主義の有り様を根本から考える必要があるのではないか[1]。

企業とそこに働く私たちは，小さな存在であるかも知れないが，しかしそれぞれが自己と社会との関係を考えることによって，ひいては社会全体の安定やバランスが形成されていくのである。そこで，この非常に不安定な世界にあって，少しでもより良い企業，より良い社会を築いていくために私たちはどのような視座を持たねばならないのであろうか。それを考えるヒントを提示して本書の結びとしたい。

私たちが持つべき判断の根底にあるのがまずは客観的な知識への探求と経済や経営の哲学の創造である。今ほど正しい知識や経済・経営のそして社会の哲学が求められているときはない。多くの流言や声高の言説に振り回されてはいないか。逆にいえば，今ほど適切な知識と哲学が喪失されている時代はないのである。

14-2　客観的知識

現実を正しく客観的に説明し理解することによって問題解決を図ることは昔

からの人類の悲願であった。これに少しでも近づいたのが，本書Ⅰ部の第1章で述べた人類最大の貢献の1つである近代科学の知識である。むろんそれは決して完全ではないし様々な誤謬もある。

科学の世界であれ，現実の世界であれ，私たちはより正確な知識，よりよく現象を説明できる知識を求めている。それが知識の最も根本的な課題であるからである。本書の終わりにあたって，筆者が考える客観的知識への1つの道標を示してみよう。

近代科学の知識がそれ以前の知識と最も異なる点は，それが現実を説明し，現実によってテストを受ける知識である，という点である。それ以前の知識の典型的な例としては，宗教的知識があるが，これは"絶対的知識"として不可侵的知識である。それはそれとしての意味があるわけであり，その意味では両者は異なる種類の知識といえる。

さて，現実を説明し予測しようとする知識を経験的知識といい，それをベースに形成される学問・科学を経験科学（empirical science）という。この科学的知識の様相は，近代から現代にかけていくつかの流れがあるが（図表1），

図表1　主要な現代科学哲学の系譜(2)

経験主義的科学観
- 「論理実証主義（ウイーン学団）」・・・＜帰納主義・検証主義＞
  シュリック（Schlick,M.:1882-1936）カルナップ（Carnap,R.:1891-1970）
- **「批判的合理主義」・・・＜演繹主義・反証可能性＞**
  ポパー（Popper,K.R.）
  ラカトシュ（Lakatos,I.）「MSRP（科学研究プログラム）」

相対主義的科学観
- 「パラダイム論」
  クーン（Kuhn,T.:1922-1996）
- 「理論負荷」
  ハンソン（Hanson,N.R.:1924-1967）
- 「方法論的アナーキズム」
  ファイヤーアーベント（Feyerabend,P.K.:1924-1994）

ここではその代表的学説である批判的合理主義を素描してみよう。

批判的合理主義（critical rationalism）の考えは，当初はポパー（Popper, K. R.：1902-1994）個人によって代表されてきた。その後ラカトシュ（Lakatos, I.：1922-1974）等によってさらに発展が見られている。

この批判的合理主義，すなわちポパーの考えは科学論と社会論の2つの大きなテーマを持っている。前者が客観的ないし経験的知識に関わる内容で，反証主義（反証可能性）や帰納法批判で知られる科学論である。後者の社会論が歴史（法則）主義批判で知られる開かれた社会論（open society）である[3]。

本節では，図表1の全体的説明は省略し，批判的合理主義に関する内容だけを素描する。科学における仮説や理論（言明・命題）の基本的条件は，その構文論上の統一性（論理的一貫性）と経験的テスト可能性である。この2つの条件を満たす概念として彼が提示したのが"反証可能性（falsifiability）"の考えであった。

この反証可能性を簡単に説明すれば，仮説（ないし理論）が実験や観察によって間違いうるかどうかを基準とすることによって，その経験妥当性をテストするという考えである。換言すれば，現実をより正確に説明しようとすればする程，間違う可能性が高くなるのである。検証が肯定的テストとすれば，反証は否定的テストといえる。

そこでもう少しこの反証可能性について天気予報の例を用いて説明することとよう。

まず下の例文中の矢印 ⟵⟶ は，天気に関わるすべての内容（範囲）を表しているものとする。そして，①～④の中の 晴れ や 曇り や 雨 の部分は説明されるべき現実，すなわちそうなるであろう「明日の東京の天気」に相当する部分を表している。

① 「明日の東京の天気は晴れか晴れ以外のどちらかである」という予報は次のように示される。

明日の東京の天気　　晴れ　　か　　晴れ以外のすべて　　である。

② 「明日の東京の天気は晴れか曇りか雨である」という予報は次のように

示される。

明日の東京の天気 ＝

③ 「明日の東京の天気は晴れか曇りである」という予報は次のように示される。

明日の東京の天気 ＝

④ 「明日の東京の天気は晴れである」という予報は次のように示される。

明日の東京の天気 ＝

ここで注意すべきは，これらの例文の内，①は反証可能性のない，従って科学的でない言明（知識）である，ということである。なぜなら，この説明にある「晴れと晴れ以外」は，天気の内容をすべて含んでおり，説明される内容の範囲（「明日の東京の天気」という主語）は，明らかに説明する内容「晴れと晴れ以外」の部分集合として完全に含まれてしまうからである。この形式は「同語反復（tautology）」であり，論理的ないし形式的に真といえるだけである。この文章は，間違う可能性，すなわち「○○は存在しない」という形式に変換できない故に，反証可能性がない言明となっている。現実を説明するということは，説明の内容的範囲を拡大することではないのである。従って，①は現実の内容（経験世界）を説明していないので科学的知識ではないこととなる。換言すれば，現実を説明するということは，説明する内容が限定されていることに注意しなければならない。

それでは，②から④までの予測はどうであろうか。②〜④のそれぞれは，説明される内容と，説明する内容を同値にしようとする試みである。そして明日の東京の天気としては存在しない内容の「それ以外」の部分を持っている。この存在しない内容とは，言い換えれば②〜④の説明に対する反証可能な内容（予測が間違う可能性）である。

例えば，②の例でいえば，その言明に対する反証可能性の内容は，例えば「雪，みぞれ，台風…」があり，③の例でいえば，②の反証可能な内容に「雨」が加わることとなる。そして，④の場合には，さらに「曇り」が加わる。ということは，反証可能な範囲が②→③→④というように大きくなっている。従って，これら②～④の予報（説明）はすべて「明日の天気」について語っているという意味で，（反証事例がまだ発見されていない時点では）程度の差はあるが，科学的（現実を説明している）であるといえる。

逆にいえば，現実をより詳細に説明するということは，例文①～④の中の□の数は現実の説明力の大きさを意味しているのではなく，言明の説明力は，下の枠，すなわち「それ以外の部分」の大きさに比例するということである。

先ほど現実を説明することは，説明する内容が制限される，と書いた。換言すれば現実についてのより説明力のある説明は，説明内容がより限定された範囲の説明なのである。この限定は，「時間」，「空間」そして「説明されるべき対象（この場合では天気）」という3つの軸を考慮しなければならない。これを前ページの①～④の例文を基に若干の加筆を行って図表2として示してみよう。

この図表2では3つの軸を加えている。すなわち，「時間軸」，「空間軸」そして「説明対象の内容」である。それらを加えたより狭い範囲に限定して予測・説明すれば，より高度の説明力が示されることとなる。

この図表2においては，②は前ページの②と同じ内容である。③は空間的に限定条件が付けられている。つまり，明日の東京23区では晴・曇・雨となり，都下ではそう「晴・曇・雨」ならない，と予測している。④は，東京全域においてではあるが，「午前6時から午後10時の間において晴・曇・雨」と予測している。これは，この時間帯以外はそう「晴・曇・雨」ならない，と予測しているのである。更に⑤は，③と④にくらべて天気の情報内容に限定がつけられている。⑥は，②から⑤のどれよりもより厳しい限定がなされており，東京でも「港区・世田谷区・文京区」にかぎり，そして「午前6時から午前11時」の間に限りしかも「晴」である，と予測しているのである。したがって，この⑥の予測が一番限定された予測，すなわち詳細な予測であることがわかるであろう。そして，前ページで述べたように，②から⑥の中ではこの⑥が一番

14 結びにかえて

図表2

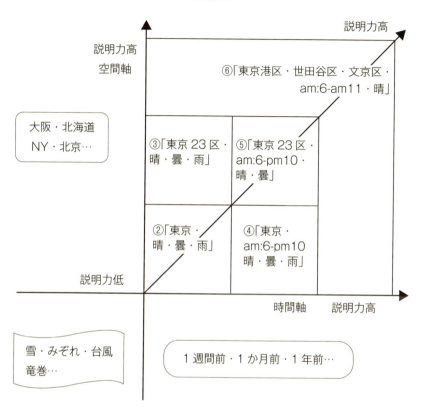

間違いやすい，すなわち「反証可能性」が高い予測であることがわかる。

このように反証可能性には度合いがあるがこれはさらに重要な示唆を含んでいる。例えば明日になって東京の天気が晴れたとしよう。この場合，②〜⑥のいずれも正しいことになるのであるが，それぞれの説明レベルとしては大きな違いが含まれている。それには，③が②に対して，「なぜ東京23区に限ることができ，なぜ都下は違うのか」①を考える必要がある。同じように，なぜ④が②に対して「am:6-pm10」と予測したのか，である。また⑤は，なぜ「雨は降らない」と予測したのか，である。換言すれば，⑤は雨にならない根拠を持っていたからであり，⑥「曇りと雨にならない，そしてam:6-am11に限る」根拠

を持っていたといえるからである。

　しかもこの反証可能性の範囲はそれぞれで異なり、②→③/④→⑤→⑥の順番で反証可能性が高いことがわかる。そして、例えば明日になってもし天気が「晴れ」であった場合、②も⑥もいずれも誤りではないが、しかしこれらの中では⑥がもっとも現実をより正確に説明している予測（仮説）であると評価されるのである。ただ、もし明日の天気が「曇り」の場合はどうであろうか。この場合は、⑥と⑤は誤りで②③④⑤は一応正しかったと言うことになるが、⑤がもっとも優れた予測（仮説）となる。

　このように、現実の説明（予測）は、反証可能性の範囲が広ければ広い程、説明内容が大きく、これを仮説や理論の認識進歩と呼ぶ。ただ、反証可能性という考えは、文字通り当該仮説がいずれは誤りうることを前提としている点は注意が必要である。というのは、元来、私たちは絶対的に正しい解を持ち得ないからである。

　ではいかなる理由で、反証可能性がより高いほうが情報量が多く、より優れた仮説（理論）となるのであろうか。これを、いわゆるヘンペル＝オッペンハイムモデル（Hempel=Oppenheim Model）を用いて説明しよう[4]。このモデルは一般的に科学的説明の基本モデルとされ「演繹的・法則的説明モデル（Deductive-Nomological Explanation, D-N説明）」とも呼ばれている。このモデルにおいて、説明対象である現象を説明する言明である「被説明項（explanandum）」は、特定の現実の状況を説明した「初期条件（initial conditions）」と「一般法則（law）」から論理的帰結によって演繹的に導出される、という形式を有している。

　その構造を簡単に示すと以下の図表3のようになる。

　「法則」とは一般に「すべてのAはBである」といった命題として表される。個々の事象の観察言明である初期条件（C1,C2…）は、法則（L1,L2…）に包摂されて説明されることになる。つまり、この包摂関係にある「説明項」から「被説明項」を説明する構造になっている。この意味で、ヘンペル＝オッペンハイムモデルはまた、「被覆法則モデル（ないしカバー法則モデル:covering-law model）」ともいわれる。

　このD＝Nモデルはいわゆる三段論法と同じ構造であり、またこの例からも

図表3　演繹-法則的（D-N）説明

L1, L2, L3, ･･･Ln（一般法則）
C1, C2, C3, ･･･Cn（初期条件）
　　　　　　　　　　　　　　　　　　　　｝説明項（explananse）

――――――――――――――――――――

E（説明されるべき現象）　　｝被説明項（explanandum）

わかるように，予測を含んだ説明とともに因果説明も示すことができる。

ところでこのモデルは，科学的説明にとって不可欠である2つの条件を示している。その1つは，説明されるべき現象を説明するにあたって，その説明ないし説明の過程が論理的に矛盾しない，ということである。

もう1つの条件は，経験的テストの可能性である。論理的妥当性については，すでに見たように，形式上「論理的に真」という場合があるが，これだけではわれわれの意味する科学的命題ではない。その意味で前者は必要条件ではあるが，十分条件とはなっていない。われわれの意味する科学が，経験科学であるということは，簡単に言えばその説明が経験的にテストできることを意味している。

もっとも，現実に様々な事象を説明する場合には，複数の状況を加えることがある。すなわち，「他の条件を一定にして」といういわゆる「セテリス・パリブス条項」を加えつつ説明する場合である。また，完全な普遍法則ではなく，この現実が生起する確率は80%である，という確率法則を導入する場合である。

いずれにせよ，この演繹-法則的（D-N）説明の成立の条件は以下のようにまとめることができる。すなわち
　i　「一般法則」が経験妥当性を持っていること
　ii　「初期条件」が経験妥当性を持っていること
　iii　「初期条件」がカバーされていること
　iv　「E＝被説明項」が経験妥当性を持っていること
である。

上の②，③，④（そして⑤）の各説明を再現すると，②よりも③，③よりも④（そして⑤）の方がより多くの，ないし正確な一般法則と初期条件を持っていたから，ということになるのである。すなわち，②→③→④（そして⑤）の順番により高度のレベルでの説明・予測が行われたといえるのである。同時に，同じ順番で反証可能性も高くなる。
　そしてこうした反証可能性の考えは，何も科学の世界だけに固有の思想ではない。反証可能性という表現が堅苦しく感じられるかも知れないが，要するに人間の決定と行動（企業経営における意思決定もむろん）は，もともと間違う可能性を生来的に持つものである。間違いを恐れて様々な理由付け（言い逃れや限定枠）をつけることは実際にはよくあることであるが，こうしたやり方は反証可能性をもたず，結局は誰も現実が解らないままに事を済ませていることになる。こういう時には，往々にして権威であるとかごまかしが幅を利かせることになるのである。
　以上に説明した反証可能性と科学的な説明モデルは，根本的な科学の説明のカタチを述べたものである。この意味で，天気予測の例はごく簡単な例となっている。実際の科学的な説明の場合には，例えば多くの自然科学の場合には，まず仮説を立てることから始まる。例えば「正常な細胞がガン化するには，もしかしたらたんぱく質Aの突然変異が関係しているのではないか」といったような。こうした仮説は，多くの場合長い科学活動の継続の中から閃くものである。しかし，この閃きがいつどのようにして生じるかについては決して論理的に解明されているものではない。ある日突然〝着想〟として浮かび上がるものである。といって，当該分野の素人がいくらがんばっても浮かぶものではない。
　次にこの仮説が正しいかどうかをテストする必要がある。上に述べた反証はこのテストのことである。自然科学では，多くの場合実験によってこれを確かめることになる。実験室では人為的にたんぱく質Aを異常化させてガンが生じるかどうかを確かめることができる。もっとも社会科学の場合には，この実験が極めて難しい。
　しかし，常にたんぱく質Aがガン化するとは限らない。むしろそうはならないことの方が多い。このときの科学者の対応には大きく分けて2通りある。1つは，自分の仮説が間違っていたと考える場合。現実には，こうした潔く自分

の誤りを認めるケースは極めて少ないように思われる。2つは，実験のプロセスに何らかの手違いがあって思ったとおりにならないのだ，と考える場合。例えば実験設備の不備であるとか等々である。そして，いろいろと試行を繰り返しながら何度も実験を繰り返すこととなる。その結果，うまくいくこともあれば，他の研究チームが違うたんぱく質によって先にガン化のプロセスを解明してしまい，まったく徒労に終わることもある。前者と後者のせめぎ合いが科学の現場で起こっていることである。

　もっとも，社会科学の分野ではこのようにはっきりと勝敗がつきにくいのが実際のところである。例えば来月の為替相場（例えば円・ドル相場）を予測する場合，先に述べたD-N説明にあるように幾つかの法則とその時々の初期条件によって予測するのであるが，とりわけ初期条件の確定が困難である。1つは，自然科学のように実験ができないこと。それから定性的な要因（例えば，人間の心理や感情といった要因が入り込むので）予想が当たった場合にはそのままで済むが，当たらなかった場合に多くの学者は当初気がつかなかった事例（条件）を挙げて後解釈を行う。例えば，「アメリカの金融機関の不良債権額があそこまで大きいとは思わなかった」「アメリカの大統領が，後であのような発言をするとは思わなかった」等々である。

　いずれにしても，複数の研究者の説明を比較して，どの学者の説明がより信頼できるか，についてはおおよその判断は可能である。そしてまた，重要なことは，上に述べた反証可能性の考えは，完璧ではないものの複数の説明の内どれがより信頼できるかがわかるという利点を持っている。

　そしてこの説明構造を利用すれば，科学の説明に限らず，現実の経済活動に関する説明・予測をおおよそではあるが判定することができる。例えばどの企画書がより現実を説明しようとし，より努力した内容を有しているかの判定である。これはさらにその企画書を作成した人物の評価にも使える。さらにまた，そうした行動をしている組織に対する評価としても可能であろう。ここで重要なことは，たとえ説明（予測）の結果が失敗しても，その説明のプロセスが詳細で高度であればそれはそれで組織の上位の者（評価する側）が正しく評価しなければならない，ということを意味する[5]。

　さて，上に述べた反証テストの前提には多くの意見が受け入れられるような

自由かつオープンな議論の環境が保障されていることが重要である。反証とは自らの批判を認める態度であるから，お互いがそうした意識を持つ必要がある。そして，この批判精神を評価する組織文化や社会の制度や文化が必要となる。つまり，開かれた文化や社会・制度が不可欠なのである。

14-3　開かれた社会

　理論や学説の発展・進歩の基準を批判的合理主義を基に検討したが，この反証可能性が保障される前提には，―本章では充分に触れられなかったが―自由な議論が保障されている「開かれた社会」が不可欠である。こうした開かれた議論ができる思想を近代合理主義を呼んでいる。合理主義というのは，お互いに建設的な非難ができる文化をいうのである。そして，科学を取り巻く条件としてはこうしたオープンな社会環境が必要なのである[6]。

　この開かれた社会は，換言すれば民主的な社会ともいえる。逆に，閉ざされた社会，例えば専制主義的な社会では，科学という名の下に全然異なる非客観的な知識が教示されているのである。例えば，ナチス時代の「アーリア科学」やソビエトにおける「知識の階級性」や「ルイセンコ学説」がそうである。企業でいえば，いわゆる「イエスマン」ばかりの側近で固めた組織がそうである。

　さて，こうしたオープンな社会における科学活動のエートスについて，マートンは次の4つにまとめている[7]。

① 普遍性（universalism）…科学的知識は文字どおり，いつでも，どこでもその妥当性が認められることに価値がある。
② 公有性（communism）…科学研究の成果としての知識は個人に帰すべきものではなく，皆で公共的に所有すべきである。
③ 私的利益の排除（disinterestedness）…科学的知識は，知的好奇心を満たすものであり，自分に個人的な利益をもたらすものではない。
④ 組織された懐疑主義（organized skepticism）…科学的知識は，盲目的に信じたり，ただやみくもに批判するのではなく，お互いに充分な議論をし，その議論が実り豊かな成果をもたらす形で行うべきである。

　このマートンがまとめたこのエートスは，従来私たちが科学というものに対

する純粋で無私なる知識探求というイメージとしてほぼ定着してきたものである。

ただ近年では，この科学の善なるエートスに対する対抗事例が多く見られるようになってきている。もっとも多い例は，経済的利益のために上記のエートスが曲げられる場合である。例えば，最近の例としては最近医学・生物学の分野でアメリカのバイオ企業であるセレーラ・ジェノミクス社がヒトゲノムの解読データを一部非公開とした上でアメリカの学術雑誌である『サイエンス』誌に掲載予定であることに対し，日本学術会議や欧米の学術団体が「科学誌の理念に反する」として掲載中止を求めて抗議した例がある[8]。この例は，遺伝子に関わる特許をめぐる経済的利益の得失がそこにあり，それによってデータの非公開という「公有性」「私的利益の排除」が明らかに否定されている。またそこには，必然的にオープンな議論というものも排除されているのである。また別言すれば，そこでの研究者の価値観は，新しい科学的知識の探求よりも，経済価値の追求をより優先したといえよう。従って，利益のための科学となり，「金」によって科学的真実が歪曲される可能性が出てくる場合がある。

そのような，マートン的エートスに対して，ザイマン（Ziman, J.）は次のような別のエートスを示している[9]。

① 所有（proprietary）…科学的知識・アイデアは発見者個人の所有であり知的財産権（Intellectual Property Right）の主張．
② 局地的（local）…科学的知識は狭い専門的範囲で認知され利用されることで充分である
③ 権威主義的（authoritarian）…文字通り，権威による説明と正当化
④ 請負的（commissioned）…スポンサーからの研究の請負
⑤ 専門家的（expert）…（研究の請負という意味での）専門職業意識

このザイマンの指摘は，例えば国家戦略のなかに科学活動が組み込まれるとか，ノーベル賞獲得のために自らの専門を変えるといった事情等に端的に現れている[10]。

さて，以上述べてきた"客観的知識"と"開かれた社会"は何も学問の世界だけのものではない。これが人間知識に関わる以上，企業経営にとっても実は重要な意味を持っている。

企業経営もまた現実の現象をできるだけ正しく理解し，将来の経営戦略に結び付けなければならない。そのためには，企業経営に関する必要な客観的な知識を得るとともに，そうした知識を得るための開かれたオープンな組織でなければならないのである。ここで意味するオープンな組織の基本を要約的にまとめると次の3つになる。

　第1の基本は，「われわれの決定が誤りうることを前提とする」ことを認めること。

　第2の基本は，「誤りを認めつつそれを修正しながら進歩するには，そのような組織や制度を確立する」必要があること。

　第3の基本は，「組織のトップはそうした組織文化を造りそうした基準で人事評価を行わなければならない」こと[11]。

　以上のような考えを持ちつつ，企業は，本書においてみてきたステークホルダーとの関係を重視し，唯我独尊に陥ることなく，社会の中で持続的に存続しなければならないのである。

　そして，企業が持続的存続のための方向性を持つためにも，その最高責任者である経営者は自らの哲学，信念そして志を持たねばならないのである[12]。

注■
(1) これについては経営哲学学会編（2008）「明日の経営者たちへ─株主市場主義を超えて─」『経営哲学の実践』文眞堂pp.60-103を参照。
(2) 図表1については大平浩二（2007）p.38を参照。また，本章で使用する「科学」はこの経験科学のことである。
(3) Popper,K.R.（1957）*The Poverty of Historicism,* London: Routledge & Kegan Paul.（久野・市井訳（1961）『歴史主義の貧困』中央公論社）
Popper,K.R.（1959）*The Logic of Scientific Discovery,* New York: Harper and Row.
大内・森訳（1971-72）『科学的発見の論理（上・下）』恒星社厚生閣
Popper,K.R.（1945）*The Open Society and its Enemies,* London: George Routledge & Sons.
武田訳（1973）『自由社会の哲学とその論敵』世界思想社
Popper,K.R.,（1972）*Objective Knowledge,* Oxford: Oxford U.P.
森博訳（1974）『客観的知識』木鐸社
(4) Hempel,C.G.（1965），*Aspects of Scientific Explanation: and other essays in the*

Philosophy of Science, New York:Free Press.
C.ヘンペル（長坂源一郎訳）（1973）『科学的説明の諸問題』岩波書店

(5) さてここで今までの応用問題として次の2つの文章の経験妥当性を反証可能性の面から検討してみよう。ただそれぞれは本の一部であり，これでもってそれらの本全体の反証可能性を論じているものでないことを念のためお断りしておく。
見本例1：「人事の評価も短期の業績だけで行われるのではなく，長期的にさまざまな人との評価を通して，ときには部下からも暗黙の評価をされながら，人々の組織内の立場がきまっていく」（伊丹敬之『人本主義企業』p.067）
見本例2：「日常の理論は，適度の共有性と，適度の柔軟性と発展性という2つの基本的条件を満たさなければならない」（加護野忠男『組織認識論』p.89）
これらの2つの見本例の内容は，ほとんど反証可能性がないことがわかる。ということは，現実について語っていないのである。

(6) この点については，例えば次を参照。Popper,K.R., (1945), 武田訳（1973），また開かれた社会ないし健全な批判主義については，例えば次の論稿も参照されたい。大平浩二（2005）「日本経済「失敗の本質」」『エコノミスト』（2005. 5.31）pp.46-49

(7) Merton,R.K. "The Normative Structure of Science " in, *The Sociology of Science Theoretical and Empirical Investigations,* London,1973, pp.267-278.

(8) 日本経済新聞2001年1月19日朝刊（17面）記事。本記事によると，ヨーロッパの学術団体やアメリカの米国立衛生研究所も日本学術会議と同様の反対声明を出している。

(9) Ziman, J. (1994) *Prometheus Bound: Science in a Dynamic Steady State,* Cambridge University Press.（村上陽一郎，川崎勝，三宅苞訳（1995）『縛られたプロメテウス―動的定常状態における科学―』シュプリンガー・フェアラーク東京）

(10) ウエイド（1984）（丸山・林訳）『ノーベル賞の決闘』岩波書店
Broad,W.,Wade,N. (1982), *Betrayers of the Truth : Fraud and Deceit in the Halls of Science,* Sikmon & Schuster.（牧野賢治訳（1988）『背信の科学者たち』講談社）

(11) 誤りを恐れずに自らの考えをオープンな形で批判に晒した実例としては，1985年のプラザ合意の頃に，円＝ドルの為替相場について，ほとんどのエコノミスト達が1ドル＝250円前後を予想した中で，東海銀行（当時）の水谷研二氏だけが180円前後を予想した。彼自身一人のサラリーマンであることを考えると，勇気ある行動といえよう。これは，綿密な分析を基にした大胆な仮説を提示したという意味で合理主義的な態度であったといえる。反対に，多くのエコノミスト達の体質は，批判から逃れようとする無責任体質であり，前例主義，横並び主義そして内向きの体質であった。「失敗の本質」『エコノミスト』（2005.5.31号）を参照。さらに，そうしたオープンな組織の例としては，本書Ⅰ部4章（注11）で示した1990年代に経営革命をしたミスミや丹羽社長（当時）によって大胆な経営改革を

行った伊藤忠が当てはまろう。これらの企業においては，オープンな環境の中で社員がお互いに議論しあい試行錯誤した事例が示されている。伊藤忠については高橋量一（2003）「経営哲学が支えた経営改革―伊藤忠商事の事例研究を通して―」『経営哲学とは何か』文眞堂も参照。また，本書Ⅱ部10章「企業と戦略―開かれた組織の経営戦略―」も参照。この点については，例えば次を参照。ポパー著　内田詔夫・小河原誠訳（1980）『開かれた社会とその敵』未来社，Popper, K. R. (1945), *The Open Society and Its Enemies.* London : George Routledge & Sons.

⑿　大平浩二（2008）「経営哲学を考える―その形成のカタチ―」『経営哲学』（2008.8）

参考文献■

関　雅美（1990）『ポパーの科学論と社会論』勁草書房

Lakatos, I., Musgrave, A. ed. (1970) *Criticism and the Growth of Knowledge.* Cambridge: Cambridge University Press. （イムレ・ラカトシュ,アラン・マスグレーヴ編森博監訳（1985）『批判と知識の成長』木鐸社）

Lakatos, I.(1977) *The Methodology of Scientific Research Programmes* : Philosophical Papers Volume 1. Cambridge: Cambridge University Press. （イムレ・ラカトシュ著　村上陽一郎他訳『方法の擁護―科学的研究プログラムの方法論―』新曜社）

Hempel, C.G（1965）*Aspects of Scientific Explanation: and other essays in the Philosophy of Science,* New York : Free Press. （C.ヘンペル著　長坂源一郎訳（1973）『科学的説明の諸問題』岩波書店）

Ziman, J. (1994) *Prometheus Bound: Science in a Dynamic Steady State,* Cambridge University Press. （ジョン・ザイマン著　村上陽一郎，川崎勝，三宅苞訳（1995）『縛られたプロメテウス―動的定常状態における科学―』シュプリンガー・フェアラーク東京）

藤本隆宏（2004）『日本のもの造り哲学』日本経済新聞社

村田晴夫（1984）『管理の哲学』文眞堂

経営哲学学会編（2003）『経営哲学とは何か』文眞堂

経営哲学学会編（2008）『経営哲学の実践』文眞堂

経営哲学学会（機関誌）（2008）『経営哲学』（第5巻1号）

索引

英数

3つの基本戦略 223
5つの競争要因 223
academic journal 5
accountability 187
administrative man 33
ADR 198
Argyris, C. 34
authoritarian 303
B 2 B 160
balance 187
Balanced Scorecard 228
Barnard, C. I. 31
Betriebswirtschaftslehre 9
bounded rationality 33
BSC 228
BTO（build to orderの略） 134
bureaucracy 30
Business Administration or
　Management 9
business judgement rule 187
Business to Business 160
Capital Cost Management 179
Carnap, R. 293
CCM 179
CGM 132
CGM（Consumer Generated Media）
　 131
channel 156
commissioned 303
communism 302
compliance 185, 186, 187
contingency theory 35

contractor 26
contributions 32
cooperative system 31
corporate governance 187
corporate social responsibility 185
covering-law model 298
CSR 138, 185, 239, 241, 242
d'Alembert, J. L .R. 3
DCF法 175, 176, 177
Deductive-Nomological Explanation
　 298
Deutscher Verband für das
　Kaufmännische Unterrichtswesen 14
Diderot, D. 3
differential piece rate system 23
disinterestedness 302
D-N説明 298
Drucker, P. F. 36
economic man 24
Economic Value Added 179
ECR 165, 166
effectiveness 31
efficiency 31
Efficient Consumer Response 165
empirical science 293
EOS 165
EVA 179
expert 303
explanandum 298
external approach 6, 43
externalism 6
factual premises 32
falsifiability 294

Fayol, H.	26	Mellerowicz, K.	17
FCF	176	moderne Universität	4
Feyerabend, P. K.	293	morale	30
Follett, M. P.	34	motion study	23
Ford, H.	24	MSRP	293
Friedman, M	241	network	56
functional foreman	24	organized skepticism	302
Gutenberg, E.	17	Pacioli, L.	47
HACCP	190	PL	185
Handelshochschule zu Leipzig	9	「Plan」「Do」「Check」「Action」	
Hanson, N. R.	293	ないし「Plan」「Do」「See」	27
Hempel=Oppenheim Model	298	Polytechnikum zu Braunschweig	13
Herzberg, F.	35	Popper, K. R.	293, 294
ILO規定	142	POS	165, 166
inducements	32	PPM	221
Industrie 4.0	51	proprietary	303
informal group/organization	29	QR	165, 166
informed judgement	188	Quick Response	165
initial conditions	298	Reengineering	59
interchangeable parts	26	resource dependent perspective	154
internal approach	43	Rieger, W.	17
IoT	51	risk	189
ISO	139, 140, 190	Roethlisberger, F. J.	28
ISO26000	139, 246	Sarbanes-Oxley Act	189
Keynes, J. M.	3	Savary, J.	47
knowledge workers	8	Schlick, M.	293
Kuhn, T. S.	43, 293	Schmalenbach, E.	17
Kunstlehre	17	Schmalenbach-Vereinigung	18
Lakatos, I.	293, 294	Schönitz, H.	16
law	298	scientific management	9
LCA	266	Scientific Revolution	2
local	303	SCM	151
machine model	24	sentiment	30
management cycle	190	Simon, H. A.	27
March, J. G.	33	Smith, A.	63
Maslow, A. H.	34	social man	30
Mayo, E.	28	soldiering	22
McGregor, D.	35	SRI	185

stakeholder	185
subprime lending	63
supplier	150
Supply Chain Management	151
task	22
tautology	295
Taylor, F. W.	9, 22
Technische Hochshule	13
The Third Wave	8
The Wharton School of the Pennsylvania	9
time study	23
Toffler, A.	8
Total Quality Control Management	59
transaction cost perspective	154
transparency	187
TRIPS	198
T型フォード	25
universalism	302
Universität	15, 16
value premises	32
Verband der Hochschullehrer für Betriebswirtschaft e.v.	17
Vertical Marketing Systems	159
v. Mevissen, G.	14
VMS	159
von Humbold, K. W.	5
WACC	177
Weber, M.	30
weighted average cost of capital	177
Weyermann, M. R.	16
Whistlblower Protection Act	196
Williamson, O. E.	33
window-dressing settlement	199
WIPO	198
Wirtschafts-bürgertum	14
WTO	198
X理論とY理論	35

Zero Emission	264
ZfB：Zeitschrift für Betriebswirtschaft	18
ZfhF：Zeitschrift für handelswissenschaftliche Forschung	18
Ziman, J.	303

あ行

アージリス	34
アウトソーシング	229
アカウンティングスクール	47
足尾鉱毒問題	254
熱海会談	79
アダム・スミス	63
新しい企業像	66
アフィリエイト	133
アフィリエイト・プログラム	133
アメリカ型コーポレート・ガバナンス	113
アメリカ型トップ・マネジメント組織	113
安全衛生の項目	143
暗黙知	47
池内信行	42
石田梅岩	39
意匠法	196
イタイイタイ病	255
一般廃棄物	262
一般法則	298, 299
異文化マネジメント	282
違法配当	195
インターナルアプローチ	43
ウイリアムソン	33
ヴィルヘルム・フォン・フンボルト	11
ウェーバー	30, 64
上田貞次郎	42
ウォートン・スクール	9

ウォンツ（欲求）……………………125, 126
請負的……………………………………303
請負人………………………………………26
占部都美……………………………………42
エージェント……………………………245
エクスターナリズム（外的科学史）……6
エクスターナルアプローチ…………6, 43
演繹主義…………………………………293
演繹的・法則的説明モデル……………298
演繹-法則的（D-N）説明………………299
延期―投機の原理………………………164
近江商人……………………………………39
応用（技術論）学派………………………6
オープンな組織…………………………304
小倉昌男……………………………………68
親会社……………………………………274
温情主義的管理……………………………93

か行

海外市場志向性……………………………96
解釈（概説）的方法……………43, 44, 46
会社法……………………………………184
外部環境…………………………………239
科学革命……………………………………2
科学研究プログラム……………………293
科学史研究…………………………………2
科学者………………………………………4
科学者としての「資格」…………………5
科学的管理法………………………………9
科学哲学（方法論）………………………45
科学の制度化………………………………6
課業………………………………………22
課業の管理………………………………23
限られた合理性…………………………207
学術専門雑誌………………………………5
学問的エートス…………………………45, 47
加重平均資本コスト……………………177
価値自由……………………………………3

価値前提…………………………………32
価値連鎖…………………………………223
家内制手工業………………………………7
金儲けの学問……………………………17
カバー法則モデル………………………298
株価ベータ………………………………178
株式時価総額……………………………174
株主以外のステークホルダーに対する
　責任…………………………………246
株主価値…………………………………170
株主価値最大化……………………170, 171
株主資本コスト……………………177, 178
株主主権……………………………119, 122
株主代表訴訟……………………………195
株主に対する責任………………………245
株主（ファンド）価値至上主義………51
神の見えざる手…………………………63
カルナップ………………………………293
官学アカデミズム………………………46
環境配慮型製品…………………………265
環境マネジメントシステム……………258
環境ラベル………………………………266
感情面……………………………………30
間接流通…………………………………156
完全合理性………………………………207
完全所有子会社…………………………276
管理過程論…………………………………4
管理人モデル……………………………33
管理の諸要素……………………………26
官僚制……………………………………30
官僚制の逆機能論………………………30
機械人モデル……………………………24
危害分析管理点監視……………………190
企業………………………………………239
企業価値………………………170, 171, 176
企業間関係………………………………153
企業集団…………………………………152
企業統治…………………………………187

企業内組合	66
企業不祥事	51, 67
技術論	17
帰納主義	293
義務	183
客観性	3
客観的知識	8, 303
キャッシュ・フロー	175
キャッシュ・フロー計算書	172, 173, 174
共益	192
供給業者	150
競業避止義務	195
共通目的	31
協働型マーケティング	134
協働体系	31
京都議定書	259
教養主義	46
局地的	303
均衡維持	187
近代科学の成立の条件	5
近代科学の誕生	4
近代科学の誕生とその制度化	4
近代大学	4
金融恐慌	91
空間軸	296
グーテンベルク	17
クーン	43, 293
グリーンウォッシュ	268
グリーン購入ネットワーク	265
グリーンコンシューマー	265
グリーン調達	263
訓詁注釈第一主義	46
経営管理論	9
経営経済学	9, 13, 14, 17, 19
経営経済学方法論争	4
経営経済学会	17
経営経済雑誌	18
経営行動	32
経営者の役割	31
経営戦略	218
経営的責任	185
経営哲学	2, 1, 218, 236
経営の透明性	187
経営判断の原則	187
経営目的	218
経営理念	5, 70, 73, 83, 218, 221, 234, 235
計画的戦略	230
経験科学	293
経験から科学へ	24
経験主義的科学観	293
経験的知識	293
経済価値至上主義	51
経済市民層	14
経済人モデル	24, 33
経済的責任	244
形式知	47
継電器組立実験	29
啓蒙主義	3, 5
系列	152, 153
ケインズ	3
ゲーム・アプローチ	226
権威主義的	303
減価償却	174
研究の場としての大学（高等教育機関）	5
権限受容説	31
検証主義	293
現地志向型	277
倹約斉家論	39
権利	183
公益	192
公益開示法	196
公益通報者保護法	196
公害国会	256
工科大学	8, 13

貢献	32
貢献意欲	31
広告（商業広告）	129
鉱山会社（コマントリ・フルシャンボール）	26
工場制機械工業	7
購買センター	161, 162
合弁企業	274
公有性	302
小売業者	156
ゴーイングコンサーン	248
コーポレート・ガバナンス	5, 108, 109, 110, 111, 112, 114, 187, 232, 241
コーポレート・コントロール市場	119
コーポレート・ファイナンス	169, 170
ゴールデン・パラシュート	110, 114
互換性部品	26
国際ガイダンス規格	246
国際標準化機構	190
国民経済学（者）	17
個人情報保護法	196
コスト・リーダーシップ戦略	223
五代自転車商会	72
個別責任	146
個別評価	148
ごみゼロ工場	264
コミュニケーション	31
雇用に関する項目	141
コンティンジェンシー理論	35
コンプライアンス	171, 186

さ行

サーベンス・オクスリー（SOX）法	115, 189
最後の時代の魔術師	3
再使用	262
再生利用	262
裁判外紛争処理	198
ザイマン	303
財務諸表	172
サイモン	27
裁量的責任	185
作業の「標準化」	26
査読制度	47
サバリー	47
サブプライムローン	63
サブプライムローン問題	1, 51
サプライチェーン・マネジメント	151
差別化戦略	223
差別的出来高給制度	23
産業革命	2, 7
産業ならびに一般の管理	26
産業廃棄物	260
三種の大学	15
三方よし	242
シェーニッツ	16
私益	192
時間研究	23
時間軸	296
事業部制	94
事業部制組織	74
シグナル	226
私経済学	16, 17
刺激―反応型の購買意思決定モデル	127
資源依存パースペクティブ	154
資源ベース・アプローチ	225
事実前提	32
市場経済	50
市場経済体制	63
システム	31
自生的秩序	205
自然哲学者（ナチュラル・フィロソファー）	4
下請け	153
実証主義	45

実用新案法	196	照明実験	28
私的利益の排除	302	初期条件	298, 299
資本構成	179	職業としての研究とその成果	
資本コスト	179	（学術文献）	5
社会	239	職能的職長制度	24
社会格差	63	食品衛生法	200
社会規範	183	職務発明	198
社会人モデル	30	所有	303
社会責任投資	185	人格	184
社会的制度	204	新古典派経済学	207
社会的制度としての企業	244	人的販売	129, 130
社会的責任	184, 185, 239	垂直的マーケティング・システム	159
社会的責任範囲の統一化	140	水道哲学	25, 60, 61
社会的戦略	231	ステークホルダー	171, 185, 240
社会的費用	250	ステークホルダー・エンゲージメント	232
社会における新しい諸制度	3	ステークホルダー・マネジメント	231, 232
ジャック・ウェルチ	88	ステークホルダー（利害関係者）	1
週休2日制	77	ストック・オプション	115
終身雇用	66	スノーピーク	267
集中戦略	223	制限された合理性	33
取得原価	174	生産財	160
シュマーレンバッハ	17	生産諸要素の結合過程	9
シュマーレンバッハ経営経済協会	18	製造者責任	250
需要	125	製造物責任	185
主要な現代科学哲学の系譜	293	成長の限界	257
シュリック	293	製品	125, 126
循環型社会	262	製品等の「規格化」	26
循環型社会形成推進基本法	261	世界志向型	278
純現在価値	176	世界知的所有権機関	198
純資産	177	責任	239
紹介第一主義	46	説明責任	187
商科大学	4, 10, 15	説明対象の内容	296
商科大学（Hochschule）派	6	セテリス・パリブス条項	299
商業学研究雑誌	18	ゼロ・エミッション	264
商業学の科学化	4	先願主義	198
商法	184	専門家共同体（学会）の設立	5
情報（IT）革命	1		
情報処理型の購買意思決定モデル	127		

専門学術雑誌の刊行················5
専門学会························4
専門家的······················303
専門職業家集団····················4
戦略化····················219, 220
戦略的提携····················229
戦略のキュビズム················229
戦略法務······················190
総合的品質管理··················59
相対主義的科学観················293
相当の対価····················198
創発の戦略····················230
組織化······················220
組織間関係··················153, 154
組織された懐疑主義················302
組織的怠業····················22
組織の維持存続（「組織の均衡」）······31
組織能力·····················226
組織の購買状況··················162
組織の理論·····················4
組織変革·····················233
組織ルーティン·················227
損益計算書··················172, 173
損害賠償責任···················195

た行
第1次方法論争··················6
大学······················15, 16
大学設置基準の大綱化··············47
大学（Universität）派··············6
第3次方法論争··················17
第三の波···················8, 58
貸借対照表··················172, 173
第2次方法論争················6, 17
ダイバーシティ··················88
対立からハーモニー···············24
大量生産方式···················24
ダウンサイジング·················99

高宮　晋·····················42
竹内　洋·····················46
ダランベール····················3
地域志向型····················277
地域的多様性···················89
知識労働者···················8, 58
知的財産権····················198
知的所有権····················197
チャネル·····················156
チャネル・マネジメント············157
直接流通·····················156
著作権法·····················196
ディドロ······················3
テイラー····················9, 22
テイラーの科学的管理法··············4
適応·······················281
適正処分·····················262
適用·······················281
「適用・適応」モデル··············281
豊島······················260
伝統的な日本型トップ・マネジメント
　組織······················117
店頭の販売促進（プロモーション）····129
ドイツ型コーポレート・ガバナンスの
　方法······················115
ドイツ型トップ・マネジメント組織
··························116
ドイツ商業教育協会············14, 16
同格化······················15
動機付け―衛生理論···············35
統合リスクマネジメント············190
同語反復·····················295
動作研究·····················23
特許法······················196
都鄙問答·····················39
トフラー······················8
ドメイン·····················221
ドラッカー····················36

取引費用パースペクティブ................154
トレッドウェイ委員会................188

な行

内部告発者保護法................196
内部統制................187, 188
内部統制システム................115
ナガオカケンメイ................267
中西寅雄................42
新潟水俣病................255
ニーズ................125, 126
日本型コーポレート・ガバナンスの
　方法................117
日本的経営................66
日本の教養主義................46
日本の経営学の誕生................4
ニュートン................3, 11
人間環境宣言................257
人間関係の理論................4
認識進歩................298
熱回収................262
ネットワーク................56
年功序列................66
能率性................31
能力ベース・アプローチ................226
農林物資の規格化及び品質表示の
　適正化に関する法律（JAS法）................200
野中郁次郎................47

は行

ハーズバーグ................35
バーナード................31
買収................229
破壊と創造................83
働き手................138
パチョリ................47
発生抑制................262
馬場敬治................42

パブリシティ................129, 130
パラダイム論................293
バランスト・スコアカード................228
パワー関係................155
バンク巻取り実験................29
反証可能性................293, 294, 296, 297, 300
ハンソン................293
非公式のグループ................29
ビジネススクール（専門職大学院）
　................10, 16, 43, 47
ビジョン................221
被説明項................298, 299
批判的合理主義................293, 294
被覆法則モデル................298
ヒューエル................4
平井泰太郎................42
開かれた社会................9, 302, 303
ファイヤーアーベント................293
ファヨール................26
ファヨールの管理論................4
フィランソロピー................242
不易流行................53
フォード................24
フォードによる大量生産方式................4
フォレット................34
負債................177
負債コスト................177, 178
不正競争防止法................200
不当景品類及び不当表示防止法
　（景品表示法）................200
普遍性................302
ブラウンシュバイク工科大学................13
プラザ合意................242
フリー・キャッシュ・フロー................176
プリンシパル................245
ブルー・オーシャン戦略................227
古川栄一................42
プレ・インターナルアプローチ................43

プロダクト・ライフ・サイクル 222
文献史的方法 43, 44, 46
粉飾決算 199
フンボルト 4
β 178
ベネフィットの束 127
ベネフィット（便益）の束 126
ヘンペル＝オッペンハイムモデル 298
ヘンリー・フォード 89
ポイズン・ピル（毒薬） 110, 114
貿易関連側面 198
法人法定主義 184
法的責任 185, 244
法と経済学 193
方法論的アナーキズム 293
法令遵守（コンプライアンス） 186
ホーソン工場 28
ポートフォリオ 88
ポジショニング・アプローチ 223, 226
骨をドイツに，肉をアメリカに 39
ポパー 293, 294
本国志向型 277
翻訳・紹介・解釈的方法 46

ま行

マーチ 33
マートン 302
マクレガー 35
増地庸治郎 42
マズロー 34
松下幸之助 24, 60, 70, 71, 82, 83
松下電器5カ年計画 77
マネーゲーム 63
マネジメントサイクル 190
満足基準 33
ミッション 221
水俣病 255
ミルトン・フリードマン 241

民営化 62
無関心圏 31
命知 73
メイン・バンク 118, 120
メヴィッセン 14
メーヨー 28
メレロヴィッツ 17
面接実験 29
藻利重隆 42
持ち合い 245
モノ言う株主 245
モラール（勤労意欲・士気） 30

や行

山城　章 42
ヤマト運輸 57
山本安次郎 42
誘因 31, 32
有効性 31
ユニバーサル・バンク 115, 120
四日市ぜんそく 255
欲求段階説 34
予防法務 190

ら行

ライプチッヒ商科大学 9, 14
ラカトシュ 293, 294
リーガー 17
リーダーシップ論 34
リーマンショック 51, 63, 243
利益供与 195
利益相反取引 195
リエンジニアリング 59
利害関係者（ステークホルダー） 1, 185
リサイクル法 250
リスク 189, 190
リスクマネジメント 189, 190
流通 155

流通業者	150
量刑ガイドライン	188
理論学派	6
理論(仮説)のテスト(反証[可能性]・検証)	3
理論負荷	293
臨床法務	190
倫理的責任	185
ルーティン	227
レスリスバーガー	28
労働組合などとの社会的対話の項目	143
労働者の開発の項目	143
労働者の権利に関する項目	140
労働者の保護と基準の項目	142
ロースクール	47
論理実証主義(ウイーン学団)	293
論理的証明	3
論理的に真	299

わ行

ワイヤーマン	16
和田充夫	45
割引現在価値法	175

■執筆者紹介・執筆分担

大平　浩二［第Ⅰ部1，2，3，4，5，第Ⅱ部14］
　編著者紹介参照。

渡邊　祐介［第Ⅱ部1］
　㈱PHP研究所経営理念研究本部研究企画推進部長

中川有紀子［第Ⅱ部2］
　慶應義塾大学産業研究所共同研究員／立教大学大学院ビジネスデザイン研究科教授

菊澤　研宗［第Ⅱ部3］
　慶應義塾大学商学部教授

吉田絵里香［第Ⅱ部4］
　㈱国際社会経済研究所専任研究員／日本大学経済学部兼任講師

大平　義隆［第Ⅱ部5］
　北海学園大学経営学部教授

大平　修司［第Ⅱ部6］
　千葉商科大学商経学部准教授

石井　康彦［第Ⅱ部7］
　高千穂大学商学部教授

境　　新一［第Ⅱ部8］
　成城大学経済学部教授

渡部　直樹［第Ⅱ部9］
　慶應義塾常任理事

槇谷　正人［第Ⅱ部10］
　摂南大学経営学部教授

粟屋　仁美［第Ⅱ部11］
　敬愛大学経済学部教授

藤森　大祐［第Ⅱ部12］
　東京富士大学経営学部教授

董　　光哲［第Ⅱ部13］
　江戸川大学社会学部教授

■編著者紹介

大平　浩二（おおひら　こうじ）
　明治学院大学経済学部教授

1951年生まれ。1982年慶應義塾大学大学院商学研究科博士課程単位取得。明治学院大学専任講師，助教授を経て，1992年より現職。専攻は経営学説史，経営組織論。ケルン大学客員教授，上海水産大学客員教授，上海理工大学兼任教授，経営哲学学会元会長。日本経営学会前理事，経営学史学会前理事，日本経営教育学会前常任理事，日本学術会議研究連絡委員等を歴任。

著書として，『現代経営学説の探究』（共著，中央経済社）『創造的破壊』（共著，白桃書房）『ネットワークを駆使するCS先進企業』（日本経済新聞社）『中国金融システムの不良債権分析―国際金融市場におけるチャイナマネーの影響力』（共著，中央経済社）『ケースブック　老人介護施設の経営』（編著，中央経済社）などがある。

ステークホルダーの経営学〈第2版〉
■開かれた社会と持続可能な企業

2009年5月25日　第1版第1刷発行	
2015年2月10日　第1版第6刷発行	
2016年5月10日　第2版第1刷発行	

編著者　大　平　浩　二
発行者　山　本　　　継
発行所　㈱中央経済社
発売元　㈱中央経済グループ
　　　　パブリッシング

〒101-0051　東京都千代田区神田神保町1-31-2
電　話　03(3293)3371(編集代表)
　　　　03(3293)3381(営業代表)
http://www.chuokeizai.co.jp/
印刷／㈱堀内印刷所
製本／誠製本㈱

©2016
Printed in Japan

＊頁の「欠落」や「順序違い」などがありましたらお取り替えいたしますので発売元までご送付ください。（送料小社負担）
ISBN978-4-502-18661-5　C3034

JCOPY〈出版者著作権管理機構委託出版物〉　本書を無断で複写複製（コピー）することは，著作権法上の例外を除き，禁じられています。本書をコピーされる場合は事前に出版者著作権管理機構（JCOPY）の許諾を受けてください。
JCOPY〈http://www.jcopy.or.jp　eメール：info@jcopy.or.jp　電話：03-3513-6969〉

ベーシック＋プラス
Basic Plus

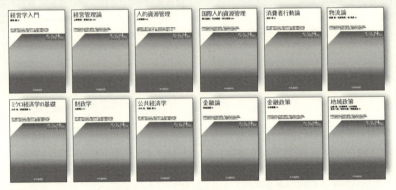

経営学入門	人的資源管理	経済学入門	金融論	法学入門
経営戦略論	組織行動論	ミクロ経済学	国際金融論	憲法
経営組織論	ファイナンス	マクロ経済学	労働経済学	民法
経営管理論	マーケティング	財政学	計量経済学	会社法
企業統治論	流通論	公共経済学	統計学	他

いま新しい時代を切り開く基礎力と応用力を兼ね備えた人材が求められています。このシリーズは，各学問分野の基本的な知識や標準的な考え方を学ぶことにプラスして，一人ひとりが主体的に思考し，行動できるような「学び」をサポートしています。

Let's START!
学びにプラス！
成長にプラス！
ベーシック＋で
はじめよう！

中央経済社